社会福祉士がつくる 身上監護ハンドブック〔第2版〕

小賀野晶一・
公益社団法人東京社会福祉士会 編

発行 民事法研究会

第 2 版（2016）発刊にあたって

　2000年 4 月に導入された成年後見制度は、病気やけがなどを端緒とする精神上の障害により判断能力（事理弁識能力）の低下した人が、自らの財産管理や身上監護について、親族、専門職その他の第三者から一定の支援を受ける制度です。

　成年後見制度はこの16年間、民法を所管する法務省を中心に、裁判所、公証人、厚生労働省、地方公共団体、社会福祉協議会、NPO 等の関係機関・職員と、成年後見人等として事務を担ってきた親族（親族後見人）や専門職・団体（専門職後見人）など、多くの人々・団体等によって運用されてきました。こうして新しく成年後見実務が形成され、成年身上監護の有する意義や機能が徐々に地域の中に浸透してきたのです。

　成年後見制度における支援は前述のように財産管理と身上監護に分かれ、代理権や同意権・取消権の方法により行われます。これらの方法を的確に用いるためには、財産管理と身上監護の知識・技術が必要です。本人の生活を重視すると、財産管理は身上監護を踏まえて行われることが望まれます。これは必ずしも容易なことではありません。社会福祉士は成年後見制度が導入された当初から、社会福祉の専門家として身上監護業務に関与し、成年後見実務をリードしてきました。公益社団法人日本社会福祉士会は全国組織として権利擁護センターを設置し、会員の後見受任体制を整備し、地域の関係機関・団体と連携することを通じて、地域の権利擁護システムの構築に関与してきました。そこには、専門家としての社会的使命と、これを支える倫理観をみることができます。社会福祉士は身上監護に関する活動を通じて、成年後見制度における権利擁護の担い手としての役割を果たしてきたのです。判断能力が低下した人の身上監護における権利擁護は、これまで民法学において自覚されてこなかった課題ですが、これを実践において確立した業績は歴史的に評価されるべきものでしょう。

　そして、成年後見に関するこのような実務の展開は成年後見の法理論にも影響を及ぼしており、同時に実務と法理論との新しい関係を問うています。

　本書は、このような専門職後見人としての社会福祉士の経験を活かし、成年後見実務のハンドブックとして編まれたものです。実務のハンドブックは一般的に、当該実務における考え方と技術を明らかにし、実務の利用に供するものです。ハンドブックといえるためには実務の発展に寄与するものでなければならず、その意味において創造的です。本書が提案する意思決定支援という考え方は判断能力が低下した人に対する支援の態様の一つです。日本社会福祉士会は従来、意思決定支援のプロセスの可視化（アセスメント手法の導入）の重要性を指摘してきました。それがどのようなものかという姿を、本書は身上監護実務のハンドブックとして具体的に追求しました。

　身上監護には、成年後見制度における身上監護（成年身上監護）と、未成年者制度（親

第2版（2016）発刊にあたって

権、未成年後見）における身上監護（未成年身上監護）があります。本書は主として成年身上監護を扱い、未成年者身上監護については成年後見制度に関連して若干の解説をしました。これは未成年者に対する権利保障の必要性が高まっており（親権者の虐待が深刻化していることも参照）、未成年後見のあり方が問われていること、成年後見人も未成年後見に関心を持つ必要があることを考慮したものです。

　本書は主に成年後見の業務に携わる専門家を対象にしています。もっとも、ここで解説される知識・技術は、国民一人ひとりが関心を持つべき情報であり、知識・技術です。換言すれば、地域の人々が今日修得しておくべき教養といえるものではないかと思います。本書の読者として広く国民の支持を得ることができればこれ以上の喜びはありません。

　本書のもとになったのは『社会福祉士がつくる身上監護ハンドブック〔2011年版〕』です。これは権利擁護センター・ぱあとなあ東京に所属する社会福祉士が中心となり、成年後見研修の場を中心に成年後見活動をする各地の社会福祉士と情報交換を重ね、身上監護における課題に取り組んだ成果です。本書の初版（2013）は同書を基礎にしたものです。本書（第2版）では、その後の成年後見実務の経験を参考にして全体を補正しました。初版を執筆し第2版の執筆を後進に譲られた方々には、第2版の改訂作業に対して、大所高所から貴重な助言をいただきました。なお、本書において私は国民の一人として参画させていただきました。繰り返し実施された打合せにおける社会福祉士の皆さんの真摯な議論と熱意に接することができました。この幸せを本書を通じて読者の皆様と分かち合うことができれば幸いです。

2016年7月

中央大学教授　小賀野　晶一

はしがき

　2000年に成年後見制度がスタートして16年目となりました。日本が2014年1月20日に批准した障害者権利条約は「平等な法的能力の享有」「法的能力の行使にあたっての支援」等の原則を明確にしています。これにより、わが国では、意思決定支援のあり方や、成年後見制度における包括的代理権や取消権等についての見直しも要請されているところです。「認知症施策推進総合戦略」（新オレンジプラン）においても、認知症の人や高齢者の権利擁護のため成年後見制度の利用促進を行うこと、特に市民後見については、市民後見人の活動を推進するための体制整備を行うとしつつ、人生の最終段階における本人の意思決定支援のあり方についても検討を行うとしています。

　東京社会福祉士会は、成年後見制度が施行から10年を迎えた年に、小賀野晶一先生をスーパーバイザーに迎えて、身上監護の事例研修を行いました。この研修を契機として、身上監護について何か指針を示せるようなものを作りたいとの思いから、有志による身上監護ハンドブック作成プロジェクトチームを立ち上げ、手作りの冊子『社会福祉士がつくる　身上監護ハンドブック〔2011年版〕』を作成しました。

　その後、社会福祉士だけではなく専門職後見人、親族後見人、市民後見人の方々にも参考にしていただけるようにと、より実践的な内容でブラッシュアップしたものが、本書の初版である『社会福祉士がつくる　身上監護ハンドブック2013』です。同書は小賀野晶一・公益社団法人東京社会福祉士会編として民事法研究会から発刊したもので、当会が公益社団法人となって世に送り出した初めての書籍です。この2013年版では、障害者の特性に配慮した支援のあり方、リハビリテーションや就労などについて盛り込むことができなかったため、版を重ねて補充していくことを巻頭において言及していました。そして、本書（2016）の刊行作業を進めるにあたり、ぱあとなあ東京のメンバーからメンバーを公募し、再び小賀野先生とのプロジェクトチームを立ち上げました。

　本書は、上記のような成年後見を取り巻く状況の変化を踏まえ、障害者の支援や意思決定支援を主要なテーマにして、2013年版を見直し、さらに充実させた内容になっています。

　第1部では、「身上監護の目的と理念」について、最近の動向を関係法令等から示しています。第2部では、「身上監護の実務」についてチェック表やQ&Aなどで説明しています。第3部は、「事例で学ぶ身上監護の実際」です。具体例をもとに、意思決定支援から学ぶべきポイントについて、ソーシャルサポート機能を用いて解説を行っています。意思決定支援に配慮した成年後見活動においては、日常の支援においてソーシャルワーク実践の基本的な視点に基づく支援を率先して活用し推進することが必要

はしがき

となっていることが確認できるものと思います。

　2016年版の完成には、執筆者以外にも多くの方に事例提供などのご協力をいただきました。本書で取り上げている事例は、社会福祉士による実践の賜物です。この場を借りて、事例提供をいただきました会員の皆様に心より感謝申し上げます。最後になりましたが、編集にあたって適切なご助言と励ましをいただきました民事法研究会の鈴木真介氏と大槻剛裕氏に感謝を申し上げます。

　2016年7月

　　　　　　　　　　　　公益社団法人東京社会福祉士会会長　大　輪　典　子

『社会福祉士がつくる　身上監護ハンドブック〔第2版〕』（2016）
目　次

第1部　成年後見・身上監護の目的と理念

▶第1章　身上監護に基づく支援とはどのようなものか……2

1. 成年後見制度とはどのような制度か……2
2. 成年後見制度ではどのような支援を行うか……4
3. 民法における死後の規律はどのようになっているか……8

▶第2章　身上監護実務の基本的な考え方
　　　　──意思決定支援を実現するために……12

1. 成年後見制度の意義・流れ……12
2. 意思決定支援におけるコラボレーション……18

▶第3章　成年後見・身上監護をめぐる昨今の内外の動き……25

1. 障害者権利条約との関係……25
2. 障害者総合支援法……30
3. 未成年後見……35

第2部　身上監護の実務

▶第1章　身上監護の視点……44

1. 本人と一緒に考え、悩む……44
2. 本人との向きあい方──本人と一緒に考える……44
3. もっと柔軟な類型の活用……45
4. 法制度の改善に向けた取組みと、現在でもできること……46
5. 必要な人は誰でも利用できる制度の保障……47
6. 目の前にいる本人に応じた支援を……48
7. 後見活動における「善管注意義務」……49
8. まとめ……49

目 次

▶第2章　身上監護実務におけるチェック表の使い方 ……… 50
1　第2部の位置づけ … 50
2　チェック表の見方・使い方 … 50

▶第3章　介護・日常生活維持に関する業務 … 53
1　実務における意思決定支援とは … 53
2　介護・日常生活維持に関する業務の手続等 … 54
3　実務上の注意点 … 60
4　事例に学ぶQ＆A … 61
Ｑ１　書類の保存期間 … 61
Ｑ２　日常生活自立支援事業と成年後見制度の併用 … 62
Ｑ３　親子関係への配慮 … 62
5　社会福祉士の目 … 63
【チェック表１】 … 64

▶第4章　医療に関する業務 … 74
1　はじめに … 74
2　実務上の注意点 … 77
豆知識①　べてるの家
豆知識②　バイステックの理論
3　事例に学ぶQ＆A … 81
Ｑ１　入院時の身元保証人として署名を求められたときの対応 … 81
Ｑ２　本人が全く意思表示をすることができない場合の対応 … 82
Ｑ３　死後の事務 … 83
Ｑ４　本人が外出する際の同行 … 83
Ｑ５　看取りケアへの同意 … 83
Ｑ６　部屋の片づけ … 84
Ｑ７　精神障害のある成年被後見人が退院を切望している … 85
Ｑ８　在宅生活をする本人への支援 … 86
Ｑ９　病識のない方への支援 … 86
4　社会福祉士の目 … 87
豆知識③　Y問題
【チェック表２】 … 90

▶第5章　施設の入退去・意議申立て等に関する業務 …………94

- ① はじめに……………………………………………………………94
- ② 実務上の注意点……………………………………………………95
- ③ 事例に学ぶQ＆A…………………………………………………97
  - Q1　施設入居後の本人の意思確認と家庭裁判所の監督……………97
  - Q2　施設からの身元引受人就任の要請………………………………98
  - Q3　身体拘束の同意書への署名………………………………………99
  - Q4　本人が外出する際の同行…………………………………………99
  - Q5　障害者グループホームの家賃助成……………………………100
  - Q6　入居時のペットへの対応………………………………………100
  - 豆知識④　動物福祉の５つの自由
- ④ 社会福祉士の目…………………………………………………102
  - 【チェック表3】…………………………………………………104

▶第6章　居住用不動産等の維持・管理に関する業務 ………106

- ① はじめに…………………………………………………………106
- ② 実務上の注意点…………………………………………………106
- ③ 事例に学ぶQ＆A………………………………………………108
  - Q1　居住場所の整理（介入・相談・連携の視点）………………108
  - Q2　自宅の修繕………………………………………………………109
  - Q3　自宅の維持・管理………………………………………………109
- ④ 社会福祉士の目…………………………………………………110
  - 【チェック表4】…………………………………………………112

▶第7章　税に関する業務 …………………………………………116

- ① はじめに…………………………………………………………116
- ② 税の基本構造……………………………………………………116
- ③ 税に関するQ＆A………………………………………………119
  - 【チェック表5】…………………………………………………120

▶第8章　その他の業務 ……………………………………………122

- ① 教育・ハビリテーションに関する業務………………………122
- ② リハビリテーションに関する業務……………………………122

目次

- ③ 就労に関する業務 …………………………………………… 123
- ④ 余暇活動に関する業務 ………………………………………… 123
- ⑤ 事例に学ぶQ&A ………………………………………………… 124
  - Q1 復職に向けた支援 ………………………………………… 124
  - Q2 旅行の手配 ………………………………………………… 125

第3部 事例で学ぶ身上監護の実際

▶第1章 事例の考え方・読み方 …………………………………… 128

- ① 事例の考え方 …………………………………………………… 128
- ② 事例の読み方 …………………………………………………… 129
- ③ マップの使い方 ………………………………………………… 131

▶第2章 本人の意思を確認しながら居所を決定していった事例 …………………………………………………… 134

- ① 事案の概要 ……………………………………………………… 134
- ② 後見活動の内容 ………………………………………………… 135
  - 豆知識⑤ 身元保証
  - 豆知識⑥ 居住用不動産の処分の許可
- ③ 意思決定支援の視点から学ぶべきポイント ………………… 140

▶第3章 コミュニケーションの支援を重視した事例 ………… 142

- ① 事案の概要 ……………………………………………………… 142
- ② 後見活動の内容 ………………………………………………… 143
  - 豆知識⑦ 聾者と手話
- ③ 意思決定支援の視点から学ぶべきポイント ………………… 149

▶第4章 本人にとっての最善の施設選択に配慮した事例 …………………………………………………… 152

- ① 事案の概要 ……………………………………………………… 152
- ② 後見活動の内容 ………………………………………………… 153
  - 豆知識⑧ 居所指定権
  - 豆知識⑨ 施設の選択

豆知識⑩　即時抗告
③　意思決定支援の視点から学ぶべきポイント……………………… 159

▶第5章　適切な情報やサポートにより自己の権利に気づき権限を行使した事例 …………… 162

①　事案の概要……………………………………………………………… 162
②　後見活動の内容………………………………………………………… 163
　豆知識⑪　年金のしくみ
　豆知識⑫　障害年金の申請
③　意思決定支援の視点から学ぶべきポイント……………………… 167
　豆知識⑬　選挙権の回復と成年後見人のかかわり方

▶第6章　手術の同意が必要となった事例 ……………… 170

①　事案の概要……………………………………………………………… 170
②　後見活動の内容………………………………………………………… 171
　豆知識⑭　成年後見人と医療同意
③　意思決定支援の視点から学ぶべきポイント……………………… 173

▶第7章　本人の生活の安定を図り、養護者の支援体制を意識した事例 ………………… 175

①　事案の概要……………………………………………………………… 175
②　後見活動の内容………………………………………………………… 176
　豆知識⑮　転倒事故の責任
③　意思決定支援の視点から学ぶべきポイント……………………… 179

▶第8章　本人の「生き方」を教えてもらった事例 ………… 181

①　事案の概要……………………………………………………………… 181
②　後見活動の内容………………………………………………………… 182
　豆知識⑯　死後の事務
③　意思決定支援の視点から学ぶべきポイント……………………… 186

▶第9章　弁護士と委任契約を結び支援した事例──任意後見から法定後見へ ……………… 188

①　事案の概要……………………………………………………………… 188

目 次

　　② 後見活動の内容······189
　　　豆知識⑰　成年後見人の解任
　　③ 意思決定支援の視点から学ぶべきポイント······193

▶第10章　本人が虐待を受けていた事例······195
　　① 事案の概要······195
　　② 後見活動の内容······196
　　　豆知識⑱　信書の取扱い
　　　豆知識⑲　虐待対応と成年後見制度
　　③ 意思決定支援の視点から学ぶべきポイント······201

▶第11章　高次脳機能障害の本人と家族の生活の安定をめざした事例······203
　　① 事案の概要······203
　　② 後見活動の内容······204
　　　豆知識⑳　高次脳機能障害とは
　　　豆知識㉑　監督義務者の責任──民法714条の責任
　　③ 意思決定支援の視点から学ぶべきポイント······210

▶第12章　高齢の在日韓国人を支援した事例······212
　　① 事案の概要······212
　　② 後見活動の内容······212
　　　豆知識㉒　年金の受給権と外国籍
　　　豆知識㉓　外国籍と成年後見制度
　　③ 意思決定支援の視点から学ぶべきポイント······216

資料1　ソーシャルサポート・ネットワーク分析マップ様式······218
資料2　成年後見活動における意思決定支援のためのアセスメントシート······219
・編著者一覧······222

凡例

〈法令〉

障害者権利条約	障害者の権利に関する条約
高齢者虐待防止法	高齢者虐待の防止、高齢者の養護者に対する支援等に関する法律
児童虐待防止法	児童虐待の防止等に関する法律
障害者虐待防止法	障害者虐待の防止、障害者の養護者に対する支援等に関する法律
障害者雇用促進法	障害者の雇用の促進等に関する法律
障害者差別解消法	障害を理由とする差別の解消の推進に関する法律
障害者総合支援法	障害者の日常生活及び社会生活を総合的に支援するための法律
心神喪失者医療観察法	心神喪失等の状態で重大な他害行為を行った者の医療及び観察等に関する法律
精神保健福祉法	精神保健及び精神障害者福祉に関する法律
成年後見制度利用促進法	成年後見制度の利用の促進に関する法律
電子帳簿保存法	電子計算機を使用して作成する国税関係帳簿書類の保存方法等の特例に関する法律
任意後見契約法	任意後見契約に関する法律
被用者年金一元化法	被用者年金制度の一元化等を図るための厚生年金保険法等の一部を改正する法律案

〈その他〉

厚労省	厚生労働省
日弁連	日本弁護士連合会
リーガルサポート	公益社団法人成年後見センター・リーガルサポート
NHK	日本放送協会

※「障害」の表記については、法令上の表記方法にあわせています。

第 1 部

成年後見・身上監護の目的と理念

第1章 身上監護に基づく支援とはどのようなものか

1 成年後見制度とはどのような制度か

(1) 成年後見制度の目的

　近代民法は私的意思自治の原則を採用しています。私的意思自治の原則とは、私たちは自らの意思に基づいて生活することを保障するという考え方であり、人類の知恵の到達点を示すものです。私たちの意思は、民法上は意思表示、さらには意思表示を要素とする法律行為（契約、単独行為、合同行為）という方法を用いることによって実現されます。意思表示あるいは法律行為が有効であるためには、行為者に意思能力が必要です。意思能力とは当該行為がどのような意味を有するかを理解する能力をいい、売買、賃貸借などの行為を行うことができる行為能力の基礎となる能力です。

　契約は、これを締結したときにその当事者に意思能力がなかった場合には無効となります。意思能力がなかったことは、これを主張する者が立証しなければなりません。しかし、意思能力がなかったことの立証は事案によっては必ずしも容易でなく、立証に成功しなければ当該契約に拘束されたままになります。他方、意思能力がなかったことを立証することができた場合には、契約の相手方は当該契約を有効と考えていたのに無効になり、予測に反する結果が生じてしまいます。

　そこで、民法は成年後見制度（および未成年者制度）を設け、一般的にみて意思能力が十分でないと考えられる者を、一定の要件のもとにあらかじめこの制度の対象として受け入れ、一定の支援・保護のメニューを用意しているのです。このような考え方は旧制度（禁治産制度・準禁治産制度）にもみられますが、旧制度が本人の絶対的保護を内容としていたのと比べると、新制度は自己決定権、残存能力の尊重を理念として掲げ、地域社会におけるノーマライゼーションの実現をめざしています。このように新制度は、支援の性質・内容が根本的に変わりました。

　理論としても、旧制度は判断能力の低下した人を「行為無能力者」としていましたが、新制度は「制限行為能力者」としています。行為能力とは契約など法律行為を有効に行うことができる能力をいい、意思能力を基礎にしています。旧制度のもとでは禁治産者・準禁治産者は「行為能力のない者」、すなわち「行為無能力者」と扱われましたが、一律に行為能力がないと決めつけることは必ずしも実態に合うものではな

く、また法的・社会的にも今日からみると「無能力」は差別的です。そこで、現行法制度のもとでは、「行為能力はあるが行為能力が制限された状態」、すなわち「制限行為能力」の概念を用いることになったのです。この点からも、成年後見制度は本人支援の民法制度として生まれ変わったということができ、制度の本質における転換を認めることができるでしょう。

(2) 民法と社会福祉法との関係

民法の伝統的な考え方によると、民法・財産法は財産を有する者、すなわち有産者のための法として捉えられています。先学は、「無能力者制度は、精神能力の不完全な者の財産を保護し、みだりに喪失しないようにしようとする制度です。精神能力の不完全な無産者が、自ら生活資料を獲得するために法律行為をなすにあたっては、ほとんど実益のないものです。これらの者のためには、労働立法その他の社会政策的立法によって、国家の積極的保護を必要とします。そして、かような制度が、諸国において、日を逐うて増加していることは、顕著な現象です。精神能力の不充分な有産者を保護する無能力者制度は、取引の安全のために制限され、精神能力の不充分な無産者を保護する社会政策的立法は、次第に増加しています。社会における法律関係は正常な個人意思によってのみ規律されるべきだとする近世法の大原則が、すでにその根底をうごかされてきたことを察知しうるのではあるまいか」と述べています（我妻栄『新訂民法総則（民法講義Ｉ）』（岩波書店、1965年）67頁～68頁）。これは弱者保護のあり方について将来を見通した指摘といえるものです。

超高齢社会を迎えた今日、生活および生活関係は変化し、社会福祉分野も「措置から契約へ」、基本的な転換を図っており、契約を扱う民法と社会福祉法との接続を見ることができます。また、民法において発展した弱者保護（たとえば、賃借人保護、被害者保護など）の考え方は、社会福祉における弱者救済と有機的に接続を図ることが求められています。介護保険と成年後見とは「車の両輪」であるとの説明は、このような意味において理解することができるでしょう。

(3) 成年後見制度と人間の尊厳

民法学者の星野英一氏は晩年の著書『民法のすすめ（岩波新書）』（岩波書店、1998年）において、民法の将来について述べています（211頁以下）。「民法典施行100年の現在、民法関係法を含む多くの法律の立法が問題となっている。筆者はこれを、明治の法典編纂期、第二次大戦後の法律の変革期につぐ『第３の法制改革期』と呼んでいる」（212頁）と述べ、新しい立法に期待しています。氏自身、法制審議会民法部会長の重責を担っており、「民法の理念……部分的修正」（231頁）など同書の各所で改正作業中であった成年後見に言及しています。「民法と人間……生きた人間の尊重」（233頁）では「『強く賢い人間から弱く愚かな人間へ』の傾向が、一方で進むととも

に、できるだけ多くの人間を『強く賢い者』にする方向の模索がなされるだろう……消費者法において、賢い消費者になる消費者教育の重要性が説かれていることが示すとおりである」と述べています。

ほぼ同じ頃、民法学者の米倉明氏は、成年後見に関する論考において、「民法は今まで自覚してこなかったが、これからは人間の尊厳を自覚すべきである」旨、指摘しています（米倉明「高齢者問題と法——現代法の根本原則」タートンヌマン４号（2000年）１頁以下）。これは民法のあり方を根本的に問いかけるものです。

2011年３月11日に発生した東日本大震災は被災者救済のあり方を問い、私たちの生活のあり方を根本的に考え直す契機になりました。民法の視点からは、私たちの生活および生活関係に関する規律において人間の尊厳を追求することが必要です。もとより人間の尊厳とは何かという根本に及ぶ問題です。このことについては少し飛躍するようですが、人間の尊厳と環境問題は密接に関連しているというべきであり、地球環境の持続性が確保されることによって人間の尊厳は実現すると考えます（拙稿「環境問題と環境配慮義務——地球環境主義の条件と課題」環境法研究40号（2015年）９頁）。

② 成年後見制度ではどのような支援を行うか

(1) 支援のしくみ

成年後見制度は法定後見と任意後見の２つのしくみからなっています。

第１に、法定後見は、一定の要件のもとに発動される制度であり、支援の内容は本人の判断能力（事理弁識能力）の低下の程度に応じて、成年後見、保佐、補助の３つの類型が用意（法定）されています。成年後見制度における支援を時系列でみると、法定後見の支援は、一定の者の申立てにより家庭裁判所が成年後見、保佐、あるいは補助の開始の審判をすることによって開始します。家庭裁判所は諸般の事情を考慮して支援の適任者を選任します。選任された成年後見人等は、成年後見、保佐、補助の類型に応じて、本人のための支援、すなわち成年後見事務、保佐事務、補助事務を行います。

第２に、任意後見の支援は、契約を公正証書の書面で締結することによって行われます。本人（委任者）は自らが支援を依頼する者（受任者）との間で、任意後見契約法に基づいて任意後見契約を締結していることが必要です。この契約は本人の判断能力が低下しない間は、効力は生ぜず、いわば眠った状態にあります（停止条件付き契約）。そして、その後、本人の判断能力が低下すると、法律に明記された一定の者が家庭裁判所に請求し、家庭裁判所は本人に任意後見の支援が必要かどうかを判断し、必要があると判断すると任意後見監督人を選任します。これによって任意後見契約は効力を発生します（契約の発効）。任意後見契約の発効によって上記受任者は任意後

見人となります。任意後見監督人は、任意後見人が行う事務を本人のために監督する役割を担っています。任意後見人は、本人との間で締結した契約の趣旨・内容に基づき当該契約を履行します。本人が法定後見において法定されたメニューでは不十分と考えれば、判断能力が低下する前に任意後見契約を締結することが望まれます。

　成年後見制度は本人が生存していることを前提にしており、法定後見も任意後見も本人が死亡すれば終了します（死亡によって権利能力を喪失し、相続が開始します）。

(2) 支援の担い手とその内容

　成年後見の支援は親族と専門職（弁護士・司法書士・社会福祉士の他に、税理士等）が担ってきました。近時は需要の増加に応えるために市民の担い手が必要とされています。専門職のうち弁護士・司法書士は財産管理の専門家として、社会福祉士は身上監護の専門家として、成年後見制度導入の当初より活動をしてきました。成年後見制度を支える機関（専門職）として、法務省、家庭裁判所、最高裁判所家庭局、公証人、厚労省、地方自治体、地域包括支援センター、全国・地域の社会福祉協議会、NPO法人（非営利団体）、その他の団体の活動に注目することができます。

　成年後見人の果たすべき事務は、財産管理と身上監護の支援を行うことにあります。財産管理とは本人の財産を管理することであり、日常生活における金銭管理や、振り込め詐欺等の被害防止など、その権限は財産行為の全体に及びます。身上監護とは、本人の療養看護や生活に関する意思決定を支援するものです。身上監護は本人の生活史、周囲の人々との関係を考慮し、その人の能力を引き出すことを目的とします（社会福祉において日常的に用いられるエンパワメントの営みを参照）。それは創造的な営みといえるものです（本書第2部・第3部において、身上監護実務におけるエンパワメントとはどのようなものかを具体的に説明しています）。

　成年後見実務が形成されることによって、地域における人権保障が図られ、身上監護の支援の重要性が明らかになってきたのです。

(3) 支援の決定権限と手配

　身上監護とは、成年後見制度の支援を受ける人のために、財産管理を除く生活上の事務について、成年後見人等が決定する権限をいいます。成年後見人等は財産管理と身上監護のそれぞれの事務について決定権限をもっています（身上監護の本質を決定権限と捉えることは米倉明『信託法・成年後見の研究』（新青出版、1998年）433頁において明確に指摘されています）。成年後見実務における身上監護の支援を分析すると、法律行為の決定と手配からなっています。身上監護では、財産管理の支援では自覚的には取り上げられなかった決定（権限）が問題になるのです。

　身上監護の事務は、法律行為の事務と事実行為の事務からなっています。いずれの事務も成年後見制度の範囲で行われるものです。身上監護といっても、成年後見人等

が自ら介護や医療を行うわけではありません。もちろん、医療行為を素人が行うことは許されませんし、専門的な介護行為も同様です。その意味では、民法の成年後見と社会福祉・医療との棲み分けがなされています。もっとも、成年後見は、本人の支援のために、社会福祉・医療のサービスの提供を依頼する役割を担っており、両者は互いに密接に関連しています。かかる関連性に注目し、成年後見制度を運用することが望まれます。

(4) 身上監護の支援の態様

ここに身上監護の事務とは、㋐社会福祉系事務、㋑医療系事務、㋒その他の生活系事務が考えられます。民法（858条・861条）に明記されている療養看護は主として㋑に属します。未成年者の身上監護については民法に具体的な規定（820条～823条・857条）があり、実務の経験が積み重ねられてきています。

㋐ 社会福祉系事務

身上監護の内容として、介護サービス等に関する契約の締結、有料老人ホームの入居契約など、社会福祉サービスの確保に関する事務があります。身上監護は、介護保険法等の介護とは異なり、また扶養（民法877条）とも異なります。

㋑ 医療系事務

医療行為は、医療契約（診療契約）を締結することによって開始されます。身上監護の内容として、医療契約（診療契約）の締結をはじめとする医療系事務が含まれます。

医療行為は医師の免許を必要とするものであり、前述のように身上監護の支援の対象になりませんが、身上監護の支援が行われることによって本人は適切な医療行為を受けることができます。インフォームド・コンセントにおける医療同意（医療行為の説明に対する患者側の同意）や、医療の選択（インフォームド・チョイス）については、医療契約とは別の問題が生じます。

㋒ 生活系事務

生活系事務には、上記社会福祉系事務および医療系事務以外の事務のすべてがここに含まれます。具体的には、生活に関する多種多様な事務が扱われます。このうち衣・食・住に関する事務は生活するための基本となるものです。

(5) 支援における身上配慮義務の考え方

民法858条は、成年後見人は、成年被後見人の生活、療養看護および財産の管理に関する事務を行うにあたっては、成年被後見人の意思を尊重し（意思尊重義務）、かつ、その心身の状態および生活の状況に配慮しなければならないこと（身上配慮義務）、を明らかにしています。意思尊重義務および身上配慮義務は、成年後見人のほか、保佐人、補助人にも求められ（保佐につき民法876条の5第1項、補助につき民法876条の10第

1項)、また、任意後見人にも求められています(任意後見契約法6条)。ここでは、身上配慮義務について述べます。

身上配慮義務は、成年後見人等が財産管理や身上監護の決定および手配をするにあたってなすべき義務ということができます。身上監護の支援についてみると、決定権限に基づき適切に決定をすること、およびその決定事項について適切に手配をすることによって、個別具体的な援助(社会福祉、医療などのサービス)につながります。ここでは、本人の状況を考慮していかに民法の支援を社会福祉等の援助につなげるかが重要です。

身上監護における身上配慮義務の内容としては、以下の諸点が問題になります。

第1に、決定権限に基づく決定事項の妥当性が問われます。その際、本人が成年後見人等に何を決定してほしいかをできる限り客観的資料に基づいて明らかにすることが重要です。第2に、決定事項について一定の手配を行うにあたっては、決定事項の趣旨を考慮することが重要です。ここでは手配の妥当性が問われます。

成年後見人等は、社会福祉サービスや医療を提供する第三者に対して手配をした場合には、その後は何もしなくてよいのでしょうか。成年後見人等は決定権限に基づく手配をし、事務遂行のバトンを援助の主体へ引き継ぐことによって、原則として任務は終了します。もっとも、次のような場合が考えられます。たとえば、決定権限に基づいて契約を締結した場合を考えると、本人にはその契約当事者として契約上の権利・義務が発生します。そのため、成年後見人等は、たとえばサービス提供契約については、相手方が適切にサービスを提供しているかを見届けることが必要です。当該身上監護事務の性質・内容や、バトンを受けた側によって行われる援助の性質・内容が劣悪であるなど、本人の権利を阻害しているような場合には、成年後見人等に新たな対応が求められることも考えられます。このような場合には、例外的に成年後見人等に一定の義務が生ずることがあります。以上のようにして、身上監護の支援のもとでは、支援と援助の役割分担が行われるのです。

身上配慮義務の水準は、善管注意義務(善良な管理者の注意義務)と同様のものであると説明されています。善管注意義務は主として財産管理において用いられ、それぞれの事務において通常要求される義務をいいます。たとえば介護については、親が子の介護をし、あるいは子が親の介護をする場合に、自己のためにするのと同一の義務ではなく、それぞれの介護に求められるべき注意義務を尽くすことが必要です。もっとも、身上監護の支援において求められるべき水準が具体的にどのようなものかは必ずしも明確にはなっていません。この点は実務の積み重ねが必要です。

(6) 成年身上監護実務における視点

先に述べたように、身上監護における支援は支援者の決定権限を本質とするもので

す。社会福祉士による身上監護実務では、決定権限の行使にあたって支援の見通しを立てています。また、決定権限および手配に基づいて行われる援助が適切に実施されているかどうかのチェックを社会福祉が専門家として行っています（詳細は後記第2章を参照してください）。

親族後見人は、自分の家族あるいは友人に接するのと同様に接するのではないでしょうか。そのような親族後見人による支援では、家族に対する自然の愛情が支援の根本的なより所となっているはずです。親族以外の第三者後見人は、そうした親族後見のよいところに学ぶことができます。仮に本人が自分の家族だったらどのように接するかを考えて行動します。もっとも、親族後見人も市民後見人も成年後見人として事務を行うものですから、成年後見において求められる水準や内容を実現しなければなりません。困難な事態に遭遇した場合には、家庭裁判所などしかるべき専門家・専門機関に相談し、助言を得ることが必要です。そのために、本人と適宜に面談を行い、関係者からの情報収集を行うこと等により、身上監護の支援が本人の意思に沿っているかどうかを確認・把握するように努めることが必要です。もっとも、いわゆる困難事例等では、家族の愛情だけでは実務を適切に遂行できない場合が生じます。このような場合は専門職（プロフェッション）に事務を委ねることが必要です。身上監護については、社会福祉士による支援が適切です。社会福祉士、司法書士、弁護士はそれぞれの立場から後見実務の先導者としてこの16年間、成年後見の身上監護事務を担ってきました。

身上監護における支援は生活および生活関係における新しい考え方を追求しており、自助、互助、共助、公助のそれぞれの規範を包摂する規範として捉えることができます。この中からあるべき規範を明らかにすることが必要です。

③ 民法における死後の規律はどのようになっているか

(1) 本項で取り上げる理由

成年後見制度は、前述のように、本人が生存している間における支援を目的としており、生前のしくみです。被支援者が死亡すると支援は終了し、被支援者について相続が開始します。民法体系において相続はいわば「死後の権利・義務を規律するしくみ」であり、本人の死後の生活関係を規律するものです。成年後見制度を理解し適切に実務を行うためには、死後の問題を規律する相続法の知識を修得することも必要です。

相続は、遺言を含めて相続と称することがあります（広義の相続）が、相続というと通常は法定相続（狭義の相続）を指します。以下では民法の規定を中心に、まず法定相続を取り上げ、次に遺言を取り上げます。

なお、成年後見人による死後の事務については、2016年４月、成年後見の事務の円滑化を図るための民法及び家事事件手続法の一部を改正する法律が成立しました。すなわち、民法873条の２の規定は、成年後見人は、成年被後見人が死亡した場合において、必要があるときは、成年被後見人の相続人の意思に反することが明らかなときを除き、相続人が相続財産を管理することができるに至るまで、①相続財産に属する特定の財産の保存に必要な行為、②相続財産に属する債務（弁済期が到来しているものに限る）の弁済、③その死体の火葬または埋葬に関する契約の締結その他相続財産の保存に必要な行為（①②に掲げる行為を除く）の各行為をすることができる（ただし、③に掲げる行為をするには、家庭裁判所の許可を得なければならない）と定めています（2016年10月施行）。

(2) 法定相続

法定相続は、すなわち相続は、死亡によって開始します（民法882条）。相続人は、被相続人の一身に専属したものを除き、相続開始の時から、被相続人の財産に属した一切の権利義務を承継します（民法896条）。相続とは、被相続人（死亡した者）の財産を相続人に包括的に承継するしくみをいいます。

相続回復の請求権は、相続人またはその法定代理人が相続権を侵害された事実を知った時から５年間行使しないときは、時効によって消滅します。相続開始の時から20年を経過したときも同様です（民法884条）。

① 相続人　民法は、相続人となることができない者を定めています（相続人の欠格事由。民法891条）。

　また、遺留分を有する推定相続人（相続が開始した場合に相続人となるべき者をいいます。以下同じ）が、被相続人に対して虐待をし、もしくはこれに重大な侮辱を加えたとき、または推定相続人にその他の著しい非行があったときは、被相続人は、その推定相続人の廃除を家庭裁判所に請求することができます（相続人の排除。民法892条）。

② 相続分　2013年の民法改正により、法定相続分を定めた民法の規定のうち嫡出でない子の相続分を嫡出子の相続分の２分の１と定めた部分（民法900条４号ただし書前半部分）が削除され、嫡出子と嫡出でない子の相続分が同等にされました。改正後の民法900条の規定は、2013年９月５日以後に開始した相続について適用されます。

　共同相続人の中に、被相続人から、遺贈を受け、または婚姻もしくは養子縁組のためもしくは生計の資本として贈与を受けた者があるときは、相続分が修正されます（特別受益者の相続分。民法903条）。また、共同相続人の中に、被相続人の事業に関する労務の提供または財産上の給付、被相続人の療養看護その他の方法

により被相続人の財産の維持または増加について特別の寄与をした者があるときは、相続分が修正されます（寄与分。民法904条の2）。

これらは共同相続人間の相続における公平を図るものです。

③　遺産の分割　　遺産の分割は、被相続人の遺産に属する物または権利の種類および性質、各相続人の年齢、職業、心身の状態および生活の状況その他一切の事情を考慮して行います（民法906条）。

④　単純承認、限定承認、相続放棄

相続人は、単純承認をしたときは、無限に被相続人の権利義務を承継します（民法920条）。

また、相続人は、相続によって得た財産の限度においてのみ被相続人の債務および遺贈を弁済すべきことを留保して、相続の承認をすることができます（限定承認。民法922条）。

相続の放棄をした者は、その相続に関しては、初めから相続人とならなかったものとみなされます（民法939条）。相続放棄により他の法定相続人に権利（債務も）が移ります。

限定承認は相続人全員で一致して手続をする必要がありますが、相続放棄は単独でもできます。

⑤　3カ月の熟慮期間　　相続人は、自己のために相続の開始があったことを知った時から3カ月以内に、相続について、単純もしくは限定の承認または放棄をしなければならないとされています（民法915条1項本文）。

3カ月の熟慮期間は、相続人において単純承認、限定承認あるいは放棄のいずれかを選択するための期間です。相続人はこの間に、相続財産を調査することができ（民法915条2項）、この期間は、利害関係人または検察官の請求によって、家庭裁判所において伸長することができます（同条2項ただし書）。相続人がこの期間内に限定承認または相続の放棄をしなかったときは、単純承認をしたものとみなされます（民法921条2号）。

⑥　特別縁故者

1962年の民法改正によって特別縁故者の制度が導入されました（民法958条の3）。特別縁故者とは、相続人以外の者で被相続人と生計を同じくしていたとか、被相続人の療養看護に努めたとか、その他特別の縁故があった者をいいます。相続人がおらず特別縁故者の請求があった場合に、家庭裁判所は、清算後に残存する相続財産の全部または一部を分与することができます。特別縁故者は相続人ではありませんが、被相続人の財産を取得することができるのです。

(3) 遺 言

　これまで相続について述べてきましたが、自分の財産（遺産）を自分の思い通りに継承させたいと考える場合には、遺言をすることができます。遺言は生前に自らの意思表示により死後を規律するものであり、ここでは究極の意思決定が行われているということができます。以下、遺言制度について概観します（民法960条以下）。

　15歳に達した者は、遺言をすることができます（遺言能力。民法961条）。遺言の方式には、普通の方式と特別の方式があり、普通の方式には自筆証書遺言、公正証書遺言、秘密証書遺言があります（民法960条・967条以下）。このうち自筆証書遺言は、全文を自筆で書き、作成日と氏名を記し押印します（簡易ですが、死後に発見されないおそれ、改ざんの危険があります）。公正証書遺言は、公証役場で作成し、原本は公証役場に保管されます。一定額の費用がかかりますが、死後に遺言の執行が確実に行われます。

　遺言は、遺言者の死亡の時からその効力を生じます（民法985条1項）。遺言に停止条件を付した場合において、その条件が遺言者の死亡後に成就したときは、遺言は、条件が成就した時からその効力を生じます（同条2項）。

　遺言書の保管者は、相続の開始を知った後、遅滞なく、これを家庭裁判所に提出して、その検認を請求しなければなりません（民法1004条）。遺言書の保管者がない場合において、相続人が遺言書を発見した後も、同様です。公正証書遺言については、作成段階で公証人という法律専門家が関与することから検認は不要です。

　遺言は、自分の財産を自分の意思によって移転させる制度であり、原則として法定相続に優先しますが、兄弟姉妹を除く相続人（配偶者、子、親など）は遺留分を有しており、これらの者の遺留分を侵害することはできません（民法1028条以下）。兄弟姉妹以外の相続人は、遺留分として、次に掲げる区分に応じてそれぞれ当該各号に定める割合に相当する額を受けることができます。すなわち、①直系尊属のみが相続人である場合は被相続人の財産の3分の1、②上記に掲げる場合以外の場合は被相続人の財産の2分の1、です。遺留分算定の基礎となる財産は、相続開始時に有した財産に贈与財産を加え、債務を控除したものになります。遺留分が侵害された場合は、遺留分減殺請求をすることができます。この権利は侵害を知った時から1年、相続開始時から10年以内に行使しないと消滅します（民法1042条）。

第2章 身上監護実務の基本的な考え方
——意思決定支援を実現するために

1 成年後見制度の意義・流れ

(1) 障害者権利条約の理念と成年後見

2014年1月20日に批准された障害者権利条約では、12条で「法律の前にひとしく認められる権利」を規定しています。わが国の成年後見制度は、行為能力制限と法定代理権が制度のしくみとして取り入れられていますが、このことが12条に抵触しているのではないかと考えられています。国連の障害者権利委員会は「代理・代行決定」（substituted decision-making）から「意思決定支援」（supported decision-making）へのパラダイムシフトを基本理念とし、代理決定は障害者権利条約の趣旨に反するとの判断をしているからです。

㋐ 新オレンジプランにおける「意思決定支援」

高齢者の分野でも、「認知症施策推進総合戦略（新オレンジプラン）」に、人生の最終段階における意思決定支援のあり方を検討する旨が盛り込まれています。また、新オレンジプランの基本的な考え方は、認知症の人の意思が尊重され、できる限り住み慣れた地域、よい環境で自分らしく暮らし続けることができる社会の実現をめざすというものです。そのために、成年後見制度の普及・啓発と同時に、市民後見人の活動を推進するための体制整備を行うことが明記されています。

そして、「人生の最終段階における本人の意思決定支援のあり方についても検討を行う」とされています。

㋑ 障害の分野での「意思決定支援」と関係法令

障害者権利条約は2006年12月13日に国連総会において採択され、2008年5月3日に発効されました。わが国は2007年9月28日に署名しましたが、署名から7年を経た2014年1月に批准に至りました。署名後の2009年12月、閣議決定により「障がい者制度改革推進本部」が設置され、障害者権利条約の締結に必要な国内法の整備とわが国の障害者制度の集中的な改革を行うため、内閣に設置されました。同本部の「障がい者制度改革推進会議」には「総合福祉部会」と「差別禁止部会」が設置され、障害者基本法の抜本改正、障害者差別禁止法制の制定、障害者総合福祉法（仮称）の創設に

向け、障害者の雇用、教育、医療、司法手続、政治参加等の各分野および「障害」の表記、予算確保に関する課題等について幅広く審議を行うとともに、関係する民間団体や所管府省からのヒアリング等、精力的に審議が行われました。

　㈬　障害者基本法

　その結果、2011年7月29日に成立した「障害者基本法の一部を改正する法律」により、障害者基本法23条は、「障害者の意思決定の支援に配慮しつつ、障害者及びその家族その他の関係者に対する相談業務、成年後見制度その他の障害者の権利利益の保護等のための施策又は制度が、適切に行われ又は広く利用されるようにしなければならない」（下線筆者）と改められました。障害者基本法において、本人の意思尊重だけでなく、その前提となる本人の意思決定を支援することの必要性が指摘されたのであり、国および地方公共団体が障害者の意思決定の支援に配慮する旨が規定されたことになります。

　障害者基本法で注目すべきものに、「全て障害者は、可能な限り、どこで誰と生活するかについての選択の機会が確保され、地域社会において他の人々と共生することを妨げられない」（同法3条）という規定があります。生活の選択の機会が確保されても、意思決定の支援が担保されなければ意味がないことから、3条と23条の規定は表裏一体の関係と考えられています。

　㈭　障害者総合支援法

　2012年6月27日に公布された「地域社会における共生の実現に向けて新たな障害保健福祉施策を講ずるための関係法律の整備に関する法律」により、従来の障害者自立支援法は、障害者総合支援法となり、2013年4月1日に施行されました。同法の基本理念にも「全ての障害者及び障害児が可能な限りその身近な場所において必要な日常生活又は社会生活を営むための支援を受けられることにより社会参加の機会が確保されること及びどこで誰と生活するかについての選択の機会が確保され、地域社会において他の人々と共生することを妨げられないこと並びに障害者及び障害児にとって日常生活又は社会生活を営む上で障壁となるような社会における事物、制度、慣行、観念その他一切のものの除去に資することを旨として、総合的かつ計画的に行わなければならない」（同法1条の2）と規定されました。

　そして、指定障害福祉サービス事業者、指定障害者支援施設等の設置者、指定一般相談支援事業者、指定特定相談支援事業者の責務として、「障害者等が自立した日常生活又は社会生活を営むことができるよう、障害者等の意思決定の支援に配慮するとともに、市町村、公共職業安定所その他の職業リハビリテーションの措置を実施する機関、教育機関その他の関係機関との緊密な連携を図りつつ、障害福祉サービスを当該障害者等の意向、適性、障害の特性その他の事情に応じ、常に障害者等の立場に立

って効果的に行うように努めなければならない」（同法42条・51条の22。下線筆者）と規定されました。さらに、利用者に必要な情報提供を行う旨も、「基本相談支援」の定義（同法5条の17）で規定されています。

このように、障害者基本法の改正を踏まえて、障害のある人への「意思決定支援」が支援事業所全般の責務として規定されているのです。意思決定支援には、知的障害者相談員、身体障害者相談員、相続支援専門員、サービス管理責任者などの専門職がかかわることになります。

一方、地域における総合的な相談支援体系の整備とあわせ、市町村に対し、障害のある人の成年後見制度利用促進も求められています（同法77条）。意思決定支援の過程において、権限を持った成年後見人等がかかわることの重要性を、あらためて確認しておく必要があるでしょう。

(オ) **知的障害者福祉法**

2012年6月27日に知的障害者福祉法が改正され、「支援体制の整備等」として「市町村は、知的障害者の意思決定の支援に配慮しつつ、この章に規定する更生援護、障害者の日常生活及び社会生活を総合的に支援するための法律の規定による自立支援給付及び地域生活支援事業その他地域の実情に応じたきめ細かな福祉サービスが積極的に提供され、知的障害者が、心身の状況、その置かれている環境等に応じて、自立した日常生活及び社会生活を営むために最も適切な支援が総合的に受けられるように、福祉サービスを提供する者又はこれらに参画する者の活動の連携及び調整を図る等地域の実情に応じた体制の整備に努めなければならない」（同法15条の3。下線筆者）と規定されました。この規定からは、意思決定支援は専門家によってのみ行われるのではなく、インフォーマルな人間関係も重視するものであり、そこでは既存の権利擁護システムを活用することが求められていると読み取ることができます。意思決定支援によって、本人の主体性の形成や成長が期待され、その結果として、自分らしい暮らしが実現されていくことになります。意思決定支援は、ハビリテーションやエンパワメントの一環であるともいえるのではないでしょうか。

(カ) **精神保健福祉法**

2013年6月19日に精神保健福祉法が改正され、保護者に関する規定が削除されました。それに伴い、医療保護入院の同意に関する要件が、「保護者の同意」から「家族等のうちのいずれかの者の同意」へと変更になりました。ここにいう「家族等」とは、配偶者、親権者、扶養義務者、成年後見人または保佐人を指し、これらの者が存在しないか、意思表示できないときには市町村長が同意の判断を行うことになりました。今回の改正により、原則として家族の中から定められる保護者によって精神障害者の保護を行ってきた制度に終止符が打たれたことになります。その一方で、これまで家

族等の保護者が担ってきた精神障害者に対する支援を、誰が、どのように行うべきかについて検討が必要となり、この点に関し、衆議院厚生労働委員会において「精神障害者の意思決定への支援を強化する観点からも、自発的・非自発的入院を問わず、精神保健福祉士等専門的な多職種連携による支援を推進する施策を講ずること。また、代弁者制度の導入など実効性のある支援策について早急に検討を行い、精神障害者の権利擁護の推進を図ること」との附帯決議がなされました。

(キ) 障害者虐待防止法

また、2011年6月24日に成立し、2012年10月1日に施行された、障害者虐待防止法により、障害者の虐待の予防と早期発見、および養護者への支援を講じるための法律が整備されました。

(ク) 障害者差別解消法

さらに、障害者差別解消法が2013年6月19日に可決・成立し、3年後の2016年4月に施行されています。この法律は、①障害を理由に差別的取扱いや権利侵害をしてはならないこと、②社会的障壁を取り除くための合理的な配慮をすること、③国は差別や権利侵害を防止するための啓発や知識を広めるための取組みを行わなければならないことを定めています。そして、②合理的配慮については、行政機関の義務とし、民間事業者については努力義務としています。各事業者が講ずべき、障害を理由とする差別を解消するための措置に関する対応指針として、福祉事業者向けガイドライン、医療関係事業者向けガイドライン、衛生事業者向けガイドライン、社会保険労務士の業務を行う事業者向けガイドラインなどが示されています。

(ケ) 障害者権利条約の要請と後見実務の実際

2011年に成立した障害者基本法をはじめとして前述(エ)～(ク)などの法整備を受けて2013年12月4日、日本の参議院本会議は、障害者基本法や障害者差別解消法の成立に伴い、国内の法律が条約の求める水準に達したとして、条約の批准を承認しました。

前述のように、障害者権利条約は、すべての人における平等な法的能力の享有を前提として、他者による代理・代行決定ではなく、本人の意思決定の支援という考え方を示しています。一方で、現実問題として、福祉サービスの利用が必要な人の中には、契約の相手方であるサービス提供者からの情報提供や説明があっても、意思表示すら困難であり、決定することができない人もいます。意思決定ができない成年被後見人には、本人の最善の利益を追求するために、関係機関とも協議し、そのうえで、権限を行使してきた成年後見人の役割は大きいといえます。また、成年後見人に代理権が付与されていても、本人の意思を確認するためにわかりやすく情報提供し、決定のためにさまざまな関係者からの支援を受け、時には、本人の意欲を高めるために環境を整えモチベーションの支援を行うなど、代理権を行使するまでの多くのプロセスで成

年被後見人に寄り添っている成年後見人は決して少なくありません。

　大切なことは、制度もしかりですが、それを実践する人の意識です。意思決定支援は成年後見人1人が担える役割ではなく、それぞれに関係している人がそれぞれの役割を担ってこそ実現されるということです。そこでは、コミュニケーション（対話）とコラボレーションが重要となっています。

(ロ)　意思決定支援ガイドラインの策定に向けた検討

　厚労省では、2013年から「意思決定支援の在り方並びに成年後見制度の利用促進の在り方に関する研究」（障害者総合福祉推進事業）が行われ、基礎的調査研究では、意思決定支援および成年後見制度に関する実態や課題が整理されました。2014年度の実践的調査研究では、具体的な意思決定支援方法や成年後見制度の利用促進策等に関する報告書がまとめられ、（障害者の）「意思決定支援ガイドライン（案）」が作成されました。2015年度の実践的継続研究では、この「意思決定支援ガイドライン（案）」がさらに精査されるとのことです。

(2)　成年後見をめぐる最近の状況

　この15年間で、成年後見制度についての課題が指摘され、改善に向けた方策が専門職団体や研究団体から示されています。具体的なテーマとしては、医療同意、死後の後見実務、市町村長申立ての活性化、補助制度の活用などです。

　市町村長の申立ても、全国で2013年は5046件、2014年は5592件、2016年には5993件（最高裁事務総局家庭局「成年後見関係事件」の概況）と増加し活性化されています。

　「成年後見関係事件の概況――平成27年1月〜12月――」によると、成年後見申立ての動機は、第1位が預貯金等の管理・解約、第2位は介護保険契約（施設入所等のため）、次いで身上監護、不動産の処分、相続手続、保険金受取です。

　今日においては、高齢者や障害者を、単に保護される対象ではなく、権利主体であるとして、その自律をいかに尊重するかという尊厳の保持が、重要な課題として意識されるようになっています。

(3)　身上監護を主体とした成年後見人

　たとえば、施設入所という重要な決定に本人の意思がどこまで尊重されているのかという課題があります。それゆえに、成年後見人等として本人を支援するにあたっては、日常的に意思決定がどのようにされていたのか、家族の中でどのような役割を担ってきたのか、どのような人が支えてきたのを確認しなければなりません。そして、本人がどのような人生を過ごしてきて、今ここにいるのか、そしてこれからどう生きていくのかというストーリーで語れるためのアセスメントが必要となります。これは、身上監護で一番重要な要素です。それは、本人の意思が明らかにならない場合に、できるだけ本人の意向に沿う判断をする際の根拠となるからです。早い段階から成年後

見制度の利用ができれば、そのプロセスを成年後見人等も本人と一緒に歩むことで、本人の意思や意向を成年後見人等が、より的確につかむことができます。

(4) 伴奏者としての成年後見人等

　ハーレーン・アンダーソン（野村直樹ほか訳）『会話・言語・そして可能性――コラボレイティヴとは？ セラピーとは？』（金剛出版、2001年）は、「セラピストとクライエントは治療する側とされる側に分かれるのではなく、臨床の場で協働する関係にある」と述べています。成年後見制度においても、成年被後見人等と成年後見人等は、支援する側とされる側に分かれるのではなく、身上監護という臨床の場で協働する関係にあると捉えることもできます。

　また、ハーレーン・アンダーソンは、コミュニケーションについて、次のように語っています。「ダイアローグ（対話）を通じて、あるいは、そのなかで、意味や理解が持続的に、解釈、再解釈、明確化、改定されている。意味や理解に新しいものが生じたときには、思考、感情、気持ち、行動などが新しく生まれる可能性がある。言い換えれば、変化することとは、ダイアローグの中での遺産なのである。ほんとうのダイアローグとは、創造以外の何物でもない」。プロセスを一緒に歩むとき、二者関係において一方が主体であると他方は客体ということになりますから、本人が主体であるということは、支援者が客体であるということになります。このことを援助関係ではしっかりと立ち返って意識しなくてはなりません。支援者と本人の意見が異なるときの本人の意思をＡ、支援者の判断をＢとします。〈図1〉に示したように、本人との相互交流によって、本人の意思ＡやＢは、協働しつくられていくＡ′やＢ′、Ａ″やＢ″のように存在するはずです。援助者の判断もともに変わることが必要で、その結果として、新しい相互作用のＡ‴が創造されます。まさに、伴奏者（支援者）とともに本人の意思は奏でられるのです。このように考えると意思決定支援は身上監護の中でも大切な役割を占めることになるのではないでしょうか。だからこそ、財産管理だけではなく、本人の可能性を信じて身上監護を主体にした本人の生活を支える人生の伴奏者としての役割を、あらためて確認することが必要となっているのではないでしょうか（〈図1〉を参照）。そして、人生の伴奏者とは、本人の意思が奏でられるように一緒に歩んでいく人でなくてはならないのです。

〈図1〉 相互交流による意思の変化（人生の伴奏者）

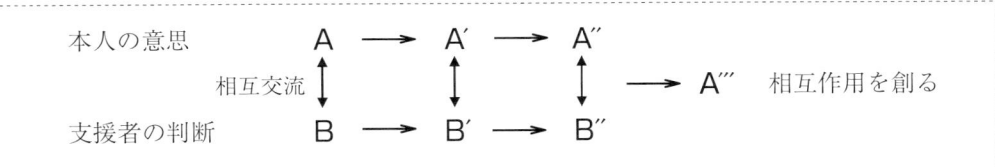

② 意思決定支援におけるコラボレーション

(1) 意思決定支援と成年後見人等の役割

　厚労省障害者総合福祉推進事業報告として2015年に公表された「意思決定支援のガイドライン（案）」によると、意思決定支援とは、「知的障害や精神障害（発達障害を含む）等で意思決定に困難を抱える障害者が、日常生活や社会生活等に関して自分自身がしたい（と思う）意思が反映された生活を送ることが可能となるように、障害者を支援する者（以下「支援者」と言う。）が行う支援の行為及び仕組みをいう」とされています。そして、障害福祉サービス事業所等における意思決定支援の考え方として、次の内容が示されています。

① 意思決定支援には、事実を根拠として本人の意思を丁寧に理解し、代弁する代弁者が求められる。

② 日常の支援場面における意思決定支援は、利用者に対する直接支援のすべてに意思決定支援の要素が含まれている。

③ 大きな選択に係る意思決定支援は、本人にかかわる関係者が集まり、これらの場面において、本人の支援に関係する者や代弁者等の参加により意思決定支援会議を開き、意思決定支援の内容や結果と判断の根拠を記録しておくことが必要である。

　また、意思決定支援における成年後見人等との連携については、成年後見人・保佐人・補助人等は、意思決定支援に関するチームの一員としてその役割を果たしていくことが重要であるとされています。

　成年後見人等は、これまでソーシャルワークの中で行われてきたケースカンファレンスやケア会議と同様に意思決定支援会議に参加して、本人の権利擁護を担う代弁者としての役割を果たさなければならないということです。

　意思を表出できない人の意思をくみ取るには、まず、障害のある人自身の意思（意向や気持ち）への注意度を高めていくことからスタートすることが必要です。そこでは何より信頼関係の構築が大切です。これは日常生活を支援している身近な人や関係者の協力なくしてはできないことです。そのために、成年後見人等は、関係者と連携し、各自がチームの一員としてどのような役割を担うかを意識しなくてはなりません。本人だけではなく関係者とも時間をかけたコミュニケーションが必要であり、コラボレーション（協働作業）が必要となります。そして、そのことが将来発生する重要な意思決定支援と権限行使に影響を与えていくことになります。代理権や同意権・取消権といった権限をもつ成年後見人等が意思決定支援にかかわるということは「決定できることができる人がいるからこそ本人の意思が尊重された決定がなされる」という

ことです。これこそ、現在の法制度の中で行われる意思決定支援における成年後見人等の役割といえるのではないでしょうか。

(2) ソーシャルサポートとソーシャルサポート・ネットワーク

　本人の意思決定支援にはさまざまな場面が想定されます。権利擁護という視点からは、施設入所に代表されるような非日常の場面もありますが、「何を食べたいか」、「どんな服を着ようか」、「何を買いたいか」というような日常の意思決定の場面もあります。こうした日々の意思決定（支援）を繰り返し、積み重ねていくことが、本人の意思を尊重し、主体的な人生を送ることにつながります。自分のことを自分で決める経験や、うまくいったという成功体験の積み重ねが自己評価を高め、自己信頼につながるのです。さらに、「○○はできた。次は、何をしようか」というモチベーションを高める循環を生み出すことにもなります。その循環過程では、自己決定を支えていくための日常生活のサポートが必要となります。これは、主に、本人の身の回りにいる他者から得るサポートです。このような人間関係がもたらすサポートを「ソーシャルサポート」といいます。意思決定支援においては、この他者からの支援が重要になります。意思決定支援をする際には、支援する側には本人の意思をできる限りくみ取ろうという姿勢が不可欠になります。もっとも、単に「与えられさえすれば」意思決定支援ができるというものではありません。サポートを受ける本人が、「自分にとってよいもの」、「役に立つもの」として主観的に受け取られるかどうかが、そのサポートの内容にかかわっています。こうした相互のかかわりの結果として、本人と成年後見人等との間に、信頼関係が築け、支援関係が形成されたとき、このサポートが十分に機能するようになり、本人の意思に基づく生活が実現できるのではないでしょうか。

　また、社会生活を送るうえでのさまざまな問題に対して、身近な人間関係における複数の個人や集団の連携による支援体制のことを「ソーシャルサポート・ネットワーク」といいます。本人を支援するためには、地域社会に存在する住民や社会福祉関連機関、施設の専門職、ボランティア等のさまざまな人により組み立てられ、本人の個々の生活状況や問題に応じて個別のネットワークの形成が必要となります。意思決定支援においても同様で、そのときの最適な援助機能を考えながら意思決定支援のネットワークを形成し、意思決定支援のための役割分担を行うことが必要です。ソーシャルサポート・ネットワークの形成は、「社会的支援」等とも呼ばれ、フォーマルサポートおよびインフォーマルサポートのネットワークを統合し、援助活動を展開していくために、ソーシャルワークに必要な技術となっています。成年後見人等においても、本人を1人で支えるのではなく、身上監護の支援を協働して支えていくコラボレーションのために、このソーシャルサポート・ネットワークを意識しておくことが重

(3) ソーシャルサポートの6つの機能

意思決定支援の方法は、単に情報提供をするだけではありません。援助者は、本人から発せられる表情や全身を使ったメッセージ、言葉をしっかりと受け止める必要があります。本人の立場で世界で感じ、考えてみる共感的理解が必要となります。応答・明確化・観察をしながら、情緒での手当てをし、アセスメントをしていきます。そして、問題の本質を捉えていきます。問題の本質を理解しないで、一方的に情報を提供しても、相手をサポートしたことにはなりません。

日本女子大学の渡部律子は、ソーシャルサポートの6つの機能を示しています（〔表1〕参照）。第1は、「自己評価のサポート」です。これは、人が自分自身を価値ある存在であることを確認させてくれるようなサポートを意味します。第2は、「地位のサポート」です。社会生活をする私たちにはいろいろな役割があり、人が役割を持ち集団に属していることで、社会から承認されていることを感じ取ることができるというものです。第3は、「情報のサポート」です。自分が必要としている情報を提

〔表1〕ソーシャルサポート6つの機能

サポート機能	サポート機能の説明	必要な技術
自己評価サポート	自分の能力・社会的価値・仕事での能力に疑いをもったときに有効に働く。自分がマイナスに考えていた自己像の側面を打ち明けることで、自分の評価を再度高めることができる	・相手の話を注意深く聞くこと（傾聴） ・相手の話に、感情・事実が反射すること ・共感・安心・愛着・尊敬の提供 ・再保証 ・自己開示 ・非審判的態度
地位のサポート	自分が何等かの役割を果たしていることで社会から承認されていることを感じ取れる	・相手に役割を与えること ・役割を果たしている相手を認めること
情報のサポート	問題の本質、問題に関係している資源に関する知識、代替的な行動に至る道筋に関する情報を提供する	・適切な情報ネットワークを持っていること ・相手のニーズに見合った情報を見つけだすこと
道具的サポート	実際的な課題に対する援助の提供をする	・相手に必要な具体的な援助力を持っていること（お金・労働力・時間等）
社会的コンパニオン	ともにいる、出かけるなどの社会活動のサポートをする	・コンパニオンとして使える時間の所有 ・相手にとって重荷にならないこと
モチベーションのサポート	根気よく何かを継続したり、解決に向かって進んでいけるようにモチベーションを高める	・励まし・努力の結果と予測との再保証 ・将来の希望を見つけ相手に伝えること ・フラストレーションの対処の方法 ・共に頑張ろうというメッセージの伝達

渡部律子『高齢者援助における相談面接の理論と実際〔第2版〕』（医歯薬出版、2011年）43頁をもとに作成。

供してもらうことです。情報は資源に関するものだけではなく、問題の本質、問題に関係している資源、代替的なやり方等に関する情報を得たときに、それらが情報のサポートになります。第4は、「道具的サポート」です。このサポートは物資サポートとも呼ばれ、労働力、金銭などの実際に必要な目に見える種類のサポートを意味します。第5は、「社会的コンパニオン」とよばれるサポートです。買い物に行く、市役所に行く、病院に行くなど、「誰かと一緒に行く」というそれだけのことですが、「誰かが一緒にいてくれる」ことで安心できるというものです。第6は、「モチベーションのサポート」です。私たちは、その行動を起こそうとする意欲の強さによって、ある行動を始めたり継続したりします。できたことを認める、努力が報われるというような再保証してくれる将来に希望を見出すようなサポートがモチベーションを高めます。このように、意思決定支援の場面で、誰がどのような役割を担うか、役立つ支援を提供するためにはどうしたらよいかを考えるうえで、このソーシャルサポートの6つの機能は重要な視点になります。

　本書では、このソーシャルサポートの6つの機能を、第3部事例の解説に用いています。ただし、あくまでも実践レベルの活用であるため、利用方法については本書での独自の理解によるものであること、まだ試行段階であることをお断りしておきます。

(4) ネガティブソーシャルサポート

　サポートは、相手にとってプラスとなるサポートだけではありません。サポーター（支援者）の種類や、本人のストレス対処の段階によっても、「いろいろな人からサポートはもらっている」けれども、それがかえって「本人を苦しくさせる」、「見動きがとれなくなるようにしている」場合があります。意思決定支援においても同様のことがいえます。たとえば、「自己決定強要のパラドックス」ということが存在するのではないでしょうか。自己決定が重要だと考えるために、自己決定をさせなければならないと考えたり、自発性を尊重することにこだわりすぎてこちらの要求を何も伝えられなくなったり、さらには、自己決定するためにはこちらから提案をしなければならないと考えて提案を押し付けてしまう、ということがあるかもしれません。そうした場面では、本人は自由がなくなり、本人を苦しくさせ、身動きがとれなくなるということが起こり得ます。また、エンパワメントのパラドックスということもあります。誰かを力づけ支えようとすればするほど、支えられた人は自分で支えようとする力を失ってしまう（アディクション）ということがあります。あまりにも過剰なサポートをすることで、本人が自分自身の存在意義を見出せなくなり「自己評価」を下げたり、また、実際にできることが次第にできなくなることもあります。このように、本人にとってマイナスとなるサポートのことを「ネガティブソーシャルサポート」といいます。

ネガティブソーシャルサポートにならないようにするには、「今、私が行っている支援は、本人にとってどのような役割を果たしているのだろうか」というように、常に自らの行っている援助の意味を問いかけながら仕事をしていくことが重要です。また、サポートとは、互恵性を持つものだという意識も必要です。互恵性とは、一方的にサポートを受けるだけでなく、サポートを受けた側も相手に対して何らかのサポートをする（お返しをする）ということです。互恵性の高いサポートのほうが、互恵性の低い（あるいはない）サポートよりも、満足度やサポートの効果は高いといわれています。「一方的に援助される存在」の苦しさを、支援者は忘れてはならないでしょう。

(5) 意思決定支援におけるソーシャルサポート・ネットワークの活用

民法858条が規定する２つの義務、本人意思尊重義務および身上配慮義務を踏まえると、意思決定支援にかかわることは、成年後見人等の義務といってもよいのではないでしょうか。この意思決定支援の観点から、身上監護をどのように実践していくかを丁寧に考えてみたいと思います。

〈図２〉は、その支援を一つのパターンとして表してみたものです。ここでは、成年後見制度における「権限行使」（代理権、同意権・取消権の行使）は、「最後の手段（last resort）」以上のものであってはならないという考えのもとに、本人の「最善の利益」は何かということを、ソーシャルサポート・ネットワークの中で、本人と関係者の協働作業により追求していくという循環作業をイメージしています。

意思決定支援ガイドライン（案）が示している、「意思決定支援のプロセス」は、以下のPDCAサイクルを繰り返すように示されています（同ガイドライン（案）(3)２)②参照）。

① アセスメント　　本人の状態、決定する内容、その人的・物理的環境等を適切に把握する。利用者の決定能力、自己理解、心理的状況、意向や好み、望み、これまでの生活史、将来の方向性を含め多角的かつ客観的に把握すること。

② 意思決定支援計画の作成　　アセスメントの結果、個別支援計画やサービス等利用計画等の情報から課題およびニーズを整理したうえで、個別の意思決定支援計画を作成すること。

③ 意思決定支援の実施　　プログラム等により具体的に意思決定支援を実施する。特に支援開始時・終了後の職員間での意思の疎通・情報の共有を十分図ることが大切である。また、実践をフィードバックして知見を集積し、整理することにより意思決定支援の標準化を図ることも重要である（支援の経過・状況・結果等については記録として残すこと）。

④ 実施状況の把握（モニタリング）　　意思決定支援の実施状況の把握（モニタリ

② 意思決定支援におけるコラボレーション

〈図2〉身上監護の構造

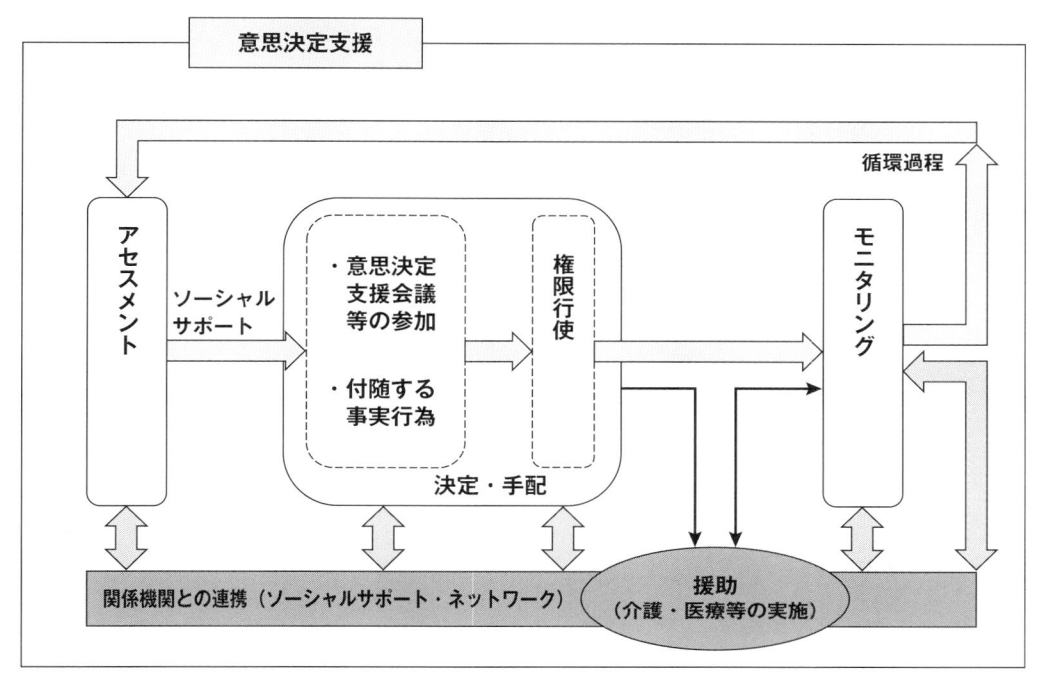

```
┌─────────── 意思決定支援 ───────────┐
│                                              │
│  ┌─────┐         ┌──────────┐ ┌──┐      循環過程  ┌─────┐
│  │アセス│ ソーシャル│・意思決定 │ │権 │          │モニタ│
│  │メント│  サポート│ 支援会議  │ │限 │─────────▶│リング│
│  │     │─────────▶│ 等の参加  │ │行 │          │     │
│  │     │         │           │ │使 │          │     │
│  │     │         │・付随する │ │   │          │     │
│  │     │         │ 事実行為  │ │   │          │     │
│  └──┬──┘         └──────────┘ └─┬┘          └──┬──┘
│     │               決定・手配    │              │
│     ▼                              ▼              ▼
│  ┌────────────────────────┐  ┌──────────┐
│  │関係機関との連携（ソーシャルサポート・ネットワーク）│  │  援助    │
│  │                                                │  │(介護・医療│
│  │                                                │  │ 等の実施)│
│  └────────────────────────┘  └──────────┘
└──────────────────────────────────────────────┘
```

〈アセスメント〉本人の意思およびニーズを、本人の立場に立って包括的に分析・統合すること。
〈権限行使〉①本人意思を確認し、②意思決定を支援し、③意思決定をすること。また、これらの段階をとることが不可能な場合に、最後の手段として、本人の最善の利益を追求して、成年後見人等が本人に代わって判断すること。
〈手配〉決定された内容に従って、付随する事実行為を行うなど、成年後見人等の責任において意思決定を実現させること。
〈援助〉本人に対する福祉・医療・保健などのサービスが実行されること。
〈モニタリング〉成年後見人等が、サービス契約の履行を確認し、必要に応じ改善を図ること。また、自身の後見活動を振り返り、身上監護をよりよいものとすること。本人の能力の回復・進行を確認すること。

ング）を適宜行い、必要に応じて意思決定支援計画の変更（修正）を行う。

⑤ 意思決定支援実施の評価とフォロー　意思決定支援後における評価とフォローについては、意思決定後の本人の状態、状況の変化について把握するとともに、本人の生活や人生がどのように変わり、本人の満足度を含めた評価を行うことが重要である。

　成年後見人等は、意思決定支援計画の作成のための会議や意思決定支援の実施の場面には、積極的に関与していきます。そして、成年後見人等が単独で判断するのではなく、関係機関と常に連携できるように、ソーシャルサポート・ネットワークを駆使し、本人が参加できるようにケース会議やサービス担当者会議等の環境を整え、個別の意思決定支援に合わせたチームの中で、それぞれの支援者の役割を確認し、本人の権利擁護者としての役割を実践していきます。具体的には、意思決定支援会議への参

加や、法律行為に付随する事実行為、さまざまな福祉サービス等の援助の手配を行います。身上監護の構造の中では、決定・手配に当たるところです。手配した福祉サービスは、フォーマルサービスとしてソーシャルサポート・ネットワークに加わります。成年後見人等は、自らの有する権限行使を行います。このような積み重ねが、本人が住み慣れた地域で生活していくための支えとなります。成年後見人等の有する代理権・同意権・取消権の権限行使は、本人の意思を尊重するうえで重要な役割を果たすことになります。一方で、成年後見人等は、どのような判断がどのようになされたかの根拠を明確化することが求められます。また、しっかりと記録していくことも求められています。そして、それらをソーシャルサポート・ネットワークの中で共有することも必要になるでしょう。それが、意思決定支援を支え本人の尊厳の保持をしていくための、権限の活用なのではないでしょうか。

ソーシャルワークの視点からは、本人との信頼関係の構築をベースにして、個々の場面における支援を通じて本人をエンパワメントしていく実践が共通の基盤となります。そしてそこでは、成年後見人等1人ではなく、本人を取り巻くインフォーマルな支援・フォーマルな支援のネットワークを確立し、ソーシャルサポート・ネットワークを駆使していくこと、それぞれが役割を担い、チームで支えることが必要です。

第3章 成年後見・身上監護をめぐる昨今の内外の動き

1 障害者権利条約との関係

(1) 障害者権利条約の批准

　障害者権利宣言（1975年）の実現をめざし、国連はこれまでさまざまな方策を展開してきましたが、法的拘束力をもつものではなく、それらを根拠として現実に障害者の人権を擁護することは困難であり、不十分であったといえます。そこで、「障害者権利条約をつくるべきではないか」という気運が高まり、2002年の国連総会において、障害者権利条約（以下、「条約」といいます）に関する特別委員会の設置が決議され、検討が始まりました。「Nothing about us, without us!（私たち抜きで私たちのことを決めないで!）」がスローガンとして掲げられたことは有名です。そして、2006年の国連総会において、条約は満場一致にて採択され、2008年に発効しました。

　条約の注目すべき点は、大きく2つあります。1つは、「障害」の概念の捉え方（そして、ここから導き出される合理的配慮）であり、もう1つは、「自己決定」についての捉え方です。

　条約の1条で定義されている「障害」とは、長期の身体的、精神的、知的または感覚的な機能障害のある人を含み、これらの機能障害は、種々の障壁と相互に作用することにより、機能障害のある人が他の者との平等を基礎として社会に完全かつ効果的に参加することを妨げることがあること、つまり、障害に起因する不利益や不都合を個人の責任に帰するのではなく、障害という属性を有する人をそのままの状態で受け入れようとしない社会のあり方を問うことになる（藤井克徳「障害者権利条約の読み方と今後の展望」作業療法ジャーナル45巻6号（2011年）569頁）という内容が規定されています。そして、このような障害モデルを前提として、障害のある人とない人の平等な機会を確保し、また、差別を撤廃するために、障害の状態や性別、年齢などを考慮した変更や調整、サービス提供などの「合理的配慮」が提供されることを確保することが求められています。

　「自己決定」については、条約に明記されてはいませんが、「自律した生き方」の実現のためには、自立生活運動（Independent Living Movement）で強調されてきた「失敗する権利」や「過ちを犯す自由」が大きな意味をもつことなど、自己肯定感に基づ

く「尊厳」の確立のためには「意思決定支援」がより重要となります。

わが国は条約が成立した翌年の2007年に署名をし、2014年に批准をしました。2016年6月までに批准をした国は166カ国となっています。また、2016年2月に「障害者の権利に関する条約　第1回日本政府報告」を国連へ提出しています。

(2) 成年後見制度との関係

条約は、12条（「法律の前にひとしく認められる権利」）に、成年後見とかかわりのある規定を設けています。

ここで、外務省の翻訳による12条を掲載します。

★障害者権利条約
第12条　法律の前にひとしく認められる権利
1 締約国は、障害者が全ての場所において法律の前に人として認められる権利を有することを再確認する。
2 締約国は、障害者が生活のあらゆる側面において他の者との平等を基礎として法的能力を享有することを認める。
3 締約国は、障害者がその法的能力の行使に当たって必要とする支援を利用する機会を提供するための適当な措置をとる。
4 締約国は、法的能力の行使に関連する全ての措置において、濫用を防止するための適当かつ効果的な保護を国際人権法に従って定めることを確保する。当該保障は、法的能力の行使に関連する措置が、障害者の権利、意思及び選好を尊重すること、利益相反を生じさせず、及び不当な影響を及ぼさないこと、障害者の状況に応じ、かつ、適合すること、可能な限り短い期間に適用すること並びに権限のある、独立の、かつ、公平な当局又は司法機関による定期的な審査の対象となることを確保するものとする。当該保障は、当該措置が障害者の権利及び利益に及ぼす影響の程度に応じたものとする。
5 締約国は、この条の規定に従うことを条件として、障害者が財産を所有し、又は相続し、自己の会計を管理し、及び銀行貸付け、抵当その他の形態の金融上の信用を利用する均等な機会を有することについての平等の権利を確保するための全ての適当かつ効果的な措置をとるものとし、障害者がその財産を恣意的に奪われないことを確保する。

12条は、まず1項で、障害者がすべての場所において法律の前に人として認められる権利（権利能力）を有することを再確認しています。そして、2項では、他の者と平等に法的能力を有することを認めるとしており、3項では、国は、障害者がその法的能力を行使するにあたって必要な措置をとるものとしています。すなわち、いかなる障害者であっても、みずからの意思や選好を決定・表明する能力があることを前提として、国は、その行使に必要な支援策を講じることとされているのです（ただし、自らの意思を全く表明できない人について、他者決定による支援が認められるかどうかと

さらに、条約12条では、4項において、本人の権利・意思・選好の尊重、利益相反の回避、不当威圧の排除、本人状況の配慮、可及的短期間の適用、独立・公正な当局の定期的見直しをあげています。わが国の成年後見制度は、後見類型においては、成年後見人に対して包括的代理権が付与されること、保佐類型・補助類型においては、本人の同意を必要とはしていても、保佐人・補助人に代理権の付与が認められていること（保佐類型の場合は、一定の同意権が自動的に付与されること）などから、本人の自己決定権を侵害する差別的なものではないか、との疑念を生じさせるものとなっています。これまでの保護に偏った考え方に基づくわが国の成年後見法が、はたして条約の精神に合致しているのか、厳しく問われているといえます。

さらに、条約19条（自立した生活および地域社会への包容）においては、自分が望む地域で他の人たちと生活できることが、当たり前の生活であり、権利として保障されているということ、そのための支援がなされるべきことが規定されています。成年後見人等として、本人がこれまで住み慣れた地域を離れて遠方の施設へ入居するための手続を行う場合があります。しかし、それは本人の意思・意向に沿うものだったといえるでしょうか。これからは、条約が示す地域社会の実現に向けて、成年後見人に求められる役割は、大きいものといえます。

社会福祉士の中では、意思決定支援は障害者権利条約の批准を受けて、取り上げられた課題ではなく、すでにソーシャルワーカーや福祉関係者が実務で行ってきていることであること、また、ソーシャルワーカーである社会福祉士が成年後見制度に関与してきた経過から、社会福祉士として本人の自己決定を尊重し、そのうえで成年後見人等としての権限を行使してきたことを明らかにしたいという強い思いがありました。つまり、現行の成年後見法の中でも、意思決定支援は行われていることが前提にあったのですが、その方法や考え方が統一されたものとして示されてきていなかったこと、具体的なプロセスについて誰もがわかる形になっていなかったことが問題である、という認識でした。

他方で、日弁連からは第58回人権擁護大会（2015年10月）において「成年後見制度から意思決定支援制度へ」という考え方が提示され、リーガルサポートからは「後見人の行動指針」（2014年）が公表されました。

(3) 日本社会福祉士会「意思決定支援に関する調査研究」

このような大きな社会情勢の動きの中、ソーシャルワーカーである社会福祉士およびソーシャルワーカーの専門職能団体である社会福祉士会により、自らが行っている（行ってきた）後見実務、とりわけ意思決定支援に基づく権限行使のあり方について、調査研究が行われました。2013年度は、日本社会福祉士会の独自事業として、成年後

見制度を中心に据えた権利擁護のしくみづくりにおいて、社会福祉士あるいは社会福祉士会としてどのような役割が果たせるのかを考えていくことを目的とした研究プロジェクトが立ち上げられました。その中間まとめとして、「市民後見人育成など担い手の問題を検討するにあたっては、後見人等がどのように被後見人等の意思決定を支援しているのかをもう一度見直す必要があること」「何を根拠に権限を行使したのか（しなかったのか）」といったことをより丁寧に検証することが必要であること」、が示されました。その結果を受け、2014年2月にぱあとなあ名簿登録者で補助類型・保佐類型を受任している会員に対してアンケート調査が実施されました（「補助類型・保佐類型における本人同意、代理権、同意権・取消権の行使の実態に関するアンケート調査の概要（平成25年度実施）」。詳しくは、日本社会福祉士会「『認知症高齢者に対する意思決定支援としての成年後見制度の利用促進の政策的課題と活用手法に関する実証的研究』報告書」65頁以下参照）。その調査結果を受け、2014年度には厚労省の助成事業として、「認知症高齢者に対する意思決定支援としての成年後見制度の利用促進の政策的課題と活用手法に関する実証的研究」（以下、「実証的研究」といいます）が実施されました。

(4) 身上監護における意思決定支援

前述の実証的研究において、意思決定支援には以下の3つの段階があると考えられました。

① 個別ニーズや地域課題の発見と支援へのつなぎの段階
② 本人意思を引き出す段階
③ 表明された意思の実現の段階

さらに、それぞれの事案において、以下のいくつかの特徴的な場面がみられました。

Ⓐ 申立に至る経緯
Ⓑ 日常生活のさまざまな場面
Ⓒ 重要な事項の決定場面（居所の変更等）
Ⓓ 権利救済が求められる場面（虐待などの重篤な権利侵害）

このような場面において、意思決定を支援していく際には、成年後見人等が1人で抱え込むのではなく、本人を取り巻く支援ネットワークが十分に機能していることが必要であり、さらに、そのような支援ネットワークが構築されるには地域のしくみづくりが重要であると考えられました。調査研究においては、個別の事案への本人や補助人・保佐人、関係者へのヒアリングとともに自治体へのヒアリングも行われています。

以上の実証的研究を踏まえ、日本社会福祉士会「意思決定支援に配慮した成年後見制度活用のための手引き策定に関する研究報告書（権利擁護人材育成・活用のための都道府県の役割と事業化に関する調査研究報告書 第Ⅱ部）」（2016年3月）が公表されまし

た。この中で、とりわけ以下の2つの提案は、身上監護における意思決定支援を考える際に参考になると考えられます。

ⅰ　本人の意思決定支援の段階とそれぞれの立場での役割の共有　意思決定には日常生活の細かな場面から、生涯で何度も起こらないような重要事項の決定まで、さまざまな場面がある。重要な事項の決定場面は、日常的な意思決定支援がどのようになされているかの積み重ねであるとともに、重要な決定事項であればこそ、法的な権限を持った代理人が、必要なプロセスを経たのちに代理決定する形も残っていなければ、本当に本人に必要な支援ができなくなる場合もあるのではないだろうか。意思決定のレベルを整理して考え、そこに至るプロセスを重視することが、意思決定支援においては重要である。つまり、決定された事実のみが重要なのではなく、そこに至るまでにどのような人がかかわり、どのような方法で本人の意思について把握され、最終的にどのように決定されたのかということが客観的に示される必要がある。

ⅱ　権限行使の際の判断基準や根拠の明確化　意思決定支援のプロセスは、成年後見人等の1人の特別な人だけではなく、本人にかかわる支援ネットワークのチーム全体で定期的にチェックをし、見直しをしていくことが必要である。本人が妥当とは思われない意思を表出した場合や本人の意思尊重より保護を優先させなければならない状況にあるという判断がどのようになされたのか、記録としても残されることが必要であろう。その中にはこれから取り組まなければならない地域の課題が把握されることもある。そのような状況に対して、社会福祉士には、ソーシャルワーカーとしての日々の実践を根拠とした対象者理解やネットワークの構築、社会資源の活用や開発、地域福祉のしくみづくりなどを通した積極的なかかわりが求められている。

(5)　意思決定支援に配慮した成年後見活動のための手引の策定

先述の実証的研究を踏まえ、2015年度には引き続き厚労省より助成を受けて「権利擁護人材育成・活用のための都道府県の役割と事業化に関する調査研究」が実施され、報告書がとりまとめられました。その中で、意思決定支援に配慮した成年後見活動のあり方を可視化するツールの検討が行われました。検討されたツールは以下の2つです。

①　本人をめぐるすべての関係者を「ネットワーク」として捉え、支援者と成年後見人等の役割分担と連携のあり方を可視化するツール

②　本人参加を前提とした関係者の話合いで、本人にわかりやすく情報提供を行い、本人の同意と選択を尊重した意思決定支援が可能となるよう、話合いのプロセスを可視化するツール

本書では、第3部において、①のツールが活用されています（巻末資料1も参照）。

② 障害者総合支援法

(1) 戦後の障害者福祉に関する法律と施策の概要

　戦後、わが国において障害福祉に関する法律が整備されてきました。しかし、これらの法律は障害ごとに制定されており、かつ雇用、教育、医療といった行政分野ごとに施策が進められていく傾向にあり、総合的な政策推進は困難な状況であったといえます。

　わが国および世界の障害者福祉施策は、障害者の権利宣言（1975年）や「完全参加と平等」をめざした国際障害者年（1981年）とその後の10年により、一定の進展を遂げてきました。わが国においては、1993年に心身障害者対策基本法が改正され、「障害者の自立及び社会参加の支援」を目的とした障害者基本法が成立しました。同法は2004年6月に一部改正が行われ、障害を理由とする差別等の禁止が基本理念として掲げられました。2011年の改正では、障害者の範囲に発達障害者も明記するなど、障害者の定義の改正や目的規定の改正、「合理的な配慮」の概念を基本原則に盛り込む等の改正が行われています。

　また、障害福祉サービスにおいては、2003年4月に、ノーマライゼーションの理念のもと支援費制度が導入され、福祉サービスの利用が「措置」から「契約」へ変わり、「自己決定」「利用者本位」の考え方が明確にされました。一方で、判断力の不十分な高齢者や障害者が契約の内容を理解し判断することは難しい場面もあると思われることから、判断能力の不十分な人を支援する成年後見制度への期待が高まりました。

(2) 障害者総合支援法成立までの流れ

　支援費制度の導入後、サービス利用者の増大によって財源確保が困難になり、一方では、自治体間でのサービス格差がある、障害種別ごとに分かれたサービスがわかりにくいなどといった課題も出てきました。

　2006年4月には、障害者基本法の基本的理念にのっとり障害者自立支援法が施行され、支援費制度では対象外だった精神障害者（障害者基本法の改正を受けて2011年12月からは発達障害も含む）も対象になりました。さらに、障害種別ごとに分かれていたサービスを一元化し、サービス支給決定手続の明確化（障害程度区分の導入）、就労支援の強化、安定的な財源の確保（国の費用負担を2分の1とした）等が盛り込まれました。

　しかし、障害者自立支援法における原則1割の定率負担（応益負担）が、サービスを利用するほど利用者負担が重くなるしくみのため、「憲法で保障された生存権を脅かす」といった違憲訴訟が2008年10月、全国各地で障害者等により提起されました。

その後、原告団と国（厚労省）は2010年1月に基本合意文書（2010年1月7日。内容については、厚労省ホームページ参照）を取り交わし、和解が成立しました。この基本合意文書には、原告団と国は、障害者自立支援法の廃止の確約と新しい総合的な福祉法制の実施が明記されています。新法制定にあたって原告団は、応益負担制度の廃止等を求めたほか、利用者負担のあり方として介護保険優先原則（障害者自立支援法7条）を廃止し、障害の特性を配慮した選択制等の導入を図ることなどを求めました。

しかし、新法の制定を約した基本合意に反して、障害者自立支援法の「改正」という形で、障害者総合支援法が成立し、2013年4月から施行されたのです。

(3) 障害者総合支援法の目的と理念

障害者総合支援法には、障害者自立支援法にはなかった基本理念が規定されました。すなわち、1条（法の目的）で「障害者及び障害児が自立した日常生活又は社会生活を営む」とされていたところが、「障害者及び障害児が基本的人権を享有する個人としての尊厳にふさわしい日常生活又は社会生活を営む」と変更されるとともに、「地域生活支援事業」による支援を含めた総合的な支援を行うことが明記されました。

また、障害者自立支援法にはなかった基本理念が創設されました。障害者総合支援法1条の2では、次の6項目が重要な考え方として理念に規定されています。

① すべての国民が、障害の有無にかかわらず、等しく基本的人権を享有するかけがえのない個人として尊重されるものであるとの理念
② すべての国民が、障害の有無によって分け隔てられることなく、相互に人格と個性を尊重し合いながら共生する社会の実現
③ 可能な限りその身近な場所において必要な日常生活または社会生活を営むための支援を受けられること
④ 社会参加の機会の確保
⑤ どこで誰と生活するかについての選択の機会が確保され、地域社会において他の人々と共生することを妨げられないこと
⑥ 社会的障壁の除去

(4) 改正点・今後の課題と動向

障害者自立支援法から障害者総合支援法への主な改正点は、①障害者の範囲に難病等を加えること、②障害支援区分の創設、③重度障害者の訪問介護や地域移行支援等の支援の拡充、④サービス基盤の計画的整備です。

また、障害者施策を段階的に講じるため、施行後、3年をめどに検討する項目として、次の5つをあげています。①常時介護を要する障害者等に対する支援、障害者等の移動の支援、障害者の就労の支援その他の障害福祉サービスのあり方、②障害支援区分の認定を含めた支給決定のあり方、③障害者の意思決定支援のあり方、障害福祉

サービスの利用の観点からの成年後見制度の利用促進のあり方、④手話通訳等を行う者の派遣その他の聴覚、言語機能・音声機能その他の障害のため意思疎通を図ることに支障がある障害者等に対する支援のあり方、⑤精神障害者および高齢の障害者に対する支援のあり方です（これらの検討にあたっては、障害者やその家族その他の関係者の意見を反映させる措置を講ずるとしています）。

　改正にあたり、厚労省社会保障審議会障害者部会より報告書「障害者総合支援法施行３年後の見直しについて」（2015年12月14日）が公表されています。その中では、同法は基本理念（１条の２）や事業者に対する規定（42条・51条の22）において「意思決定支援」を重要な取組みとして位置づけていること、意思決定支援の定義や意義、しくみ等を明確化するためのガイドラインの策定に向けた調査研究を進めているとされています。その際、「意思決定支援は、相談支援をはじめとした障害福祉サービスの提供において当然に考慮されるべきものであり、特別なサービス等として位置付けるような性質のものではないことに留意が必要」とされており、障害福祉サービスの具体的なサービス内容の要素として「意思決定支援」が含まれる旨を明確化すべきとしています。また、ガイドラインの普及にあたっては、その形式的な適用にとらわれるあまり、実質的な自己決定権が阻害されることのないよう留意が必要と記しています。

　その後、障害者総合支援法の一部を改正する法律案が2016年５月25日に成立しました。改正の趣旨として、障害者が自ら望む地域生活を営むことができるよう、生活と就労に対する支援の一層の充実や、高齢の障害者による介護保険サービスの円滑な利用を促進するための見直しを行うとともに、サービスの質の確保・向上を図るための環境整備等を行うことをあげています（一部を除いて2018年４月１日施行）。具体的には、一定の要件を満たした高齢の障害者に限っては、所得や障害の程度等を勘案したうえで、当該介護保険サービスの利用者負担を軽減するなどと検討されています。

　しかし、今回の改正でもなお、65歳以上の高齢障害者の介護保険サービスの利用負担の問題が完全に解消されたわけではないですし、新法の制定や高齢障害者における介護保険優先原則の廃止等を求めた「基本合意」や内閣府に設置された障がい者制度改革推進会議が2011年８月にまとめた「骨格提言」を反映したものとは言いがたい改正となっています。基本理念と現実のサービス提供の実態との乖離などまだまだ課題が残っており、だからこそ、成年後見人等は本人の望む生活について意思を尊重し活動していくことが重要なのです。

　なお、成年後見制度利用促進法が2016年４月８日に成立しました。内閣総理大臣がトップとした利用促進会議を内閣府に新設して、成年後見人による横領といった不正防止策などを議論し、３年以内に必要な法整備を行うことも定められています。成年被後見人等の家族・支援団体からは、自己決定権が侵害されるおそれがあるとの批判

も出ています。

(5) サービスと具体的業務

(ア) サービスを利用するために

　障害者総合支援法によるサービスの内容と利用の流れについては〈図３〉に示したとおりとなっています。ただし、「地域生活支援事業」は区市町村の工夫により、利用者の状況に応じて柔軟に実施でき、利用者負担も区市町村によって異なるのが特徴です。自治体によっては障害者総合支援法のサービスを受けられる場合もあります。他にも、区市町村によっては障害者総合支援法に基づくもの以外に自治体独自のサービスを提供している場合があります。どのようなサービスが利用できるか、自治体の窓口でよく相談することが肝心です。さらにサービスの申請から利用開始まで１～２カ月かかる場合が多いので、緊急にサービスを利用する事情が発生した時も自治体の担当者と相談することが必要です。

　障害支援区分の認定調査においては、各種障害者手帳の等級とは別に必要な支援の度合いを調査します。この支援区分がどの区分になるかによって利用できるサービスが異なってきます。目安として、介護給付の生活介護を利用する場合は支援区分３以上、施設入所は支援区分４以上などとなります。調査の中で、障害者の状態を把握することを目的として、80項目にわたる細かな事項を確認するための面接を行います。行政担当者が本人に面接をすることになりますが、同席が可能ならば、本人の状態を

〈図３〉利用の手続

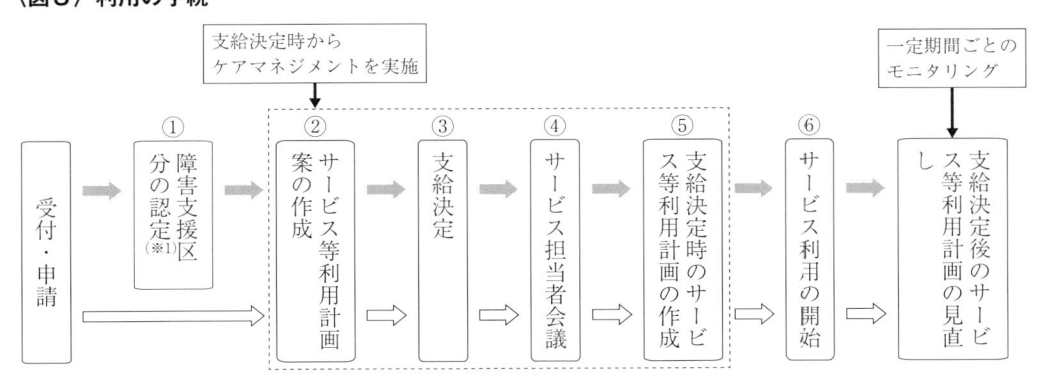

①受付・申請 → 障害支援区分の認定(※1) → ②サービス等利用計画案の作成 → ③支給決定 → ④サービス担当者会議 → ⑤支給決定時のサービス等利用計画の作成 → ⑥サービス利用の開始 → 支給決定後のサービス等利用計画の見直し

支給決定時からケアマネジメントを実施（②〜⑤）

一定期間ごとのモニタリング

➡：介護給付の手続　⇨：訓練等給付の手続(※2)

全国社会福祉協議会「障害福祉サービスの利用について〔平成27年４月版〕」12頁・13頁をもとに作成。

※１　同行援護の利用申請の場合　障害支援区分の調査に加えて同行援護アセスメント票によるアセスメントを行います。ただし、身体介護を伴わない場合は、心身の状況に関するアセスメント、障害支援区分の一次判定、二次判定（審査会）および障害支援区分の認定は行わないものとします。

※２　共同生活援助の利用申請のうち、一定の場合は障害支援区分の認定が必要です。

知るよい機会になりますので、成年後見人等は同席するとよいでしょう。もし、成年後見人等が本人の状況を把握しているならば、認定調査の際、必要に応じて本人の状態を知らせることで、判定の精度が高まることも考えられます。

サービス利用の支給決定は、障害支援区分のほか、サービスの利用意向・社会活動の状況・介護者の状況・居住環境等総合的に判断されますので、本人の状況をしっかりと伝えることが大切です。

(イ) 具体的な手続

障害福祉サービスを利用するために、まずは自治体の窓口に相談・申請に行きます。その次に、障害者総合支援法における相談支援事業の「計画相談支援」に係る「指定特定相談支援事業者」との契約が必要となります。この「指定特定相談支援事業者」には、相談支援専門員がおり、本人の課題や総合的な援助方針を踏まえ、最も適切なサービスの組み合わせを検討し、「サービス等利用計画書」を作成します。できる限り本人の希望に沿ったものとなるよう、また、目標や課題に一緒に取り組めるよう、本人も相談や契約に同席することが望ましいでしょう。また、目標やサービスの内容について定期的なモニタリングも行われますので、一緒に振り返りをすることが望ましいといえます。

その後、実際のサービスを受ける「サービス提供事業者」との契約をすることになります。また、現場の支援員等とは「個別支援計画書」の作成において課題や目標を設定しますので、本人が意思を表明できるよう支援することが求められます。

(ウ) 親族や関係機関との支援のあり方

本人の親族や関係機関とは良好な関係を築いておく必要があることはいうまでもありません。これまで、親族や関係機関にとっては、本人とのかかわりはトラブルや苦労であったかもしれません。本人を支えてきた人たちの意見や気持ちなどを尊重することも重要です。そして、本人の過去の状況や、これまでにどのような支援が行われてきたのかなど、親族や関係機関から情報を得ることで、今後の後見活動の参考にすべきでしょう。

時に、支援の考え方や方法について、成年後見人の選択が親族や関係機関とは異なる場合もあるかもしれません。成年後見人等として、本人の意思をどう伝えるか、どうすれば本人の利益となるのかよく考え、総合的に判断し活動することが必要です。

また、福祉サービスの量・種類や人材が十分に確保されていない中で、本人の希望する支援を受けられない場合なども考えられます。そのようなとき、地域の関係機関に働きかけることで協力を得られ、本人に必要な支援を受けられることもあります。

③ 未成年後見

　本書は、主として成年後見制度を扱うものですが、未成年者に対する権利保障の必要性が高まっており（親権者による虐待が深刻化していることも参照）、未成年後見のあり方が問われていること、成年後見人も未成年後見に関心をもつ必要があることを考慮して、ここで若干の解説をすることとします。

　その意味で、未成年後見は成年後見とも関連性があります。成年後見人は、成年後見業務を行うにあたって、未成年後見業務について理解していくことが必要と思われます。

(1) 未成年後見の概要

㋐ 未成年後見が必要となる背景

　児童は判断能力が育つ途上にあり、また、権利についての認識が十分でないため、児童の権利は本人以外の大人が守っていかなければなりません。通常は保護者である親がいるわけですが、何らかの理由で親がいなかったり、親の親権が制限されたりする場合は、未成年後見が必要になります。未成年後見人となった者は、大人の側の一方的な意見を押し付けるのではなく、児童自身の意思を尊重していく必要があります。

　全国の児童相談所や警察等が、児童虐待の相談や通報を受けて対応した件数は、年を追うごとに増加しています。厚労省は、「虐待への積極的な対応が件数増加の大きな要因」と分析していますが、子どもが虐待を受けて死亡するケースも後を絶たず、深刻な状況が続いています。

　2000年に児童虐待防止法が施行されて以来、児童福祉法と児童虐待防止法は幾度も改正されてきましたが、親権（民法）については変更されてきませんでした。親からの虐待で一時保護や施設入所措置がされていても、親権の壁は厚く、現場では混乱がありました。「子どもが病気で親が同意しない場合、治療はできるのか」、「高校卒業時、アパート契約はできるのか」などの問題が解決されませんでした。それらの問題を解決していくために、2011年に民法改正が行われ、親権停止制度の新設等とともに、未成年後見制度の見直しも行われました。大きな変更点は、法人または複数の未成年後見人が認められたことです。また、この改正に呼応して、児童福祉法では、必要がある場合に、児童相談所長が家庭裁判所に対し未成年後見人の選任を請求しなければならないと規定したこともあげられます。

　未成年後見人は、親に代わる子どもの親権者です。施設の関係者や行政関係者は利益の相反する関係になることから、望ましくありません。専門職未成年後見人が今後、ますます必要になると思われます。

(イ) 未成年後見の特徴

　未成年後見は、後見制度のうち、未成年者の保護を目的とする制度であり、「親権を行う者がないとき、又は親権を行う者が管理権を有しないとき」に後見が開始します（民法838条1号）。家庭裁判所の審判によるのではなく、親権者が不在もしくは権限を行使できない状態にあるときに、未成年後見が開始するというところに大きな特徴があります。

(ウ) 成年後見との違い

　成年後見と未成年後見は、同じ後見ですが、中身は大きく違っています。

　第1の違いは、年齢による区切りです。成人年齢とされる20歳で分けられ、本人が成人以前の場合が未成年後見であり、成人以降の場合が成年後見となります。未成年後見は、本人が成人になれば終了となります。

　なお、未成年者であっても、成年後見人等が選任される場合があります。これは、成年が近くなった未成年者について、知的障害等のため成年以降も判断能力が不十分であることが明らかであると判断される場合に、成年後見へのスムーズな移行を図るためです。

　第2に、職務の内容の違いです。成年後見制度においては、成年後見人等の職務は、契約などの法律行為に限定されます。他方、未成年後見人は、いわば親代わりとして存在します。親であれば法律行為だけにとどまらず、事実行為も引き受けなければなりません。

　第3に、取組みの状況の違いです。成年後見制度は、今や社会に十分に認知され、成年後見制度にかかわる福祉関係者も多くなっています。東京社会福祉士会においても、成年後見は組織的に整備され、着実に受任件数を伸ばしています。一方、未成年後見制度は、社会的に浸透しているとは言い難い状況です。未成年後見活動の困難さもあり、組織的な整備は緒についたばかりです。

　第4に、類型の違いです。成年後見には3類型（後見、保佐、補助）ありますが、未成年後見は「後見」だけです。

(2) 未成年後見の手続

　未成年後見人は、次の方法のいずれかにより決まります（〈図4〉参照）。

① 最後に親権を行う者が遺言で指定（指定後見人：民法839条）。
② 請求により家庭裁判所が選任（選任後見人：民法840条）

(3) 未成年者支援の段階と未成年後見人の役割

　未成年後見人が選任される事案では、未成年後見人が選任されるまでの段階においても、関係機関による支援がなされています。段階によって、関係する機関は変わってきます。

③　未成年後見

〈図４〉未成年後見の利用に向けた手続

| 親権者不在 | ・親（親権者）が死亡あるいは行方不明の場合。
・重篤な疾患により判断能力を欠くなど事実上親権を行使できない場合。
・親権喪失・親権停止、または管理権喪失の各審判を受けた場合。
・親（親権者）が親権または管理権の辞任をした場合。 |

↓

> 遺言で未成年後見人の指定がある場合
> 　→　指定後見人
> 　最後に親権を行う者は、未成年後見人を遺言によって指定することができる。なお、現状ではその指定はほとんど存在していないと思われる。

↓

| 家庭裁判所へ選任申立て | ・未成年者の住所地を管轄する家庭裁判所に申立て。
・未成年後見人の選任申立てができる者。
　①　選任請求義務者
　　ⓐ　親権・管理権を辞任した時の父または母。
　　ⓑ　親権を行う者のいない子どもについて福祉のために必要があると認める児童相談所長。
　　ⓒ　生活保護を受けている者が未成年で、親権者がいない時の生活保護実施機関
　②　未成年者本人
　③　親族
　④　利害関係人
＊現状では、親権者が不在であっても未成年後見人が必ずしも選任されているわけではない。 |

↓

| 審判 | ・15歳以上の未成年者本人からの事情聴取。
・家庭裁判所は選任審判を行い、未成年後見人を選任。
・家庭裁判所書記官の嘱託により戸籍記載し、未成年後見人に就職。 |

↓

| 未成年後見人就職 | 【未成年後見業務開始時】
　財産目録・年間収支予定表・後見方針の作成。
【日常業務】
　身上監護・財産管理・親権者業務。
【報告】
　定期的に家庭裁判所へ報告（家庭裁判所の監督）。 |

↓

| 終了 | ・本人が20歳に達した時。
・後見人が辞任した時。 |

㈠ 一時保護の段階

　重篤な被虐待ケースなどの場合に、未成年者は、通常、一時保護されます。その段階で、在宅時から被虐待ケースとして扱われていれば、地域の関係機関がかかわります。子ども家庭支援センター、学校、主任児童委員等が中心となります。地域の要保護児童ケースとして扱われていることもあります。一時保護の事案で、未成年後見人がこれまで本人とのかかわりがない場合には、児童相談所の調査の進展に応じて、関係機関との関係づくりが始まります。

　未成年後見の場合、一時保護の段階を経る場合も多いということが特徴です。

㈡ 施設入所の段階

　児童相談所は、一時保護期間中に親（保護者）等の調査を進め、在宅で生活可能か、施設入所が必要かを判断します。

　在宅に戻すことが困難で、施設入所が必要と判断される場合には、親権者から承諾書の提出を受けます。説得しても承諾書が提出されない場合には、家庭裁判所へ「親権者の承諾なしの施設入所」の承認申請（児童福祉法28条）を行い、承認されれば施設入所になります。

　親権行使が著しく児童の福祉を害する場合には、親権喪失・親権停止が検討され、未成年後見人の選任が想定されることになります。未成年後見は、親の権利を制限するということが前提になり、これは成年後見にはない部分です。

㈢ 未成年後見人が選任された段階

　一般的な場合、児童相談所の措置により施設に入所している場合、ほとんどが重篤な虐待事例になりますので、実親と未成年後見人とのかかわりは想定されません。実親のかかわりは児童相談所の段階でブロックします。

　未成年後見人のかかわりは、施設や里親が中心になります。未成年後見人は親権代行者ですからその位置づけで対応します。未成年後見人が施設入所承諾者になりますし、施設措置の場合は未成年後見人の面会が設定されます。里親委託の場合はケース・バイ・ケースの対応になります。児童相談所とのかかわりも、親権代行者の立場で対応します。

　また、未成年後見人は、家庭裁判所による監督に服することになります。

　さらに、未成年後見人は成年後見人とは違い、法律行為だけでなく事実行為も行わなければなりません。そのため、学校や福祉機関とも幅広く連携をしていく必要があります。

㈣ 高校卒業・施設退所の時期

　高校を卒業して、児童相談所の措置が解除されて以降は、本人は施設から出て自立した生活を送ることになります。そのため、未成年後見人の役割を最も発揮しなけれ

ばならない時期になります。ここでは、未成年後見人は、通常の親権者と同様の役割を担うことになります。成年後見のような契約などの法律行為だけでなく、同行・指導・激励などの事実行為も行わなければなりません。

就職ができなかった場合や、就職しても自立が困難な場合は自立援助ホームの利用も検討する必要があります。

　　(オ)　成人以降

本人が成人になった段階で、未成年後見は終了となりますが、場合によっては、支援機関につなげることも必要になります。生活困窮の場合は生活保護につなげる、障害に対する支援が必要な場合は障害サービスにつなげるなどの必要が出てきます。また、成年になった後も判断能力が不十分であれば、別途、成年後見制度を利用することが必要になります。

(4)　未成年後見人の選任された事例

　　(ア)　18歳の進路等の支援が必要な事例

本人が中学1年時に母が死亡しました。父子家庭になってから、父が本人の体を触るようになり、そのうちに性的関係を求めるようになりました。中学3年時に、学校の教師に関係を伝えたところ、即時に、児童相談所に保護されることになりました。父は、一時保護されたことに対して、児童相談所への攻撃を繰り返し、反省するどころではありませんでした。児童養護施設への入所に対しても承諾せず、面接にも応じなくなりました。本人も、父のことを頑なに拒否しました。児童相談所は、父の行動が著しく本人の福祉を害していると判断し、家庭裁判所へ親権停止の申立てを行い、親権停止の審判がなされました。また、並行して未成年後見人選任の申立てを行い、社会福祉士が選任されました。

本人は児童養護施設に入所し高校3年生を迎え、未成年後見人に今後の進路等の相談をしたり、各種手続などの支援を受けたりしながら自立に向かっています。

　　(イ)　財産管理が必要な事例

親子3人で生活していました。本人が小学3年の時、両親と本人が乗っていた乗用車が大型トラックに追突され、両親は死亡しました。本人だけが助かり、1人残されてしまいました。頼りになる親族もいませんでした。

本人は里親宅に委託され、生活を始めました。両親との突然の別れによる心的外傷後ストレス障害（PTSD）の症状はありますが、里親宅で落ち着いて生活できるようになってきています。

本人は、交通事故の賠償金と両親の生命保険金を受け取ることになりました。受け取るべき親族はほかにいませんでした。多額の財産管理が必要になったため、未成年後見人（弁護士）が選任されました。未成年後見人は、本人の財産について将来の自

(ウ) 医療が必要な事例

母子家庭で、本人と母だけの生活でした。母は夜の仕事が多く、本人は放置され、ネグレクトの状況でした。

本人は腎臓障害があり、治療が必要でしたが、母は児童相談所をはじめとする関係機関の支援を拒否しました。

ある日、本人は学校で倒れました。児童相談所は職権で本人を一時保護しました。母に連絡したところ、「勝手にやってくれ」とのことでした。長期の治療が必要なことから、理解を得られる親族を探しました。

児童相談所は親権停止を申し立て、親族が未成年後見人となり、本人は親族宅で生活しています。

(5) 未成年後見人支援事業

(ア) 報酬の付与

未成年者（未成年被後見人）に財産がある場合、家庭裁判所は、未成年者の財産の中から、相当な報酬を後見人に与えることができます。報酬付与を受けようとする未成年後見人は、家庭裁判所に「報酬付与の審判申立て」を行います。

(イ) 未成年後見人支援事業

未成年者の多くは財産を有していません。そのため、国の未成年後見人支援事業通知により、各地方自治体が未成年後見人支援事業実施要項を定めています。

東京都では、報酬助成事業などを定めています。その対象は、児童福祉法33条の8の規定により児童相談所長が家庭裁判所に対して未成年後見人の選任の請求を行い、家庭裁判所より未成年後見人として選任された者です。

そのうえで、次の基準を定めています。

① 措置または一時保護を行っているなど児童相談所が関与している児童等が未成年被後見人であること
② 未成年被後見人の預貯金、有価証券等および不動産の評価額の合計が、1000万円未満であること
③ 未成年後見人が、未成年被後見人の親族（民法725条）以外の者であること。ただし、児童福祉法27条1項3号の規定により措置または委託されている児童等にかかる者であって、当該児童等が入所している施設の法人および法人職員または委託されている里親は対象としない
④ 助成対象期間は、未成年被後見人が20歳に到達する日の前日までとする
⑤ 児童相談所長は、1年に1回以上、未成年後見人および未成年被後見人の状況を確認する

⑥ 報酬助成額は、家庭裁判所が未成年後見人の請求を受け決定した報酬額に対して、年額24万円（月額2万円）の範囲内とする

(6) 今後の課題

(ア) 行政側（児童相談所、学校等）の課題

児童相談所等が未成年後見人選任を申し立てる場合に、児童相談所等は、専門職の未成年後見人として適任の者を推薦できるだけの情報を有していません。専門職団体との連携もほとんどとれていません。

一方、選任された未成年後見人に対して、行政側（児童相談所、学校等）から情報が十分に提供されていないという問題もあります。そのような状況では、本人に対してのアセスメントができず、専門職後見人としての専門性を発揮することが難しくなります。

また、行政とかかわらないところで未成年後見人が選任されている場合、未成年後見人支援事業の対象にならず、その他のさまざまな支援を受けることがほとんどできていません。

このように、今後、行政側が整備しなければならない課題は多く存在しています。

(イ) 未成年後見終了後の扱い

2016年に児童福祉法が改正され（2017年4月1日施行）、従前は18歳までとされていた施設入所が20歳まで可能になりました。一方、未成年後見は20歳で終了します。20歳以降でも未成年後見人が、引き続きかかわらざるを得ない場合も想定されますが、私的な関係となります。そのような場合にも何らかの支援ができるようなしくみや組織が必要になると思われます。

(ウ) 戸籍記載の問題

未成年後見が開始され未成年後見人が選任されると、本人の戸籍に記載されます。本人にとっても、未成年後見人にとっても、戸籍に記載されることに抵抗がある場合もあります。たとえば、成年後見における後見登記制度のように、戸籍記載以外の方法について検討する余地があると思われます。

第 2 部

身上監護の実務

第1章 身上監護の視点

1 本人と一緒に考え、悩む

　通常、人は特別に意識することなく、さまざまな判断をしながら日々の生活をしています。日々の他愛ない判断から、時には人生の岐路に立った大きな判断もあるでしょう。判断の基準は、これまでの生活環境で培われたものであったり、学んだものであったり、友人・知人のアドバイスであったり、専門家やメディアからの情報であったりします。時には、判断の失敗もあるかもしれませんが、それも知識・経験の1つとして、その後の生活に活かされることになると思われます。

　では、人はいつから、どのような状態になったときに成年後見人等が必要になるのでしょうか。

　成年後見制度の利用が必要となるケースは、高齢者が物忘れが顕著になり日常生活に支障が出てきた場合、親なき後の障害者の場合など千差万別ですが、いずれも判断力が不十分であることにより本人の権利の擁護が必要である場合ではないかと思います。

　そこで考えなければならないのは本人の状態です。まず大切なのは、何が理解できて何が理解できないかなどについて、きめ細かな確認をすることです。支援者が「本人のため」と勝手に思い込み、画一的な支援をしても、本人にとって望ましいサポートではないかもしれません。大切なことは、その人に合った支援は何かということです。

2 本人との向きあい方──本人と一緒に考える

　では、成年後見人等になったとして、どのように本人と接したらよいでしょうか。
　まず、本人の健康状態や環境のことを考慮に入れて確認することが必要です。その意味で、健康状態は重要項目です。たとえば、失語症はよく認知症と間違われることがあるようです。認知症といわれていた人も、実は失語症だったということがあります。失語症の場合、日常生活に必要な判断はできるのに、自分の意思を表現する言葉が出てこないことがあります。このような場合は、判断能力が不十分なわけではなく、言語聴覚師のリハビリテーションを受けると効果的に回復することがあります。

　また、生活環境も重要です。これまで、何事も周りの人に決められていた生活やそれに対する慣れから、決断を他人任せにする思考になっていることもあります。この

ような場合、ゆっくり時間をかけて話を聞けば、本人の希望や願いが出てくることがあります。

そして、本人の希望と可能性を考え、希望を実現するために何をどのようにすればよいか、実現を阻んでいることは何かなどを具体的にあげて、実現に向けた作業を本人とともに一歩一歩進めていくこともよいでしょう。

このように、後見業務を行ううえで、本人自身のこと、本人を取り巻く環境のこと、実現可能性のことなど、ありとあらゆる情報やツールを考慮に入れ、成年後見人等自身が努力を重ねなければなりません。

本人の置かれた状況や価値観・考え方等から、成年後見人等は、時に友人であったり、時に父母であったり、時に意見を交わす仲間であったり、時に支援をするサポーター役であったりと、さまざまな役割を担い、その結果として信頼関係を構築することが望まれます。そして、いずれにしても、私たちがよって立つ支柱は、人を人として尊ぶという魂にほかなりません。

3 もっと柔軟な類型の活用

成年後見制度について、「いったん利用を始めると、生涯にわたって利用し続けなければならないのではないか」ということを聞くことがありますが、これは誤った理解です。成年後見制度は、利用を開始しても、本人の判断能力の変化に応じて類型を変更することができますし、必要がなくなれば取り消すことができます。

類型の変更をする場合、まず、現在の類型の取消しの審判の申立てをします。そして、なお保護が必要な場合には、同時に各類型開始の審判を請求します（民法19条も参照）。たとえば、類型が軽くなる例として以下があります。

① 民法10条「後見開始の審判の取消し」→民法11条「保佐開始審判」の申立て
② 民法14条「保佐開始の審判の取消し」→民法15条「補助開始審判」の申立て
③ 民法18条「補助開始の審判の取消し」→民法15条「補助開始審判」の審判の取消し

ここで注意していただきたいことは、日本の成年後見制度は3類型となっているということです。成年被後見人、被保佐人、被補助人では、本人に対する制約の度合いが大きく異なるので、はたして類型を変えなければ本人を支援・保護することができないかを熟慮することが必要となります。特に、制限される部分が多い類型に変更するときは、現在の類型に付与されている権限等を拡充することで対応することを検討すべきでしょう。

本人の持っている力が回復されたと判断したときには、どの類型でも、本人自らが取消しの審判の申立てをすることができます（本心に復しているときの本人として。民

第1章　身上監護の視点

法10条・14条・18条）。

　しかし、それが難しいならば、成年後見人等が、取消しの審判の申立ておよび新しい類型の開始審判の申立てをすることになるでしょう。

　過去の例ですが、親の死別により、心身に非常に大きなショックを受けた子どもが、さまざまな状況への対応や判断ができなくなり、一時的に日常生活を維持できないほどに判断能力が低下したことがありました。そのとき、的確な地域の支援機関からのサポートによって成年後見制度の利用に結びついたのです。

　そして、やがて、成年後見人や支援者、地域の仲間からの働きかけ等により、心身の状態が落ち着き、改善されていくとともに、判断能力も回復しました。

　このような場合、本人の状況に合わせて、類型の変更や代理権・同意権の範囲を変更するよう、家庭裁判所と協議したうえで、類型の変更をすることになります（手続としては、たとえば、成年後見から保佐に変更する場合には、成年後見開始の審判の取消しの申立て、および、保佐開始の審判の申立てをします）。

　なお、申立てにあたっては、医師の診断書を提出することが必要になります。医師の診断に際しては、成年後見人等として、本人の状況を正確に医師に伝えましょう。

　このときの事例では、本人が直接家庭裁判所に出向き、なぜ自分に成年後見人がついているのかという疑問を述べたことから始まりました。医師の診断を受け、成年被後見人の判断力の回復が認められたことにより、成年後見制度の利用は終了することになりました。

　成年後見制度が、本人を支援するものである一方、本人の権利をさまざまな形で制約・侵害するという側面も持っていることを考えると、成年後見人等はその活用方法について、本人の状況に応じて熟慮するべきものといえます。

　そして、後見類型の変更・取消しのいずれの場合でも、本人の可能性を見極め、本人が主体的にかかわれる方法を探し、本人と時間をかけた協働作業を重ねて進めていくことが必要です。

　成年後見人等は、本人の意思を尊重しながら、その人らしい生活を維持し、さらに、今後の豊かな生活をめざして支援していくことになります。

４　法制度の改善に向けた取組みと、現在でもできること

　障害者権利条約を批准した日本にとって、この３類型、特に成年後見制度についてどう対応していくかということが、大きな課題となることは否めません。法制度の整備の必要性を訴えていくことは当然に必要ですが、３類型がすぐに見直されるとは考えられません。

　では、どうすればよいのでしょうか。

成年後見人等としては、ただ漫然と待つのではなく、現在の法制度の中で、障害者権利条約の理念を実現するために、工夫と応用で対応できることもあります。

　過去にも、次のような事例があります。本人は認知症のある人でした。多額の預金を持っており、金融機関からの通知等は部屋に散乱し、誰に対しても警戒心を持たず「この手続はどうしたらよいのか」などと相談していました。そのためか、保険会社や宗教団体等が出入りするようになり、周囲の支援者は、成年後見人等がついてサポートしなければならないと考えました。支援者は、本人に成年後見制度について説明し、本人と今後の生活について相談しました。本人は以前、新聞記者をしていたそうで、新聞を見るのが好きで、選挙になるといろいろな団体から説明会の誘いがあるのを楽しみにしており、それが本人にとっての社会参加の機会となっていました。支援者は、彼の今の生活から楽しみ・生きがい・活気を奪うことは避けるべきだと考え、後見類型では選挙権を喪失する（当時）ということを踏まえ、保佐類型での申立てを選択しました。

　保佐人が選任され、本人は保佐人の支援を受け、他の支援者とのネットワークを活用しながら生活を送りました。もちろん、選挙のときは今までのように説明会に参加して回りました。保佐人が代理権を行使することも少しずつ増えていきましたが、最後まで後見類型でなくては本人を守れないという状況にはならず、保佐のままで天寿を全うしました。成年被後見人の選挙権の回復を図る訴訟が起こる数年前のことでした。

5　必要な人は誰でも利用できる制度の保障

　成年後見制度は、必要とする人は誰でもその利用を保障されなければならなりません。今年で、成年後見制度が発足して16年目になりますが、成年後見制度を利用しなければ権利を擁護できない状態にある人であれば、誰でも利用できるように整いつつあります。

　申立てについては、親族から虐待を受けている疑いがある場合や、親族から協力を得られず一刻も速く申立てがなされる必要がある場合は、本人の権利擁護の視点から、区市町村長の申立てができます。

　また、成年後見制度は本人にお金がないと利用できないと思われがちですが、そうではありません。たとえ生活困窮者や生活保護受給者であっても、判断能力が不十分であって身上監護等の必要性があれば利用することが可能です。

　誰でも利用できる成年後見制度とするために、上記の区市町村長の申立てと、成年後見制度利用支援事業があります。成年後見利用支援事業は、資力のない人のために国と都道府県と区市町村が一体となって申立費用や成年後見人等の報酬費用などを負

第1章　身上監護の視点

担する事業です。この事業は、各区市町村で予算化するため、地域によって異なる対応もあり得ますが、申立てから報酬費用までを含めた一連の支援体制といえるものです。成年後見制度利用促進法が成立したこともあり、市区町村長の申立てや成年後見制度利用支援事業が今後さらに積極的に活用されることと思います。

　成年後見制度の利用に至る過程において、本人への見守りや、地域の人々の気づきなどは重要です。制度の利用は、それらの方々や本人が公的な支援センター等に相談をすることから始まります。

　どのような状態に置かれている人も、その人の尊厳が守られるために、成年後見制度の利用が保障されなければなりません。

6　目の前にいる本人に応じた支援を

　本書では、成年後見人等に要請される身上監護業務について、基本的な内容を示しています。しかし、これはマニュアルではありません。成年被後見人等は、一人ひとりの生き方・考え方・状況が違います。マニュアルに従った支援をするのではなく、目の前にいる本人が求める支援をするという役割を、成年後見人等は担っているのです。本書は、そのような成年後見人等の方々に対し、一人ひとりの成年被後見人等の生き方・考え方・状況等にあわせた意思決定支援をはじめとする身上監護業務ができるよう、必要な考え方やスキルを示しています。

　福祉相談や支援機関の相談員と成年後見人等の役割の違いは何でしょうか。

　相談員も成年後見人等も、本人の意思を尊重する、本人にとっての最善の利益の実現に向けてできる限りの努力をする、他の機関と連携しながら本人の状況に最適な支援策を創造するという役割については、大きな変わりはないようです。

　しかし、成年後見人等には、法律によって権限が委ねられているとともに、重い責任が課せられています。これは相談員等にはないものです。

　また、福祉法制度上の位置づけではない成年後見人等は、本人の希望に沿った意思決定の支援をするにあたっても、福祉の枠にとらわれない、もっと大きな、社会的な視点も考慮する必要があるのです。

　成年被後見人等が若年者である場合は、今後の長い人生の中で必要な知識・生活力を獲得することを目的としたハビリテーションを進めていくことが大切になります。若年者の成年被後見人による「旅行を経験してみたい」「自分の資力で株を運用してみたい」といった要望から、高齢の成年被後見人等の人生最期の寄り添いに至るまで、さまざまな場面で本人が遭遇する問題に対処し、既存の方法がなければ解決法を創造していかなければなりません。

　まさに成年後見人等の力量が問われるところでしょう。

たとえば、本人に「預貯金を自分で管理をしたい」という希望があったとき、成年後見人としては、どこまで希望を叶えるべきか、悩むところです。成年後見人等は簡単にあきらめてはいけません。本人の思いや希望を叶えるために、本人の可能性を引き出すためにどのような工夫をすべきか、どのような努力をすべきか、どのような試みをすべきかを問い続け、あらゆる可能性を試すべきです。本人の希望があるということは、その希望を到達点として、2人で一緒に力を合わせて努力をしていく絶好のチャンスでもあります。もちろん、周囲の協力を抜きにはできないことでもあります。

7　後見活動における「善管注意義務」

　法制度は、時代の潮流の中で大きな変換期にさしかかるときがあります。時代のうねりの中でさまざまな制度の見直しや変革があったときは、当然ながら各制度に波及を及ぼします。

　このような場面においては成年後見人等における「善管注意義務」の意味をあらためて意識しておかなければなりません。これまでと同じ支援でよいのだろうか、制度が変わったことで本人にとって何が不利益になり何が利益になるか、などについて、最新の状況に基づいて、的確にリサーチしていくことが大切になります。そのために、成年後見人等は、常に政治・政策の状況や制度の動向を正確に把握して、本人が不利益を被らないように注意義務を果たさなければなりません（第1部第1章2(5)参照）。

　そして、制度の変革がなされた場合には、制度の施行の前から準備しておくことが大切です。

8　まとめ

　成年後見人等は、本人と一緒に歩む、時に友であり、時に親族のようであり、時に冷静に状況を見極める頼れる脇役でありたいものです。いずれの場合も、本人の意思を実現できるよう、本人を含め、多くの関係者との協働作業が大切になります。

第2章 身上監護実務におけるチェック表の使い方

第2章 身上監護実務におけるチェック表の使い方

1 第2部の位置づけ

　第2部では、成年後見人等として実際に行う身上監護業務についてみていきます。第3章以下において、身上監護業務の内容を分類したうえで、業務の内容を概観した後、原則として、実際に実施する可能性のある業務例を一覧できるようにまとめたチェック表を掲載しました。さらに、その後に各業務内容の実施方法・手続先等を紹介し、実務を進めていくにあたって注意すべき点を説明しています。また、実際に寄せられた相談等をもとに、Q&A形式で具体的な解説をしています。
　本章では、これらを読み進めていくうえで必要となる身上監護実務のチェック表の見方・使い方について説明していきます。

2 チェック表の見方・使い方

　身上監護実務のチェック表は、成年被後見人等の状態・生活の場所・援助段階に応じ、どのような身上監護業務が必要となるかを把握することを目的として作成しています。

(1) チェック表の例①

　まず、本人の状態を確認します。次に、本人の生活の場所、そして援助の段階をチェックします。たとえば、本人が高齢者、生活の場所が「在宅」、援助の段階が「受任直後」の場合を考えてみます（〈図5〉参照）。「高齢」の欄を下にたどり、◯などの

〈図5〉チェック表の例①

項目	本人の状態				生活の場所			援助の段階			本人意思の確認
	高齢	身体	知的	精神	在宅	施設・病院	在宅⇔施設・病院	受任直後	通常の事務	終了の事務	
1．年金、年金基金、企業年金連合会、恩給に関する職務												
1-1	後見人の届けおよび郵便物の送付先変更依頼	◎	◯	◯	◯	◎	◯	◯	◎	◯	※	
1-2	年金受給の申請・裁定請求	◯	◯	◯	◯	◯	◯	◯	◯	◯	※	
1-3	現況届出（住記票コード記載済の場合はそれ以後の手続不要）	◯	◯	◯	◯	◯	◯	◯	◯	◯		

② チェック表の見方・使い方

印が付いているところが、行う可能性のある身上監護業務です。1-1（後見人の届けおよび郵便物の送付先変更依頼）には○がついていますから、本人が高齢者の場合、発生の可能性がある身上監護業務になります（発生の可能性の高さにより、高いほうから◎・○・△と記載しています。※は、本来の業務ではないけれど実施する必要がある場面が出てくる可能性のある業務を示しています）。

○などがついていることを確認したら、次に、本人の「生活の場所」を確認します。生活の場所によって、行うべき身上監護業務が変わってくるからです。「生活の場所」の「在宅」の列で1-1の欄を見ると、ここにも○がついています。したがって、発生の可能性がある業務になります。

その次は、援助の段階を確認します。援助の段階によって、行うべき身上監護業務が変わってきます。「援助の段階」の「受任直後」の列で1-1を見ると、◎がついています。したがって、受任直後では、1-1（後見人の届けおよび郵便物の送付先変更依頼）の事務を行う必要性が特にある、ということになります。

以上より、高齢者・在宅・受任直後の事案では、成年後見人の届けおよび郵便物の送付先変更依頼の業務は特に発生する可能性が高く、必要性も高い身上監護業務であることがわかります。

(2) チェック表の例②

「援助の段階」の「終了の事務」は、本人の死亡により後見等が終了した場合に、（元）成年後見人等が行う業務の内容です（〈図6〉参照）。ここでは、相続人がいない場合や、相続人がいても遠方にいる場合や関係が薄い場合などには、その執行が困難な場合も想定されます。

〈図6〉チェック表の例②

項目	本人の状態				生活の場所			援助の段階			本人意思の確認
	高齢	身体	知的	精神	在宅	施設・病院	在宅↔施設・病院	受任直後	通常の事務	終了の事務	
1．年金、年金基金、企業年金連合会、恩給に関する職務											
1-1	後見人の届けおよび郵便物の送付先変更依頼	○	○	○	○	○	○	○	◎		※	
1-2	年金受給の申請・裁定請求	○	○	○	○	○	○	○	○	○	※	
1-3	現況届出（住記票コード記載済の場合はそれ以後の手続不要）	○	○	○	○	○	○	○	○	○		

成年後見業務、特に身上監護事務を行うにあたって最も大切なことは、業務の内容について本人の意思の確認をすることです。

そのため、一番右の列に、「本人意思の確認」の項目を設けています（〈図7〉参照）。身上監護を行う成年後見人等にとって、本人意思の確認は、本人の状態にあわせた適切な対応をするために不可欠です。本人の状態によっては、成年後見人1人での確認

が難しい場合もあります。必要に応じて関係者に同席を求めたり、意思決定支援を行うための環境をつくったりして、本人意思を確認しましょう。成年後見人等が本人のためによかれと思うことが、本人が本当に希望することと同じとは限りません。「私たち抜きに私たちのことを決めないで（Nothing about us, without us）」という障害当事者の言葉を、常に意識しておくべきでしょう。本人の意思は絶えず変化する可能性がありますから、一度だけではなく、継続して確認作業を続けていくことが求められます。この欄の記述方法は、○や△といった印ではなく、確認した日付や「⊠」（確認を試みたが、確認できなかった）を記入するなど、工夫するようにするとよいでしょう。

〈図7〉チェック表の例③──常に本人意思の確認を

項目		本人の状態				生活の場所			援助の段階			本人意思の確認
		高齢	身体	知的	精神	在宅	施設・病院	在宅↔施設・病院	受任直後	通常の事務	終了の事務	
1．年金、年金基金、企業年金連合会、恩給に関する職務												
1-1	後見人の届けおよび郵便物の送付先変更依頼	○	○	○	○	○	○	○	◎		※	○月△日 ⊠
1-2	年金受給の申請・裁定請求	○	○	○	○	○	○	○	○	○	※	
1-3	現況届出（住記票コード記載済の場合はそれ以後の手続不要）	○	○	○	○	○	○	○	○			

「本人の状態」の項目に「身体」の欄があります。いうまでもありませんが、身体障害者は、成年後見制度の対象とはなりません。しかし、たとえば高齢でありかつ身体障害のある人や、知的障害がありかつ身体障害のある人もいます。そういった場合、身体障害者福祉の面からの身上監護業務が発生する可能性があることから、「身体」の欄を設けています。

なお、第2号被保険者で介護保険の対象となっている場合には、原則として「高齢」の場合と同様にチェックを行ってください。

第3章 介護・日常生活維持に関する業務

1 実務における意思決定支援とは

　第1部でも述べているように、障害者権利条約においても、障害者総合支援法においても、「意思決定支援」を重視するように明記されています。また、認知症施策推進総合戦略（新オレンジプラン）にも、認知症の方の意思が尊重され、その人らしく暮らし続けることができる社会の実現をめざしていくことが掲げられています。

　成年後見人等は、本人の意思を確認するためにさまざまな関係者と連携し、情報を集め、環境を整備し、本人にわかりやすく情報を提供します。そうすることで、意思決定の支援をしていくことができるのではないでしょうか。以下では、そのために身上監護面でどのような実務があるのかを具体的にみていきます。

　身上監護における主要な業務として、まず、福祉サービスの適切な利用を中心とした介護に関する業務と、生活維持に関する日常生活の支援を行う業務があります（チェック表1参照）。

(1) 介護に関連する業務

　介護に関連する業務としては、介護・福祉サービスを利用するための介護保険契約に関する事務（高齢者の場合）、自立支援給付に関連した事務（障害者の場合）が中核となります。

　具体的には、介護保険・自立支援給付の利用に向けた申請手続、介護・福祉サービスに関する契約の締結・解除、利用料金の支払い、サービス履行の監視、苦情解決制度の利用、異議申立て等があります。

　また、公的制度における減額認定申請手続等、利用可能なものの確認も忘れてはならない業務です。

(2) 日常生活の支援に関する業務

　日常生活の支援に関する業務としては、さまざまなサービスに関する契約の締結や費用の支払い、履行の監視、契約解除などがあります。

　具体的には、日常生活が滞りなく行われるようにするため、日常生活用品等の手配、生活費の確保や公共料金の支払いなどの日常生活費の管理（通帳等の預り、日常生活費の支出のための小口現金の管理・受渡し）、支払いの確認のための郵便物の開披や管

理をする必要があります。

また、成年被後見人等にとって大切なものの管理として、動産類、古いアルバムや記念品、私信など本人の思い入れがあるものへの適切な配慮が必要となります（郵便物の転送に係る2016年民法改正については、後記2(15)参照）。ペットがいる場合は、その処遇に関する手配も必要な支援となります。

そのほか、緊急連絡網や連絡体制の確保、親族との連絡・調整なども、業務を遂行していくうえで必要となります。

2 介護・日常生活維持に関する業務の手続等

(1) 年金、恩給等についての窓口への届出

年金については各年金事務所へ、恩給については総務省政策統括官（恩給担当）へ問い合わせます。

それぞれの窓口で、成年後見人等として選任されたことの届出をします。また、関係書類について本人が受け取ることのできる状況にない場合には、成年後見人等にその書類を送ってもらうようにします。その際の宛名は「成年後見人○○○○方　□□□□」（□□□□は本人の氏名）とします。2015年1月より、課税の対象となる年金・恩給等で、年額158万円（65歳未満については108万円）以上の年金恩給等を受給している場合は、支払われる年金・恩給から所得税および復興特別所得税が源泉徴収されることになっています。

(2) 障害基礎年金未受給の場合の申請

年金に関しては、20歳以前に障害があり障害基礎年金の受給資格があるにもかかわらず、そのような制度自体を知らなかったために申請手続をしていない方もいますので、確認をしてください。未受給の場合には、受給に向けた申請を行います。

障害年金の申請では、「一人暮らしができるかという視点に立って」、申請する側が本人の日常生活能力の認定基準を正しく理解すること、障害について理解のある医師をみつけること、「事後重症」か「遡及」申請になるかの判断（5年前まで遡及請求が可能な場合があります）など、いくつかのポイントがあります。

年金の受給要件は、①国民年金に加入している間に初診日があること、②一定の障害の状態にあること、③保険料納付要件を満たしていることです（第3部第5章および豆知識10参照）。

ただし、知的障害の場合、乳幼児期の発病であることが推測できるため、②の障害程度が認定基準に該当すれば受給できるということになります。したがって、申立書（申請書）の記載内容や知的障害の程度を証明するための医師（精神保健指定医や小児科医等）の診断書が非常に重要です。知的障害に詳しい医師に診断書を作成してもら

うことはもちろん、家族等にも、幼少時や現在の様子などを確認し、申立書に具体的に記載する必要があります。日ごろ、家族や支援者は「本人のできるところ」に注目してかかわっていますが、申請書には「いかに支援が必要か（できないところ）」を書かなくてはならず、特に軽度の知的障害者の家族にとっては葛藤を覚えることでしょう。障害基礎年金は就労による収入を十分に得られない障害者への経済的な保障であり、権利と捉え、家族等への働きかけも必要かもしれません。

20歳前の初診の有無について医師の証明がとれない場合でも2012年1月4日から第三者証明の添付ができるようになっています。すなわち、20歳前の傷病で初診日が確認できる書類を添付できない場合でも、初診日当時の状況を把握している複数の第三者が証明した書類を添付できるときは、初診日を明らかにする書類として扱われることになりました。その頃の本人の状況をよく知っている第三者がいれば申請できるかもしれません。簡単にあきらめずに申請の可能性があるかどうかを確認しましょう。

年金の申請から受給決定までには時間も労力も費用もかかりますが、本人の生活の基盤の確保のために、受給決定まで根気よく支援することが必要です。もし、不支給の決定がなされたとしても、1年後に再請求を行うことも一つの方法です（全国精神障害者家族会連合会年金問題研究会編『障害年金の請求の仕方と解説――精神障害者・知的障害者のために』（中央法規出版、2004年）参照）。

(3) 各種手当等の申請

各種手当等については、行政の窓口に問い合わせることが必要です。どのような手当等が利用できるかについては、各自治体のホームページでも確認できます。自治体の高齢者福祉・障害者福祉の窓口に行って本人の状況を伝え、利用できる手当や助成、減免制度等について確認するとよいでしょう。自治体によっては独自のサービスや手当を支給しているところもあります。

(4) 介護・福祉サービス等の利用

介護・福祉サービス（介護保険法・障害者総合支援法に基づくサービス）の利用は、契約によります。介護・福祉サービスを利用するために、成年後見人等が利用契約を結ぶ場面は、多くの事案で発生します。成年後見人等が選任される以前から本人が利用しているサービスがある場合、成年後見人等は、契約内容を確認したうえで、再契約をしなければならないこともあります。

居宅支援事業者やサービス事業者と契約をする際に、契約書の内容や重要事項説明書の説明を受け、確認することは、成年後見人等の責務です。記載されている内容にわからないことや疑問に感じることがあれば、サービス事業者から、納得できるまで説明を受けましょう。特に、キャンセル料などは要チェックです。

サービス担当者会議等へは、成年後見人等は基本的に参加すべきでしょう。また、

本人も基本的に同席すべきですが、本人が成年後見人等以外の人との接触を極端に拒むような場合は差し控えるなど本人の状況にあわせて考えます。

(5) 介護保険の利用

介護保険制度を適切に利用するためには、本人の状態を把握し、要介護認定の申請・更新・区分変更を的確な時期にすることが大切です。介護保険制度は3年ごとに改定がありますので、注意しなければなりません。2015年の介護保険制度の改正で、一定以上（本人の合計所得金額が160万円以上、かつ、世帯収入が単身で280万円・2人以上で346万円以上）の所得のある利用者の自己負担割合が1割から2割に引き上げられました（2015年8月より施行）。

介護予防給付に関しては、自治体ごとに提供するサービスが異なりますので、介護保険担当課または地域包括支援センターで確認しましょう。

(6) 障害者手帳制度の利用

障害者手帳を所持し、提示することにより、障害に応じた福祉サービスの提供を受けることができます（各種障害者手帳の概要は〔表2〕のとおりです。なお、同手帳は厚労省通知「療育手帳について」（1973年9月27日）に基づき各都道府県知事等が独自に要綱を作成しており、名称・等級などが異なるところもあります）。ただし、障害者手帳がなくても福祉サービスの提供を受けられる場合があります。すなわち、発達障害、高次脳機能障害や難病の場合には、手帳の交付を受けていなくても、福祉サービスを利用することができます。

成年後見人等としては、まず、本人が自らの状態に合った障害者手帳を持っているかを確認しましょう。そのうえで、手帳に基づくサービスを受けているかを確認し、まだ利用していないものがあれば利用できるように手続をすることになります。障害者手帳の種別や等級、自治体によって受けられるサービスが異なりますので、自治体の窓口で確認するとよいでしょう。

〔表2〕 障害者手帳の概要の例

種別	対象	手帳の等級	交付
身体障害者手帳	身体障害者福祉法に定める障害を有する者	1級～6級	知事の指定する医師の診断書に基づき、知事が交付する。
療育手帳（愛の手帳）	知的障害を有する者	A1、A2、B1、B2（1度～4度）	児童相談所長、心身障害者福祉センター所長の判定書に基づき、知事が交付する。
精神障害者保健福祉手帳	精神疾患を有する者のうち精神障害のため長期にわたり日常生活または社会への制約がある者	1度～3度	医師（精神科医のほか、リハビリテーション科医、精神内科医、脳外科医等でも可能）の診断書に基づき、知事が交付する。

また、交通機関等で料金の優遇を受けることもできます。介護保険を利用するときと同様に、自治体の障害福祉担当課の窓口に確認しましょう。

(7) 障害認定

「障害認定」とは、心身の障害に関係する福祉制度において、障害の程度によって対象者を特定するための認定行為をいいます。制度によって障害の程度や評価の基準は異なりますが、多くの場合、医学的診断に基づく認定になっています。

年金制度では、国民年金については国民年金法施行令別表に障害等級（1級・2級）が定められています。厚生年金については、1級・2級は国民年金法の障害等級の状態と同じものとし、3級については厚生年金保険法施行令別表第1に定められています。さらに詳細を確認するには、日本年金機構が作成している「国民年金・厚生年金保険障害認定基準」が参考になります。

精神障害者福祉については、「精神障害者保健福祉手帳障害等級判定基準」により、障害等級が定められています。知的障害者福祉については、療育手帳を交付する対象者について、各都道府県で定められています。身体障害者福祉については、身体障害者福祉法施行規則別表第5号において「身体障害者障害程度等級表」が定められており、さらに詳細を確認するには、厚労省「身体障害者障害程度等級表の解説（身体障害認定基準）について」が参考になります。

(8) 自治体の福祉サービスの利用

自治体では、独自の福祉サービスを設けています。サービスの内容や対象者については自治体ごとに異なるので、窓口に問い合わせましょう。交通（鉄道・バス運賃の減免制度、タクシー券の交付など）、住宅（公営家賃の減免）、配食サービスなどがあります。

各自治体において「高齢者の手引」「障害者の手引」といったものを作成しており、担当窓口に行けばもらうことができますので、それを入手したうえで、その自治体にどういったサービスがあり、本人の状況によってそのうちのどれを利用できるのか、確認しましょう。

(9) 生活保護の利用

生活保護法の目的は、日本国憲法25条で保障されている生存権を具体的に実施することにあります。すなわち、すべての国民に対し、その困窮の程度に応じ、必要な保護を行い、その最低限度の生活を保障するとされています（生活保護法1条）。生活保護受給の要件を満たせば、誰でも生活保護の申請ができます。居住地主義ですので、居住地の自治体の窓口（福祉事務所）に生活保護の申請をします。

(10) 公的医療保険制度

医療保険には、さまざまなサービス（高額療養費支給申請、減額認定等）があります。

本人が加入している医療保険を確認し、どのようなサービスがあるかを確かめたうえで、該当する場合はその医療保険の担当窓口に確認し、速やかに申請や手続をしましょう。

　成年被後見人等が65歳から74歳であり、医療サービスを受けるときには、以下の障害に該当する場合には、医療保険か後期高齢者医療のどちらかを選択できることがあります。どちらを利用するかについては、保険料によって検討すればよいでしょう。

① 　障害基礎年金１級・２級に該当するとき
② 　身体障害者手帳１級・２級・３級に該当するとき
③ 　身体障害者手帳４級のうち、音声機能または言語機能の障害があるとき
④ 　身体障害者手帳４級のうち、下肢障害で、「両下肢のすべての指を欠くもの」に該当するとき
⑤ 　身体障害者手帳４級のうち、下肢障害で、「１下肢を下腿の２分の１以上で欠くもの」に該当するとき
⑥ 　身体障害者手帳４級のうち、下肢障害で、「１下肢の機能の著しい障害」に該当するとき
⑦ 　療育手帳 A1・A2 に該当するとき
⑧ 　精神障害者保健福祉手帳１級・２級に該当するとき

(11) 　税務申告

　不動産を売却した場合は税務署に対して譲渡所得等の申告が必要になり、成年被後見人等に賃料等の収入がある場合には確定申告が必要になります。公的給付以外に定期的な収入がある場合には、税務署に相談するとよいでしょう（後記第７章参照）。

(12) 　公共サービス等利用契約

　電気、ガス、水道といった公共料金は、障害者・生活保護受給者の場合、免除や控除のしくみがあります。自治体の担当窓口に確認したうえで、該当する場合には、各サービス事業者（電気業者、ガス事業者、水道事業者、郵便事業者、NHK等）に問い合わせて、手続をしましょう。

(13) 　私法上の契約関係（事業者との各種契約）の維持・見直し

　それまで本人と継続的な関係にある事業者には、成年後見人等となったことの連絡をします。銀行等の金融機関や保険会社等は、多くの事案で関係してくるものと思います。

　本人の財産状況に余裕がない場合には、継続的契約を解除することも検討しなければなりませんが、本人の希望、生活習慣、収入等を考慮し、可能な限り本人の意思を尊重して対応することが求められます。

⑭　日常生活費の管理

日常生活費の管理は、金銭出納帳をつけて行います。お金を支払った場合には、領収書を保管し、整理しておきます。

本人が施設や病院に入っている場合、施設等が本人の日常生活費を管理していることもあります。しかし、施設や病院は、基本的に本人と利益相反の関係にありますから、このような取扱いは適切とはいえません。やむを得ず管理を依頼する場合には、管理を依頼したこと、管理を依頼した金額等を明らかにして、書面にし、預けている金額の収支について報告を受けることが必要です。

⑮　郵便物の管理

成年後見人等は、本人に送付される郵便物を管理します。

これまで、郵便物のうち、信書については、成年後見人は、本人の承諾を得ないまま勝手に開披することはできませんでしたが、2016年に法改正がなされ、成年後見人は成年被後見人宛ての郵便物を開披する権限について規定されました（民法860条の3）。

財産管理に関するもの（請求書等）は、開封し、支払い等をすることになりますが、対応が終わったらすぐに廃棄するのではなく、法律上の期間内は保管し、その後もできるだけ保管しておくようにします（後記④Q1参照）。郵便物に関しては、成年後見人等の届けを出した際に、後見業務をするために必要な機関には送付先変更届を出すようにしましょう。

また、これまで、本人宛ての郵便物を成年後見人等に転送することはできませんでしたが、2016年4月に民法の一部改正がなされ、成年後見人は、6カ月の期間までであれば、後見業務に必要であると家庭裁判所が認めた場合には、転送もできることになりました（民法860条の2第2項）。

しかし、6カ月以降への対応や、保佐人・補助人に転送することは依然として認められていません（したがって、本書では、郵便物に関しては基本的には、「関係機関への送付先変更届を行う」ということで統一しています）。

⑯　私的重要物の管理

本人が特に大切にしていたものの管理については、財産管理の側面を有する一方で、身上監護の視点からの配慮も必要になります。

たとえば、骨董品、茶道具、宝石といったものを集めていた場合などは、本人が施設や病院に入ってしまうと誰もいない家に放置しておくことになり、管理が不十分になります。売却するなどして処分するほうが管理する側としては楽なのですが、それらは本人が欲しいと考えて購入したものですから、本人としてはできるだけ手放したくないのではないでしょうか。ですから、可能な限り、管理を継続する方向で考える

ことも必要です。財政的に余裕があれば、トランクルームなどを借りて管理することも考えられます。

また、本人の財政状況が厳しく、生活に支障が出るような場合は、その旨を家庭裁判所に上申したうえで処分・換金し、生活費等にあてることになるでしょう。

(17) 書類の保管

契約書や領収書等の保管、ケース記録の保管も重要な業務です。これらの書類や記録は、後見事務が終了した後に、相続人や相続財産管理人へ引き継ぐことになります。また、すでに終了したケース記録の保管も重要です。介護保険制度では、介護サービス事業者は、サービス提供が終了してから2年間は各種記録を保管しなければならないとされています。

(18) 転居した場合の変更登記の申請

成年被後見人等の転居や施設入所により住民票を異動した場合は、それに伴い登記事項の変更の申請が必要となります。都道府県の各法務局で申請することができますので、最寄りの法務局で申請するようにしましょう。

また、成年後見人等が転居した場合にも、同様に登記事項の変更の申請が必要となります。変更後の新しい住民票の写し、または、新しい登記事項証明書の写しを家庭裁判所にも送り、変更の報告をしましょう。

(19) その他

その他、個別の事情によってさまざまな手配が必要となります。

本人のこれまでの生き方、想い、環境によって、必要になることは千差別万です。たとえば、本人とコミュニケーションをとるためにサービスの利用を手配することもあります。

成年後見人等は、本人の意思・希望を実現するために、さまざまな方法を駆使し、また、さまざまな人や機関に相談するなどしていくことが必要でしょう。

3 実務上の注意点

介護・生活維持に関する業務を行う際には、特に以下の点に注意することが必要です。

(1) 成年後見人等には事実行為としての介護労働を行うべき義務はない

成年後見人等が行う支援には、事実行為としての介護労働は含まれません。ですから、成年後見人等が本人に対して実際の介護をする義務はありません。

ただし、緊急やむを得ない場合はこの限りではありません。たとえば、本人の容態が急に悪化して緊急の受診が必要になった場合の介助などが考えられます。

(2) 日常生活に関する行為

成年後見人等は、法律行為の手配を通じて本人の安全・安心な暮らしを維持し、より快適な生活環境を確保するように努めなければなりません。

ただし、本人の日常生活に関する行為については、成年被後見人であっても単独で有効に契約することができ（民法9条）、たとえ後見類型の場合でも取消権が及ばないことに注意が必要です。

(3) 新しい制度の導入（マイナンバー制度）

2016年1月より、国民の利便性の向上を目的として、社会保障・税・災害対策の分野で効率的に情報を管理するために、住民票を有するすべての方に個人番号（マイナンバー）が付与されました。これによって、社会保障・税・災害対策における各種手続において、身元（実存）確認とともに、個人番号の記載・確認を求められることになりました。マイナンバーは、極めて重要な個人情報です。その後見実務上の取扱いについては、十分に留意するとともに、今後の動向を注視する必要があります。基本的には、成年後見人等は個人番号の管理をし、不必要な場面での提示がなされないように注意すべきです。

4 事例に学ぶQ＆A

Q1 書類の保存期間

> 後見活動をするにあたって、介護保険サービスの利用計画書や請求書に領収書、公共料金の領収書などファイルがいっぱいになって保管場所に困っています。保存期間については、どのように考えたらよいでしょうか。

法律で保存期間が決められている場合には、その法律に従いますが、法律によって保存期間が決められていない書類に関しては、自主的に保存期間を決めることができます。介護保険サービス関係の書類について、介護サービス事業者は、介護保険法に基づく基準で「完結の日から2年間」保存することになっています。領収書に関しては、税法上は7年、商法・会社法上は10年となっています。また、民法の消滅時効では、医療費は3年、電気・ガス・水道の利用料については2年となっていますので、それぞれの関係する制度に合わせて保存期間を設定していく必要があるでしょう。以前は紙媒体での保存しか認められていなかった帳簿などの書類も、2004年に電子帳簿保存法が改正され、電子データ化して保存することも認められています。

成年後見人等としての活動が終了した後の引継ぎの際に、相続人や後任者等にそのような書類があることを伝え、その処理の方法を確認することも必要でしょう。

第3章 介護・日常生活維持に関する業務

Q2　日常生活自立支援事業と成年後見制度の併用

> 日常生活自立支援事業を利用していた人の保佐人に選任されました。なじみの関係者が少ないことから、今後も日常生活自立支援事業の利用を継続したいと考えているのですが、成年後見制度を利用すると日常生活自立支援事業を利用することはできないのでしょうか。

　日常生活自立支援事業と成年後見制度を利用することについては、法的には可能です。しかし、運用については地域によって異なっています。

　東京都社会福祉協議会では、2008年度から取扱いを一部変更し、「成年後見制度と併用して地権事業（地域福祉権利擁護事業＝日常生活自立支援事業）を利用することが必要と判断される指標」に示されている①～④のいずれかに該当するときには、契約締結審査会の審査を経ることで契約を結ぶことが可能になりました。

《成年後見制度と併用して地権事業を利用することが必要と判断される指標》
① 権利侵害、虐待等をうける恐れがあり、日常的な見守り体制が必要な場合
② 同居者や親族が何らかの生活課題等を抱えており、本人の生活を支援するために、ファミリーソーシャルワークの観点から同居者や親族を含めた見守りが必要な場合
③ 精神的な問題等により、本人からの頻繁な訴えに対してきめ細かな対応が必要であり、複数の機関での関わりが必要な場合
④ 本人にとって、新しい人間関係を形成することが難しく、地権事業の支援がなくなることが本人に大きな不利益になると想定される場合

（東京都社会福祉協議会「地域福祉権利擁護事業専門員マニュアル〔東京版〕」追加・変更資料集）

Q3　親子関係への配慮

> 被保佐人には、40歳代の一人息子がいます。自宅で同居していましたが、被保佐人が自宅で転倒して骨折し、入院先の病院からそのまま老人保健施設へ入所することになりました。息子は何らかの障害が疑われ、就労した経験もなく、これまでは被保佐人が毎週お小遣いとしてお金を渡していました。しかし、施設に入所したことで、直接息子にお金を渡すことができなくなりました。保佐人には金融機関との取引の代理権がありますが、息子へ生活費を渡す必要があるのでしょうか。

　施設に入所するまでは、本人が直接生活費を渡していたことから、本人にとって、息子さんは気がかりな存在であり、また、自分が扶養する必要があると考えていたと思われます。しかし、法律上は、成人した子どもには、夫婦間扶養義務のような強い扶養義務はありません。もちろん、成人した息子さんが何らかの事情により就労でき

ずに無収入である場合に、生活を助けるために生活費を渡すという行為は、一般的にあることです。ただし、それはあくまでも、本人の意思に基づく場合です。

　ご質問のような事例で、代理権が付与された保佐人は、大変悩ましいところです。本人以外の親族のために、本人の金銭を費消する場合には、家庭裁判所に対し、その必要性と根拠について、明確に報告をし、その是非についての回答を得ておく必要があると考えられます。本人の生活や療養の質の向上よりも、本人の親族のためにお金が使われることを助長してしまうおそれがあるからです。

　このような場合、これまでの本人と息子さんの関係性だけを尊重するのではなく、本来何らかの支援や専門機関・専門職のかかわりが必要であろう息子さんに対して、適切な関係者にかかわりをもってもらうように、積極的に働きかけることが求められます。そうすることで、息子さん自身が自らの生活をどのように構築していくか、主体的に考え取り組むことができるようになります。それがひいては、本人の安心につながっていくのではないでしょうか。

⑤　社会福祉士の目

　成年後見人等の業務は「身上監護」と「財産管理」です。

　私たちの生活を振り返っても、「生活をするにはこれだけのお金が必要だ」、「このお金でどのような生活をするか」というように、生活とお金、つまり「身上監護」と「財産管理」は一体のもので、明確に分けて考えられるものではないといえます。

　介護が必要になった人や障害を持つ人については、本人の状況に応じて、介護サービスや自立支援給付・地域生活支援事業など利用し、本人の生活の維持・向上を図るようにしますが、同時に、本人の財産を考慮しながら利用料の減免などの手続をして、できるだけ本人の負担が軽くなるようにします。

　この減免制度や各種福祉制度の利用のような業務は、財産管理の側面が強いものであり、おそらく、成年後見人等になればほとんどの人が行う画一的な業務であるといえます。

　一方、身上監護業務の進め方には、画一的な方法というものはありません。人（本人）の生き方の数だけ個別性があるといってもよいものです。いくつか、実際の事例を紹介しましょう。

　ある成年被後見人が、毎日決まった時間に、勤めにいく格好をして外出するようになりました。本人はかつて学校の用務員として勤務していたことから、成年後見人は、介護保険のデイサービスを利用し、また介護保険外のサービスも利用して、本人が花壇の手入れをするように手配しました。そして、その花壇の手入れをする代わりに食事をさせてもらうようにしました。本人は毎日、元気に「お勤め」に通っているそう

第3章 介護・日常生活維持に関する業務

です。

また、次のような事例もあります。精神障害のある人が、精神障害者保健福祉手帳の更新を拒むようになりました。ある時期から精神障害者保健福祉手帳に写真が貼られることになったのですが、これがどうしても納得できないようなのです。精神障害者保健福祉手帳がなくても、原則として、医師の診断書で福祉サービスを利用できることから、成年後見人は、本人の意向に反して精神障害者保健福祉手帳を取得することはやめて、障害者のデイサービスを利用しています。

生活の質・生活のあり方は、一人ひとり個別的であり、十人十色です。そのような本人を支援する成年後見人等としては、現実の生活がどのような環境にあるかを直視

【チェック表１】介護・日常生活維持に関する業務

◎＝発生の可能性特にあり
○＝発生の可能性あり
△＝発生の可能性ややあり
※＝本来の業務ではないが事情により実施

高齢＝高齢者
身体＝身体障害者
知的＝知的障害者
精神＝精神障害者

項目		本人の状態				生活の場所			援助の段階			本人意思の確認
		高齢	身体	知的	精神	在宅	施設・病院	在宅↔施設・病院	受任直後	通常の事務	終了の事務	
1　年金、年金基金、企業年金連合会、恩給に関する職務												
1-1	後見人の届けおよび郵便物の送付先変更依頼	○	○	○	○	○	○	○	◎		※	
1-2	年金受給の申請・裁定請求	○	○	○	○	○	○	○	○	○	※	
1-3	現況届出（住記票コード記載済の場合はそれ以後の手続不要）	○	○	○	○	○	○	○		○		
2　医療助成・各種手当の申請												
2-1	医療保険・後期高齢者医療制度等の申請	△	○	○	○	○	○	○	○	○	※	
2-2	減額認定証の申請	○	○	○	○	○	○	○	○	○	※	
2-3	障害者手当の申請	△	○	○	○		△	○			※	
3　介護保険制度の利用												
3-1	後見人の届けおよび郵便物の送付先変更依頼	○	(○)	(○)	(○)	○	○	○	◎		○	
3-2	介護保険料の支払い（普通徴収の場合）	○	65歳以前に障害者サービスを利用し、65歳以上になった場合は介護保険制度の利用も選択できる。併用の場合			○	○	○		○		
3-3	要介護認定の申請・更新・区分変更	○				○	○	○		○		
3-4	要介護認定の不服申立て	○				○	○	○				

する一方で、本人の希望がどこにあるかを熟慮することが大切です。そして、本人が生活してきた視点に立ち、本人のQOLの向上を考えて、生活の維持・向上に努めることが望まれます。

　その実現のためにとりうる方法や実現の可能性を探るためには、情報の収集が極めて重要になります。また、本人の生活に不足していることに対応するためには、成年被後見人等を中心として、地域の支援ネットワークをつくっていくことが大切でしょう。

		業務の内容と留意点
		成年後見人等に選任されたことの届出をします。届出と同時に書類の送付先を成年後見人等宛に変更します。
		65歳に達したら年金受給の手続を行います。年金を受給していない場合は受給資格を確認し、必要に応じて裁定請求を行います。本人に障害があるのに障害年金を受給していない場合には、受給の申請をします。
		本人が住基ネットに参加していない市区町村に住んでいる場合は現況届を提出します。本人が心身障害者扶養共済年金を受給している場合は、毎年現況届を提出します。保護者が加入している場合には、保護者の死亡や重度障害により受給できます。
		65歳から74歳であっても障害認定によっては医療保険か後期高齢者医療制度のどちらかを選択できます（保険料によって検討）。心身障害者医療費助成（通称：マル障）、精神通院医療等、医療保険制度上の助成金の確認を行います。
		入院等の場合は経済的な負担が大きくなります。事前に申請すると一医療機関ごとの入院費用の窓口支払額が法定自己負担限度額までとなりますので、申請を行います。
		特別障害者手当、在宅重度障害者手当、経過的福祉手当等があります。年4回（2月、5月、8月、11月）に分けて支給されます。
		自治体の担当窓口や関係事業所に成年後見人等に選任されたことの届出をします。届出と同時に書類の送付先を成年後見人等宛に変更します。
		年金から天引きされる特別徴収と、納付書による普通徴収とがあります。普通徴収も口座から自動引落しが可能ですから、支払い漏れがないように手続を行います。
		介護保険制度の適切な利用のため、本人の状態を把握し、要介護認定の申請・更新・区分変更を的確な時期にすることが大切です。要介護認定の有効期限を確認しておくことも必要です。
		要介護認定の認定結果が不適切であると考えられる場合、「都道府県に対する不服申立て」による「再審査請求」を行います。「市区町村に対して直接行う区分変更申請」により本人の状態の変化があるという方法で申請を行うこともできます。

第3章 介護・日常生活維持に関する業務

3-5	居宅介護支援事業者との契約	○	は、高額障害福祉サービス等給付費の支給対象となる場合がある。	○	○		○				
3-6	各種サービス提供事業者との契約・支払い	○		○	○		○				
3-7	高額介護サービス費支給申請	○		○	○	○	○				
3-8	高額医療・高額介護合算療養費制度支給申請	○		○	○	○	○				
3-9	減額認定の申請	○		○							
3-10	サービス提供事業者または施設への直接の苦情申立て	○		○			○				
3-11	保険者への苦情申立て	○		○							
3-12	国民健康保険団体連合会等への苦情申立て	○		○	○	○					
4 各種手帳制度等											
4-1	交付申請	△	○	○	○	○	○	○	○	○	
4-2	等級変更申請	△	○	○	○	○	○	○			
4-3	更新手続	△	○	○	○	○	○	○			
4-4	住所変更手続		○	○	○			○			
5 障害者総合支援法に基づくサービスの利用											
5-1	後見人の届けおよび郵便物の送付先変更依頼		○	○	○	○	○	◎	○		
5-2	利用申請		○	○	○	○		○			
5-3	ケアマネジメント（ケアプランの作成）		○	○	○	○		○			
5-4	障害支援区分（障害程度区分）の不服申立て		○	○	○	○		○			
5-5	各種サービス提供事業者との契約と支払い		○	○	○	○		○			
5-6	自立支援医療の申請		○	○	○	○	○				
5-7	補装具費の申請		○	○	○	○		○			
5-8	重度障害者日常生活用具給付の申請		○	○	○	○		○			

⑤ 社会福祉士の目

	介護保険サービスを利用するためには、ケアプランを作成します。ケアプランの作成は、要支援1・2の認定を受けた人は地域包括支援センターに、要介護1〜5の認定を受け、在宅のサービスを利用する人は居宅介護支援事業所に依頼します。
	利用するサービスごとに各事業者と契約をし、サービスの利用が始まります。決められた期日までに費用の支払いを完了するように手配します。
	高額介護（介護予防）サービス費の支給申請書が届いたらすぐに手続を行います。
	同じ世帯で医療と介護の両方を利用すると、高額医療・高額介護合算療養費制度についての申請書が送られてきますので、手続を行います。申請によって、自己負担限度額を超えた金額が支給されます。夫婦別世帯の場合は別々に申請することができます。
	低所得の人の施設利用時の食費・居住費、ショートステイの食費・滞在費（特定入所者介護サービス費）が負担増とならないように、一定額以上は保険により給付されます。負担の軽減を受ける場合には事前に申請を行います。
	介護サービス事業者には、利用者からの苦情に対応するため、相談窓口または相談担当者がいます。契約するときには、サービス提供事業者の相談窓口を確認しておきましょう。サービス提供に問題や不満などがあった場合には、苦情申立てを行います。
	事業者に話しにくかったり、話しても改善されないなどといった場合には、保険者である行政等の苦情申立てや相談を利用します。福祉オンブズマンや苦情解決委員会が設置されています。
	解決するのが難しい場合や、特に利用者が希望する場合は、都道府県ごとに設置されている国民健康保険団体連合会、または運営適正化委員会に苦情申立てをします。
	手帳の申請窓口は、市区町村の窓口です。紛失した場合は再発行の手続が必要です。発達障害者、高次脳機能障害者で診断基準に該当する人は、精神障害者保健福祉手帳の交付申請ができます。特に精神障害者保健福祉手帳の交付には本人意思の確認が重要です。
	手帳の交付を受けた後に障害の程度に変更があった場合にも、申請時と同様の変更手続が必要となります。
	精神障害者保健福祉手帳は2年ごとに更新が必要です（有効期限日の3カ月前から手続ができます）。
	転居の場合、住所変更届を行います。転居先の福祉制度を確認し、必要に応じて申請を行います。
	自治体の担当窓口や関係事業者等に成年後見人等に選任されたことの届出をします。届出と同時に書類の送付先を成年後見人等宛てに変更します。
	利用にあたっては障害支援区分の認定を申請します。
	障害者総合支援法では、指定相談事業者には相談支援専門員（ケアマネジメント従事者）が配置されています。ケアプランの作成と継続支援のため相談支援事業者との契約を行います。
	認定結果が不適切であると考えられる場合、「都道府県に対する不服申立て」による「再審査請求」を行います。「市区町村に対して直接行う障害支援区分変更申請」により本人の状態の変化があるという方法で申請を行うこともできます。
	利用するサービスごとに各事業者と契約をし、サービスの利用が始まります。決められた期日までに費用の支払いを完了するように手配します。
	精神疾患の治療のために医療機関に通院する場合に、医療費の自己負担分の一部を公費で負担する制度です。有効期限の3カ月前から更新の申請ができます（入院医療費は対象になりません）。
	身体の欠損または損なわれた身体機能を補完・代替するために、購入または修理に要した費用（基準額）の9割相当額（補装具費）が支給されます。利用できるかどうかは事前相談が必要です。支払いは償還払いとなりますので手続が必要です。
	地域生活支援事業として、重度障害者等に対し、自立生活支援用具等の日常生活用具を給付または貸与すること等により、日常生活の便宜を図るため、要件を満たす用具の給付または貸与があります。

第2部

— 67 —

第3章　介護・日常生活維持に関する業務

5-9	サービス提供事業者または施設への直接の苦情申立て		○	○	○	○	○	○		○	
5-10	保険者への苦情申立て		○	○	○	○	○			○	
5-11	国民健康保険団体連合会等への苦情申立て		○	○	○	○	○			○	
5-12	コミュニケーション支援、移動支援の申請		○							○	
6　その他の福祉サービスの申請											
6-1	JR 等運賃・有料道路の割引の申請		○	○	○	○	○			○	
6-2	福祉電話・緊急通報・災害弱者届けの申請	○	○	○	○					○	
6-3	福祉手当の申請		○	○	○	○	(○)	○		○	
6-4	交通乗車証の申請	○	○	○	○					○	
6-5	福祉タクシー券の申請		○	○	○	○	(○)			○	
7　生活保護の利用											
7-1	後見人の届けおよび郵便物の送付先変更依頼	○	○	○	○	○	○	○	◎		※
7-2	保護の申請・変更	○	○	○	○	○	○			○	
7-3	扶助の追加申請	○	○	○	○	○	○			○	
7-4	保護費返還にかかわる手続	○	○	○	○	○	○			○	
8　住民登録											
8-1	異動届出	○	○	○	○	○	○			○	
8-2	交付申請	○	○	○	○	○	○			○	
8-3	死亡届	○	○	○	○				○		※
9　公的医療保険制度											
9-1	後見人の届けおよび郵便物の送付先変更依頼	○	○	○	○	○	○	○		○	○
9-2	加入・脱退届出	○	○	○	○	○	○			○	○
9-3	保険料の減額認定申請（市民税申告前の場合のみ）	○	○	○	○	○	○			○	○

	福祉サービス事業者には、利用者からの苦情に対応するため、相談窓口または相談担当者がいますので、契約するときには、サービス提供事業者の相談窓口を確認しておきましょう。
	事業者に話しにくかったり、話しても改善されないなどといった場合には、保険者である行政等の苦情申立てや相談を利用します。福祉オンブズマンや苦情解決委員会が設置されています。
	解決するのが難しい場合や、特に利用者が希望する場合は、都道府県ごとに設置されている国民健康保険団体連合会、または運営適正化委員会に苦情申立てをします。
	地域生活支援事業として、コミュニケーション障害のため、意思疎通を図ることに支障がある人や移動支援が必要な人に、地域における自立生活および社会参加ができるよう障害特性に応じて申請を行います。
	身体障害者・知的障害者の本人や介護人がJR線（連絡社線を含む）や航空機、私鉄などの連絡社線を利用する場合に運賃が割引になります。有料道路の障害者割引を受けるためには、福祉事務所等で事前に登録することが必要です。
	自治体独自の制度として、あらかじめ届出や登録が必要な場合があります。「もしも」に備えて準備をすることが必要です。
	特別障害者手当、障害を理由とする年金のいずれの支給も受けられない人（経過措置）が、月額1万4600円の手当を受給できます。該当するかどうかについて窓口での確認が必要です。
	高齢者バスのシルバーパスは、東京都の場合、都内に住所を有する70歳以上で希望する人が利用できます。一部負担金があります。東京都には、身体障害者や知的障害者向けの都営交通無料乗車券制度と、精神障害者向けの精神障害者都営交通乗車証制度があり、PASMOで発行を受けることが可能です。
	障害のため歩行困難な人に、タクシー料金の支払いに利用できる福祉タクシー券、または、給油料金の支払いに利用できる自動車燃料券が交付されます。
	自治体または福祉事務所の担当窓口に成年後見人等に選任されたことの届出をします。届出と同時に書類の送付先を成年後見人等宛に変更します。
	生活に困窮している場合、居住地の福祉事務所等に生活保護の申請を行います。成年後見制度利用支援事業の利用も確認しましょう。
	生活保護を受けている間は、出産扶助、葬祭扶助など、必要になる出費について、扶助を受けることができます。必ず事前に申請を行います。
	過払金が発生して返還対象となった場合や、相続や損害賠償金の発生、不動産の売却、年金受給などにより収入認定された場合には、返還を求められます。償還方法については担当ケースワーカーとの相談が必要です。
	転入・転出・転居の場合は引越しをする前後14日以内に異動届の手続を行います。
	戸籍関係証明書、住民票の写しなどの交付申請の際には、成年後見人等の登記事項証明書と運転免許証等による本人確認が必要です。郵送での交付申請ができます。
	戸籍法87条により、死亡届の提出は成年後見人等もできます。成年後見人等が提出する場合には登記事項証明書と印鑑が必要となります。死亡の事実を知った日から7日以内に届出書を作成し、死亡者の死亡地・本籍地または届出人の所在地の自治体に届出をします。
	自治体の担当窓口に成年後見人等に選任されたことの届出をします。届出と同時に書類の送付先を成年後見人等宛に変更します。
	職場の健康保険組合や共済組合等の加入者とその家族、生活保護を受けている世帯、後期高齢者医療制度加入者を除いて、すべての人が国民健康保険の加入者「被保険者」になります。転入・転出時には、加入・脱退の届出が必要です。
	減額制度とは、法律で定められたもので、平等割保険料と均等割保険料が軽減される制度です。減免制度とは、病気や失業などで保険料を納められないときに申請します。

第3章 介護・日常生活維持に関する業務

9-4	高額医療・高額介護費支給申請	○	○	○	○	○	○	○		○		
9-5	高額医療・高額介護合算療養費制度の申請	○	○	○	○	○	○	○		○		
9-6	減額認定の申請	○	○	○	○	○	○	○		○		
9-7	高額療養費貸付制度支給申請	○	○	○	○	○	○	○		○		
9-8	難病医療費等助成制度の申請	○	○	○	○	○	○	○		○		
9-9	特定疾病療養受療証の申請	○	○	○	○	○	○	○		○		
9-10	公害健康被害補償制度の手続	○	○	○	○	○	○	○		○		
9-11	原子爆弾被害者に対する手続	○	○	○	○	○	○	○		○		
9-12	健康被害救済制度の手続	○	○	○	○	○	○	○		○		
9-13	その他の公費負担による保証制度	○	○	○	○	○	○	○		○		
10 公共サービス等利用契約												
10-1	電気・ガス・水道の契約・解約	○	○	○	○	○	○	○	○	※		
10-2	NHKの契約・解約	○	(○)	○	○	○	○	○	○	※		
10-3	利用料金の支払い	○	○	○	○	○	○	○				
11 私法上の契約関係（民間事業者との各種契約）												
11-1	生活用品の購入・解約	○	○	○	○	○	○		○			
11-2	電話会社、インターネットプロバイダー等との契約・解約	○	○	○	○	○	○		○			
11-3	生命保険・損害保険の契約・申請・解約	○	○	○	○	○	○		○			
11-4	警備会社との契約・解約	○	○	○	○	○	○					
12 日常生活費の管理												
12-1	通帳・キャッシュカードの管理	○	○	○	○	○		○	○			

	国民健康保険に加入している人で、医療費が高くなった場合に申請すれば、限度額を超えた分が払い戻されます。
	世帯内の同一の医療保険の加入者について、基準額を超えた場合に、その超えた金額が支給されます。この制度により、同一世帯において医療と介護で支払った費用の負担が緩和されます。支給の対象となる人に、年1回通知が送られてきますので、通知が届いたら申請してください。
	限度額適用認定証の交付を受け、医療機関に提示すると、医療費の窓口負担が自己負担限度額までの支払いで済むことになり、一時的に費用負担が軽くなります。低所得Ⅰ・Ⅱに該当する場合については、限度額適用認定証の交付を受け、医療機関に提示すると、さらにそれ以下の自己負担限度額での支払いで済むことになります。
	高額医療費の受給は、受給されるまでに4カ月ほどかかってしまうので、その間の経済面を援助するために「高額医療費貸付制度」があります。
	医療費等助成疾病には、国が指定している疾病と、都道府県が単独で指定している疾病とがあります。認定された場合、医療費等助成は、支援係に申請した日から適用されます。有効期限は、直近の9月30日です。
	特定疾病療養受療証は、本人の加入している健康保険（保険者）から発行されます。詳しくは、健康保険（保険者）に問い合わせてください。健康保険の高額療養費制度で、自己負担限度額が1医療機関あたり月額1万円（高額所得者は2万円）になります。人工透析を必要とする場合には、速やかに相談をしてください。
	公害健康被害補償制度では、現在は、新規の公害認定は行われていません。障害補償費の受給者は、「障害程度の見直しのお知らせ」が送付されますので手続を行います。
	「原子爆弾被爆者に対する援護に関する法律」に基づき、被爆者健康手帳等の交付、健康診断の実施、手当の支給、医療の給付等の各種施策が実施されています。該当者の場合は丁寧に確認を行います。
	医薬品副作用被害救済制度、生物由来製品感染等被害救済制度、血液製剤により健康被害を受けた人の救済制度等があります。給付にはさまざまな条件がありますので、直接、独立行政法人医薬品医療機器総合機構に問い合わせてください。
	国による公費負担制度と、都道府県による公費負担制度があります。公害による健康被害、結核、新感染症、B型・C型肝炎に関することなどさまざまですので確認が必要です。
	転入・転居の場合には公共料金の契約・解約が必要です。長期入院の場合などには一時利用を止めておくなどの手続を行うこともできますので最寄りの事業所に相談してください。名義変更が必要な場合も同様に相談してください。
	「日本放送協会放送受信料免除基準」に該当する場合は、放送受信料の全額または半額が免除となります。生活保護の場合は全額免除となります。身体障害者手帳（1級・2級）、療育手帳または判定書（最重度・重度）、精神障害者保健福祉手帳（1級）の場合は半額免除となります。
	毎月、納付書で現金の支払いもありますが、定期的な支払いですので指定した金融機関の預貯金口座からの振替が便利です。支払い漏れがないようにすること、記録が残ることも口座振替の利点です。
	カタログ販売など本人が購入したものを解約する場合には、注意が必要です。日常生活の範囲内の取引であれば後見類型であっても取り消すことができません。この場合は、支払方法などの確認が大切です。
	インターネット接続サービスでは、契約時はプロバイダが回線事業者の契約の取次ぎをする場合がありますが、サービスを解約する場合には、プロバイダと回線事業者のそれぞれのサービスの解約手続をしないと、契約が継続されて、料金徴収が続くことになるので、注意が必要です。
	加入している生命保険や損害保険と契約内容を確認します。本人の資力に合わせて、生活に支障が出るほど不必要に多くの生命保険に加入しているときなどは、見直しも検討します。また、反対に火災保険や損害保険などが必要な場合には加入を検討します。地震保険未加入の場合は追加の検討も行います。
	緊急通報システムとあわせて、必要なときには、民間警備会社との契約も検討します。入院・入所により留守宅の管理が必要なときの利用も検討できます。
	本人管理の場合には保管場所や紛失などに十分な注意が必要です。成年後見人等が管理するときでも、金庫を利用するなど配慮することが必要です。銀行によっては、代理人カードの発行ができます。代理人カードを利用することで、小口現金などの現金管理をなくしたり、少額にできるようです。

第3章 介護・日常生活維持に関する業務

12-2	日常生活費の管理や受け渡し	○	○	○	○	○	○		○	○		
12-3	施設・病院等における日常生活費（小口現金）の収支状況確認	○	○	○	○		○		○	○		
13　郵便物の管理												
13-1	郵便物の分類と確認	○	○	○	○	○	○	○	○	○		
13-2	郵便物の保管		○	○	○	○	○	○				
13-3	郵便物の送付先変更依頼	○	○	○	○	○	○		○	○		
14　私的重要物の管理												
14-1	管理業者への依頼	○	○	○	○	○	○	○	○	○		
14-2	管理業者への支払い	○	○	○	○	○	○	○	○	○		
14-3	マイナンバー通知カードの管理（受取施設・管理は成年後見人等）	○	○	○	○	○	○	○	◎	○		
15　その他												
15-1	食事の確保・手配	○	○	○	○	○	○		○			
15-2	移動の確保・手配	○	○	○	○	○	○		○			
15-3	コミュニケーションの保障と手配	○	○	○	○	○	○		○			
15-4	大掃除等ゴミの管理と清掃の手配	○	○	○	○	○	○		○			
15-5	ペットの処遇に対する手配（犬の保健所への届出、狂犬病予防注射等）	○	○	○	○	○	○					
15-6	緊急連絡先・緊急連絡網などの連絡体制の確保	○	○	○	○	○	○		◎	○		
15-7	緊急時の配慮（緊急物品の用意等）	○	○	○	○	○	○		◎	○		
15-8	国勢調査	○	○	○	○	○	○	○				

	日常生活費の受渡しには、本人の希望と適切な金額の折り合いをつけ、一定のルールをもって受渡しをすることが必要です。成年後見人等の活動の時間帯にあわせた受渡しをするのではなく、本人の生活のリズムを確認することが重要です。
	小口現金の管理は金銭出納帳で管理します。したがって、施設での小口現金の管理についても成年後見人等は、きちんと管理されていることを確認することが必要です（領収書を日付順にノートに貼ることなどで確認します）。
	郵便物のうち、私信と財産管理に関するものに分類します。請求書類等の財産管理に関するものは開封し、支払い等を行います。なお、2016年に民法860条の3が新設され、成年後見人は、成年被後見人宛ての郵便物等を開披する権限があることについて規定されました。
	本人の私信は本人に渡します。本人が読めないときは保管しておきます。財産管理上の請求書と領収書は、法律により定められた期間内は保管し、その後もできるだけ保管をします。
	長期入所など本人が居住していない場合には郵便物の転送（転居）届も必要でしょう。転送期間は1年間です。更新は、再度、近くの郵便局の窓口に届出をします。指定のハガキにより郵送でも可能です。なお、2016年に民法860条の2が新設され、成年後見人がその事務を行うにあたり必要がある場合には、家庭裁判所の審判により、6カ月以内の期間を定めて、成年被後見人宛ての郵便物等を成年後見人に配達するよう嘱託することができるようになりました。
	本人が特に個人的に大切にしていたものは、本人の人生そのものです。処分よりもまずは保管をするという視点が重要です。管理場所の確保が困難であり費用に余裕があればトランクルームや貸金庫を借りて保管することを検討します。
	必要に応じて管理会社への支払いを行います。預けたままにせず、定期的に内容物の確認を行います。
	本人または施設が受け取って、成年後見人等が管理するのが基本です。重要な個人情報として取り扱いましょう。住民票を取る場合にも提出先に個人番号が必要でなければ非表示にするなどの注意が必要です。
	介護保険サービスや福祉サービスの利用を検討します。ただし、それだけでは十分でないときには、民間のサービス、インフォーマルなサービスなどの利用も検討が必要です。
	障害者総合支援法の中での移動支援事業者だけでなく、地域の移送サービスや、民間事業者の介護タクシーなどの利用も検討します。人と車（交通機関）の手配の両面から検討が必要です。
	コミュニケーションの保障は権利の保障であり、重要な支援となります。本人の状態に合わせた支援が大切です。制度内の利用で不十分な場合は制度外の手配の検討も行います。手話通訳、音声通訳、要約筆記、指点字、触手話等いろいろなコミュニケーション方法があります。
	フォーマルなサービスではできない大掃除やごみ処理についても手配が必要になることがあります。
	本人の大事にしていたペットは、本人にとっては家族と同様です。入院・入所に際して、民間サービスやインフォーマルな支援を利用し、適切な処遇に向けた検討を行います。
	緊急連絡先として、親族と同様に、成年後見人等が連絡先となります。
	要援護者登録など災害時に備えることが必要です。避難経路や避難先などあらかじめ関係者と相談しておきましょう。
	統計法13条（法定代理人の義務）

第4章　医療に関する業務

第4章　医療に関する業務

１　はじめに

(1) 業務の概要

医療に関する業務には、健康診断等の受診、治療・入院等に関する契約の締結、費用の支払いなどがあります（チェック表２参照）。

成年後見人等には後記(2)のとおり、医療行為への同意権はありませんが、医療契約などを法定代理人として締結することはできます。

医療契約を締結するにあたって、病状や医療行為の説明を受ける際には、治療の方法や効果・危険性、治療を受けた後の生活の変化等について、本人が医師の説明を受ける場合には、本人に付き添い、医師の説明の内容を本人にわかりやすく伝え、本人の意向を聴き取り、医療行為に係る本人の意思決定について、本人を支援する必要があります。また、本人に対して適切な医療が行われるように、本人についての情報をできるだけ詳しく医療機関に伝える必要もあります。

医療契約を締結した後は、その内容どおりに医療が提供されているかを監視・監督します。

退院時など、医療費を支払う際には、高額療養費制度の活用についても忘れないようにしましょう。自治体によっては独自に助成制度を設けているところもあるので、確認が必要です。

(2) 医療契約の締結と医療行為への同意の違い

成年後見人等として医療契約を締結するということは、成年後見人等としては、契約に基づいて医療機関に対して医療サービスの提供を求め（医師から病状や治療の説明を受けることを含みます）、一方ではそれに関する費用を支払う、という後見業務を行うことになります。こういった業務は、成年後見人の包括的な代理権に含まれますが、保佐人や補助人については代理権の付与が必要になります。

締結された医療契約に基づいて医師が治療行為をする場合、検査・投薬・手術など身体への侵襲を伴う医療行為を実施するときには、本人に対する十分な説明と、それについての本人の同意が必要となります（インフォームド・コンセント）。侵襲を伴う医療行為を行うかどうかについては、本人が判断・決定することが原則となります（一身専属）。本人が判断・決定できないときには、家族が本人に代わって同意をしているのが実情ですが、そもそも、本人以外の人が同意できる法的根拠は明らかにはさ

れていないようです。成年後見人等には、本人に代わって医療行為に同意する権限は認められていません。

(3) 精神障害者の場合
㋐ 業務の概要

精神障害者の場合、通常、医療とのかかわりは日常的です。病院に入院している方はもちろんですが、在宅の場合でも定期的な通院や病院等が行うデイケア、あるいは訪問看護等を利用しているからです。

これら医療機関とのかかわりを考える際に、当然ながら付随する業務が発生します。また、成年後見人等が「家族等」の1人として「医療保護入院」に同意を求められる可能性もあります（2014年4月1日より施行された改正精神保健福祉法により従来の「保護者」規定（同法旧20条等）は廃止されたものの、「家族による同意の制度」が存続し、精神保健指定医1名と家族等（配偶者、親権者、扶養義務者、成年後見人または保佐人）のいずれかの者1名の同意で入院は可能となりました）。したがって、これについて成年後見人等の判断が求められる場合があることも承知しておかなければなりません。

なお、以上は、あくまで本人に病識があり、医療とのかかわりがある場合ですが、時に、本人に病識がなく、医療とのかかわりがない場合もあります。その際には、病気と障害に起因して、さまざまな対応が求められることになると思われます（後記3参照）。

㋑ 入院時の業務

成年後見人等を受任した後で、本人が精神科病院に入院するという事態は、ほぼないと考えられます。多くの場合、選任時にすでに入院しており、近い時期に退院を控えているという事案でしょう（後記㋒で紹介しますが、退院時や退院後にさまざまな判断が必要となることから成年後見人等が必要となります）。

入院している方の成年後見人等を受任した場合、本人に親族がいないときには、病院が、成年後見人等に対し、あらためて入院同意書の提出を求めることがあります。緊急時の連絡先や身体拘束についての同意も、他の一般的な医療業務と同様に求められることが多いでしょう。それらに的確に対応するために、まずは、成年後見人等としての権限をしっかりと確認したうえで、本人の病気の状況やその他を理解・把握することが重要です。本人や主治医との面談はもちろん、病院のソーシャルワーカーとの面談も必要でしょう。本人と親族との関係がさほどよくない場合にも、親族からの聴き取りは必要です（この際に、本人の財産状況を確認しておくとよいでしょう）。そのうえで、精神保健福祉法が求める「家族等」として、同意についての権限を行使せざる得ない場合があります。

また、本人の権利擁護者として、最低限、入院先の病院の処遇状況（医療スタッフ

の立居ふるまいはもとより、公衆電話の設置状況、買い物や外出等の保証、小遣いなどの金銭管理の状況等）についても、成年後見人等自らが確認しておくことを忘れてはなりませんし、処遇の状況について本人から聴き出すことも重要です。もちろん、定期訪問・定期面談という業務も欠かせません。

　日本の場合、精神障害のある方の入院処遇の改善を求める声が以前から強くあるにもかかわらず、今なおその変化がみられないともいえます。このような状況を踏まえると、「入院処遇まずありき」ではなく、私たち成年後見人等が、精神障害者のよき理解者・擁護者として対応することが最も大切ですし、また期待されていることを認識しておくべきでしょう。

㈤　退院時の業務

　精神障害者の退院の場合、退院後の生活が準備されたうえで退院となる場合がほとんどです。主治医の判断で退院が決まると、病院内ではソーシャルワーカーが軸となって、退院に向けての支援計画づくりとそれを支援・実行するメンバーが組織されます。メンバーは、主治医のほか、病院内の看護師や作業療法士（退院に向けて病院内での実質的なプログラムを組んでくれる）等です。また、病院外では、行政の担当者や保健所、相談支援事業所等に置かれている退院促進（地域移行支援事業・地域定着支援事業）のコーディネーターを軸に、グループホーム等の地域での受け入れ機関・施設の職員などがメンバーとなります。当然、このメンバーの中に、本人とともに、成年後見人等も加わります。

　退院は、服薬管理ができるか、食事、身支度、入浴等の清潔管理が可能かどうかで判断されることが多いようです。それらが可能と判断されると、半年以上の期間をかけて、外出訓練（交通機関の利用や買い物など）や外泊訓練等が続きます。そのような支援計画の実施と進行管理の一員として成年後見人等も参加することになります。

　それらの過程を経て、地域での生活（退院）が具体的な日程としてあがってくると、障害者手帳や自治体が提供するサービス、社会資源の確認が必要になってきます。成年後見人等は、コーディネーターと役割分担しながら業務を遂行することが必要になります。

㈥　地域生活を送っている際の業務

　定期的な通院をし、病院のディケアや訪問看護サービス等を利用しつつ、日中活動として福祉就労に参加している場合が少なくありません。グループホームに入居している場合もありますが、一時的なことが多く、いずれはアパートなどに居住していきます。

　これらの方々にかかわる主な業務としては、支援計画を作成する相談支援事業所と連携しながら、日常生活を把握し生活の基盤を整備すること、また、成年後見人等と

しての意思決定支援をすることがあります。

　まず、精神障害者手帳は他の障害者の手帳と違い、2年ごとの更新制なので、更新時期を忘れないことが重要です（自治体からの連絡はありません）。また、入院には適用されない「自立支援医療費制度」は、毎年更新する必要があります（2年に1回、診断書が必要になります）。精神障害者の場合、精神障害者保健福祉手帳の有無とは関係なく、医師の判断のもとで自立支援医療費制度を利用できます。この自立支援医療費制度も自治体からの更新の案内がないことは精神障害者保健福祉手帳と同様ですが、そのような場合は多くの医療関係者とかかわっているので、その関係者から「そろそろ更新時期ですよ」と連絡が入る場合が多いようです。また、国民健康保険に加入している場合は、受給者証の申請も見落とさないことが重要です。

　以上のような、市役所が窓口となって提供されている各種サービスのほか、NHK受信料や携帯電話の割引・免除制度もあります。本人の地域生活がスムーズに落ち着きをもって、進められるようにしたいものです。

2　実務上の注意点

(1)　医療行為に対する同意

　前述のとおり、身体への侵襲を伴う医療行為に対する同意権は、成年後見人等には認められていません。しかし、治療行為を行うかどうかについての判断能力が本人になく、受診や治療への同意を自身で行うことが不可能な状態にあるために、医療機関から成年後見人等に対し、同意を求められる場合があります。

　このような場合、成年後見人等としては、医療機関に対し、成年後見人等にはその権限がない旨を説明することが必要です。そして、可能な限り本人自身が判断することができるよう、医療側から本人に対して、本人の理解しやすい表現などで説明してもらい、成年後見人等も同席して本人の理解を助けるように支援していくことになるでしょう。

　また、医療機関と協力し、親族と連絡をとってその親族による同意を得ることを検討したり、親族のいない場合の対応等について調整していくこともあります。

　判断能力のない人が適切な医療を受ける機会を確保できるよう、関係者に働きかけていくことも、成年後見人等の重要な役割です。

(2)　医療機関から求められた書類の記載例

　治療行為について、本人が決定することが困難で、同意できる親族もいない場合、医療機関からは、「どうしても」成年後見人等に同意してほしいと求められることがあります。このような場合には、同意書を次のように書き換えて提出しましょう。

第4章　医療に関する業務

〈医療機関から求められた書類〉

```
手術への同意書

手術に同意します。


氏名：東京　福子　印
```

→このように書き換えて提出→

```
手術への同意書

~~手術に同意します。~~
医師から説明を受けました。

氏名：東京福子　成年後見人
　　　　　　　○○　○○　印
```

(3) 終末期の医療に関する注意点

　終末期の医療の判断も一身専属的なものであり、基本的には本人以外の人が決定できるものではないと考えられています。したがって、成年後見人等に決定したり同意したりする権限はありません。

　成年後見人等としては、本人の意向が尊重されるように、適切な時期に、本人、そして家族などの近親者、サービス担当者、施設の職員など本人をよく知る人から、本人の希望・考え方を聴き取っておくことが必要でしょう。また、これまでの記録などに目を通して本人の希望を探っておくことも大切です。

(4) 親族・医療機関との連携

　本人の状態の変化によっては、家族と密に連絡をとる必要が出てくることもあります。普段から、家族と連絡をとり、何かのときには協力を得られるような関係づくりをしておくことが必要でしょう。また、本人が望む治療・医療が受けられるように、医療関係者と一緒に考えていくための努力をすることも大切になります。

　成年後見人等がすべてを背負って1人で判断するのではなく、本人や関係者・家族とのコラボレーションを心がけるようにしましょう。

　なお、本人に身寄りのない場合には、本人の死亡等により後見事務が終了すると、成年後見人等には権限がないにもかかわらず、入院費等の清算をせざるを得ない、という場合もあります。

(5) 精神障害者の場合──「時代は地域生活支援」という視点の重視

㋐　信頼関係の構築

　北海道・浦河町にある精神障害等のある当事者の施設「べてるの家」を利用するようになったある女性は、「ここに来て、初めて本当のことが言えるようになった」と告白しています（浦河べてるの家『べてるの家の「当事者研究」』（医学書院、2005年））。この例は、当事者の方々が周辺に信頼をおける人がおらず、家族にも医師にも誰にも、悩みをずっと打ち明けられないでいる、その問題の深さを表しているのではないでしょうか。精神障害のある当事者が自分の心の内を表しきれないとするならば、支援者の側から「あるべき論」を押しつけたり、固定した見方を示すことは、できるだけ避

けたいものです。「精神障害者の場合は、個別性が特に強い」といわれることがあります。そのような精神障害のある方を支援するにあたっては、ソーシャルワーカーとしての原則的な姿勢を示す「バイステック理論」は、とりわけ意識しておかなければならない援助技能の1つといえるでしょう。

親族でもなく、医療関係者でもない、第三者である成年後見人等が、家庭裁判所から選任されたといって、本人の前に現れたとしても（候補者の段階で軽く紹介を行ったとしても）、それで十分な関係性を構築できるとは考えられません。したがって、本人との信頼関係をどう構築していくかということは大切なテーマとなります。すぐには無理だとしても、構築するためにどうしていくかは、後見業務を遂行していくうえで最も配慮すべきことといえるかもしれません。

本人と信頼関係を築くためには、本人から話をじっくり聞くということは最低限必要なことです。また、成年後見人等として事務的な対応をするよりも、「少しばかり支障があっても、後回しにできることは後回しにする場合もある」という気持ちで臨むことも、心構えとしては大切ではないでしょうか。

豆知識❶

■べてるの家

1984年に設立された北海道浦河町にある精神障害のある人たちが暮らす共同体です。その活動は全国的に注目されています（年間2500人以上の見学者がいます）。グループホームの運営等を行う社会福祉法人や日高昆布の加工事業を行う企業、地域生活を支援するNPO法人の総称を「べてるの家」と呼び、約1万5000人の小さな町に、約140名の精神障害当事者が暮らしています。

べてるの家が注目される理由の1つに、自分の病気を自分で研究する「当事者研究」の取組みが盛んなことがあります。

たとえば、精神疾患の代表的な疾病である統合失調症の症状の1つに「幻聴」がありますが、通常、医療機関は、この幻聴を軽減ないし消滅させることを治療の主目的として、投薬などを行います。ところが、べてるの家ではそれ（幻聴）を否定することなく、そのまま受け入れています。時に症状が悪化して、妄想や見当識障害（場合によっては自傷他害）等を高じさせることがあり、入院加療措置が行われることがありますが、べてるの家では、それを単に「思いが極まった爆発」として受け止めています。当事者の入院先である浦河赤十字病院も、べてるの家のこれらの実践を承知のうえで、かかわっています。

べてるの家の活動について、その理念がいくつかの言葉で表現されており、その多くが一般的には使わないユニークなものです。その中の1つに「降りていく

生き方」「安心して絶望できる人生」といった言葉があります。私たちは、会社や地域で、昨日よりも今日、今日よりも明日というように、日々よりよく生活しようとしています。しかし、現在の社会状況では、それが難しくなっているのも現実です。それに敏感に反応しているのが、精神障害者といわれる人たちです。そのような彼らがたどりついた境地がこの言葉で表されていると考えられます（向谷地生良『安心して絶望できる人生』（日本放送出版協会、2006年）参照）。

また、2015年10月からは、浦河赤十字病院において、精神科の50床の運用が休止になりました。今もなお、日本の精神科医療の軸が投薬と入院であることを考えると、浦河での実践は、精神科病院を廃止したイタリアのように、新たな境地へ歩み始めたともいわれています。

豆知識❷

■バイステックの理論

バイステックの理論とは、アメリカのケースワーカーであり社会福祉学者でもあった、神父のフェリックス・P・バイステック（Felix P. Biestek）が、1957年に著書『ケースワークの原則』で記したもので、今日、ケースワークの極めて有効な技法（スキル）として認識されている以下の7つの原則のことです。

① 個別化の原則（individualization）　クライエントの問題の個別性をよく理解し、かつクライエント一人ひとりの特有の性質を認め処遇にあたること。

② 意図的な感情表現（purposeful expression of feeling）　クライエント自身の喜びなどの肯定的な感情や、憎しみや敵意などの否定的な感情など、あらゆる感情を自由に表現することを認め、それを促すこと。

③ 統制された情緒関与（controlled emotional involvement）　クライエントの感情の意味を理解し、援助関係の目的達成のため適切な反応を示すこと。したがって、援助者自身の個人的感情は統制すること。

④ 受容（acceptance）　クライエントをあるがまま、よい面も悪い面も受け入れること。

⑤ 非審判的態度（non-judgmental attitude）　クライエントの行動や態度を一方的に批判したり、それをクライエントに押しつけたりしないこと。

⑥ 自己決定（client self-determination）　クライエントが自分自身の考えや意志に基づき、自ら決定し行動できるよう援助すること。

⑦ 秘密保持（confidentiality）　クライエントに関する情報は、クライエントの権利を守るため、その秘密を守ること。

(イ) 社会的入院の反省と「地域生活支援」に向けた試み

　最近でこそ少なくなりましたが、いったん入院すると入院期間が長く、退院が難しいケースが、これまで少なくありませんでした。したがって、なかなか退院できずに今も入院している方（いわゆる「社会的入院」患者）が全国で約7万人もいるといわれています（入院患者総数は、30万人余）。入院期間が長くなればなるほど、知人・友人・親戚との関係は疎遠となり、時代の動きにますます取り残されて、「地域生活」に戻る困難性が高まることはいうまでもありません。

　しかし、これらは極めて日本的なケースであることが各方面で承知されてきて、ようやく社会的入院をなくし、入院期間の短縮をする努力が、国や自治体においてもされるようになってきています。しかし、本人を地域生活へ戻すことは並大抵のことではありません。今もなお、その効果は実を結んでいないというのが多くの見方です。入院歴50年の入院患者がいるという例もあります。

　入院患者を減らす努力がなかなか成果として上がらないのは、送り出す病院側と受け入れる地域の側の両方にそれぞれ課題があるためだといえるでしょう。病院側については、入院患者を一定数確保して安定した経営状態を確保しておきたいという構造的な問題があると指摘されています。地域の側については、社会的差別はもちろん、社会資源の不足も指摘されています。病院と地域をつなぐ資源がグループホーム程度しかなく、しかもそのほとんどが通過型（最長2年で退居）であることや、ACT（Assertive Community Treatment）のような緊急時の対応ができるような専門職チームが、地域にまだまだ不足しているのです。

　ACTとは、入院ではなく、本人の地域生活を支えるために、他職種で構成されたチームが、個々の利用者に対する個別援助チームとして組織され、利用者宅を訪問し、精神医療・相談支援・リハビリテーションや就労までの支援機能を包括的に提供するシステムです。24時間365日対応で複数スタッフがかかわり、主担当者は、直接支援も行いつつ、ケースマネジメントを行っています。千葉県市川市における取組みから始まり、2015年2月現在、全国24の事業所で活動が展開されています。

　これらの課題はあるものの、「時代は地域生活支援」です。成年後見人等もこの大きな流れを認識しながら、成年被後見人等の権利擁護のために、その流れをともに進める努力を進めたいものです。

3 事例に学ぶQ＆A

Q1　入院時の身元保証人として署名を求められたときの対応

　成年被後見人の入院時の身元保証人（身元引受人）として、病院から署名を求められ

ました。成年後見人として、引き受けなければならないのでしょうか。

　病院に入院するときや施設に入所する際、身元保証人（身元引受人といわれることもあります）が求められることがあります。親族がなることが多いのですが、親族がいない、親族がいても遠方に住んでいたり連絡をとっていないなどの場合に、成年後見人等に身元保証人（身元引受人）となるように求められることがあります。しかし、成年後見人等は、身元保証人（身元引受人）になるべきではありません。

　成年後見人等の業務は、成年被後見人等の代理人として法律行為を行うことです。医療機関に身元保証人となることを求められた場合は、成年後見人等の職務を説明し、身元保証人にはなれないことを伝え、理解を求めることが必要です。

　その際、医療機関が求めている身元保証人の役割を確認することが大切です。一般に、身元保証人の役割として、本人の死亡時の遺品の引取りや緊急連絡先への連絡、入院費用の支払い、転院先の手配、退院後の身柄の引取り、本人が入院中に第三者等に損害を与えた場合の損害賠償の連帯保証、医療行為の同意などが想定されます。これらの中で、成年後見人等の職務の範囲と考えられるのは、入院費用の支払いや転院先の手配等です（死後の事務は、場合によっては必要最小限の事務を行わざるを得ない場合もあります）。医療機関には、成年後見人等の法律上の職務範囲内で協力していくことを伝えます。

　なお、身元保証人を引き受けてくれるような親族がいる場合に、その親族への連絡や調整を行うことは、成年後見人等の職務といえるでしょう。

Q2　本人が全く意思表示をすることができない場合の対応

　入院している成年被後見人が、終末期で全く意思表示をすることができない場合、どのように本人の意思を確認し、後見実務に反映させればよいのでしょうか。

　本人の状態によっては、全く意思表示をすることができないこともあると思われます。このような場合においても、本人の意思や意向を可能な限り確認して後見業務を行うのが、成年後見人等の役割です。

　たとえば、本人に意思があってもそれを表示できない場合もあります。そのようなとき、本人の意思や希望はどのようにすれば把握できるでしょうか。

　まず、本人の表情や日頃の生活の中から、どのような希望があるのかを推測するという方法があります。また、本人をよく知る親族や施設の職員等から情報を収集し、本人であればどのような判断をするか、という視点を持つことも大切です。さまざまなコミュニケーションツールを試してみることも必要でしょう。ペットの写真を持ち

こんだところ本人が涙ぐんだという話も聞きますし、親族の働きかけによって意思が通じたような表情を示した事例もあります。

いずれにしろ、本人の権利擁護者として、できる限り本人の希望と期待に沿うように後見活動を行いたいものです。

Q3 死後の事務

> 成年被後見人が病院で亡くなりました。入院していた病院から、本人には親族がいないということを理由に、葬儀・埋葬をしてほしいと言われました。どのように対応すればよいのでしょうか。

成年被後見人等が死亡した場合、基本的には、その時点で成年後見人等の職務は終了することになります。もっとも、2016年の民法改正により、成年後見人は、相続人が相続財産を管理することができるまで、家庭裁判所の許可を得れば、火葬または埋葬に関する契約その他相続財産の保存に必要な行為が行えることになりました（民法873条の2第3号。2016年10月14日施行）。

なお、死亡届については、成年後見人等も届出ができます。

Q4 本人が外出する際の同行

> 入院中の成年被後見人が外出を希望しています。「同行する人がいれば外出してもよい」と医師に言われました。成年被後見人には同行する親族がいませんが、どうしたらよいでしょうか。成年後見人である私が同行すべきなのでしょうか。

本人が外出する際の同行は、成年後見人等の職務ではありません。成年後見人等としては、主治医や本人の日頃の様子をよく知る看護師などから病状等の十分な説明を受け、移動支援、同行援護サービスなどの手配をします。

しかし、費用負担や社会資源の不足により、そのようなサービスを手配することが困難な場合には、成年後見人等自らが事実行為として同行しなければならないこともあるかもしれません。そのような場合には、外出の必要性・有効性、介護の専門家ではない成年後見人等が付き添うことのリスクなど、本人の希望にしっかりと向き合いながら慎重な判断をすることが重要です。

Q5 看取りケアへの同意

> 病院で、現在の状態からの回復は見込めない、という説明を受けました。そして、

> 「終末期のケアをどうするのか」と聞かれました。どのように対応していけばよいでしょうか。

「看取りケア」は、医療・介護ともに日常生活の延長線上であるとされています。近い将来、死に至ることが、医師の判断によって予見される人に対し、身体的・精神的苦痛をできるだけ緩和し、死に至るまでの期間をその人らしく生き抜くことができるように支援されるものです。また、本人だけでなく、家族へのメンタルケアもされます。

まずは、医師から病状・予後等の説明をしっかりと聞きましょう。病院によっては、カンファレンスに参加し、医療チームの意見を聞くこともできます。このとき、医療側ではSOL（Sanctity Of Life：生命の尊厳）やCGA（Comprehensive Geriatric Assessment：高齢者総合的機能評価）をもとに検討します。成年後見人等には医療行為に対する同意権のないことを説明し、協力を依頼しましょう。

また、本人が関係をもっている親族や施設職員等と情報を共有し、①本人の死生観や終末期についての考えを聞いているかどうか、②本人の意思が確認できないときには、本人の意思を推定することができるような記録などがあるか、を確認し、他職種を交えた検討を行うとよいでしょう。

後見活動においては、本人・家族に対し、うまく機会をとらえて、「死」についての考えや希望などを早い段階から聞いておくようにしましょう。時間の経過や症状の変化に伴い、本人・家族の思いは揺れるものですが、その思いに寄り添っていきたいものです。

(2) 精神障害者の場合

Q6 部屋の片づけ

> 成年被後見人がアパートに1人で居住しています。室内の掃除や片づけができていないようで、ご近所から心配やクレームが出始めています。ケアマネジャーからは、在宅生活は無理ではないかという意見も出されるようになっています。どう判断し、どう行動すればよいでしょうか。

通常は、本人が掃除や片づけができなくなっているわけですから、自立支援のために訪問介護サービスを利用します。しかし、本人がそのような訪問介護サービスを拒否することもあります。そうすると、本人の留守にサービスを利用するわけにもいかず、室内の混乱がなかなか改善されません。その方が高齢であれば特に、「転倒などのリスクが高くなっている」といった理由から、「在宅生活を続けるのは無理なのではないか」という考え方が支援者の間で支配的になってくるかもしれません。

ただ、最近は、部屋の中に荷物がいっぱいで「片づけができていない」、「いつ本人が転倒するかわからない」という理由によって「在宅は無理だ」という判断は、されなくなっています。本人が在宅生活を希望している場合、無理に在宅から病院や施設に移動してもらうと、本人の精神的な不安定さにつながり、病気を重くすることも少なくないからです。

　そのため、ある程度の状態は許容し、本人の「自己決定」を優先することが多くなっています。もちろん、この「ある程度」の判断が難しいところですが、自傷他害の危険、家屋の危険（火事になる危険など）、近所迷惑といった点を検討し、大きなリスクになっていなければそれでよいのではないか、という考えがもっぱらです。ただし、いざというときのリスク管理も大切ですので、成年後見人等は、医療機関との連携や移送の方法などの準備もしておかなければなりません。

Q7　精神障害のある成年被後見人が退院を切望している

> 成年後見人が病院に面接に行くたびに、退院を申し出る方がいます。どうすればよいのか悩みます。

　入院前は意欲のあった方が、精神疾患と診断されて入院した後は、意思表示が乏しくなり、全く別人のようになってしまったという例があります。この方の病院内での処遇に疑問を感じた成年後見人が、その病院を退院させ、長期療養施設に入所させた結果、本人の意欲も出てきて、本人と成年後見人との意思疎通もできるようになりました。別の事例では主治医が変わったとたんに、退院してもよいという診断が出たというケースもあります。

　つまり、病院にはさまざまな医師やソーシャルワーカーがおり、そのため、診断や処遇が人によって変わる場合もあることを承知しておくことが必要なのです。

　これを患者である本人の立場で考えると大変な問題です。「主治医が変わると処遇や治療方針が変わる」ということが受容できるかどうか、という問題になります。ですから、入院を継続するしかないという医療側の判断も重要ですが、一方で、成年後見人等として本人にとって望ましい処遇は何かという考えを持つことが最も大切です。

　そのためにも、現状を把握することとともに、本人の生育歴やこれまでの様子などを、現在の処遇の様子も含めて、成年後見人等なりに把握することが必要です。その結果、もし退院が可能ないし転院が必要だという判断ができるならば、それを実現するために、成年後見人等は努力しなければなりません。その際に、関係機関との調整、社会資源の把握・発掘することも必要となるでしょう。退院を訴える本人を前にして悩む、その悩みは大切なものではないかと思います。行くたびに大いに悩み、本人の

Q8　在宅生活をする本人への支援

> 精神障害があるために、病院に通院しながら、在宅生活を送っている方の成年後見人になっています。退院後、一定期間を経過した後も、それほど本人に変化が見られず、自発性が改善されたとは思えない中で、よりよい方法を探りたいと思っています。どう考えればよいのでしょうか。

　本人に変化が見られないとして、支援の内容を変えることは考えられますが、成年後見人等の本来業務の軸にあるのは、本人の意思決定支援であることはしっかりと認識しておかなければなりません。判断能力がない、あるいは不十分な中で、「これが本人の希望であり、意思である」と判断し、それに基づいて身上監護を行っていくことは、並大抵のことではありません。これに財産状況も考慮することになります。

　障害福祉サービスの利用の検討にあたっては、ケース会議・サービス担当者会議が重要となります。この場合、成年後見人等は、本人の権利擁護者として、事業者によるサービスメニューありきでなく、本人の希望に沿うためにはどうしたらよいか、という発想をもって、本人が日常生活を豊かに過ごせるように配慮することが大切です。時には、制度内サービスの適用にとどまらず、自費でのサービスを検討してもよいでしょう。たとえば、本人の好きな野球観戦や温泉入浴を実現するために自費ヘルパーを利用するということも検討してみるとよいでしょう。そして、それをケース会議などで提案して、実行します。その結果、本人の自発性を促すことになって、非常によい変化が出るということは十分に考えられます。実際にそのような事例もあります。

　ご質問の「疑問」は「大事な気づき」といえるでしょう。その「気づき」に今後もこだわって、本人のために、よりよい後見活動を進めていくことが望まれます。

Q9　病識のない方への支援

> 精神障害のある方の成年後見人となっています。本人に病識がないために、支援に苦慮しています。自分ができていないことや問題を起こしていることにも気がつかず、妄想で誰かのせいだと主張します。どのように対応すればよいのでしょうか。

　本人に「病気の認識＝病識」がない場合、本人の判断に「ゆがみ」があります。以前に言っていたことと現在の主張が相違することもあります。支援者のしたことに対し、一方的な見方をして反感をもつといったこともみられます。時には、「成年後見人は悪いことをしている」といった被害妄想的な言動が成年後見人に向けられること

もあります。

　本人に病識がないので医療機関とつながっておらず、その結果、関係するサービスが受けられていないという点で、非常に悩ましい事例といえるでしょう。医療と本人とつなげようとしても、本人は病気であるとは考えていませんので、診断を受けたとしても、処方された薬を服用せず、「飲んでいます」と主張することもあります。そもそも医療への拒否感があることもあります。その結果、治療の効果が期待できないことになります。

　このような方への支援でまず必要なことは、成年後見人等1人での対応に終始しないことです。福祉関係者によるケース会議を行うなど、グループによる支援が大切です。地域活動支援センター、高齢者の場合には地域包括支援センターにも支援の輪に入ってもらうことが重要です。医療とつながっていないということから、都道府県に設置されている精神保健福祉センターのアウトリーチ機能も活用して、医療的判断を確保することも検討すべきでしょう。

　ただし、本人の意思を無視して、入院処遇を前提に考えることのないように注意しなければなりません。地域生活を送るより、そのほうがリスクが低いかもしれませんが、本人の意思を限りなく守ろうとするのが成年後見人等の立場です。支援構造の中で、本人と支援者の間で成年後見人等が板挟みになることもありますが、本人の気持ちに寄り添いつつ、関係者の方たちと一緒に支援していくことが大切です。

　重層的な支援を行うため、まずは通院ではなく訪問診療を利用して、訪問看護のための指示書を出してもらい、恒常的な訪問看護を利用します。また、ケアマネジャーを軸に、訪問リハビリや訪問介護の利用も検討すべきでしょう。利用制限があることから自費でヘルパーを利用したり、近所の見守りやボランティアによる見守り・訪問などを活用している事例もあります。そのような重層的な支援があって、安全で安心できる地域生活が続けられていくのです。

4　社会福祉士の目

(1)　医療にかかわる成年後見人の権限とは

　医療契約を締結し、医師から治療の説明を受けたり、セカンドオピニオンを求めるなど適切な医療機関を探し、本人が適切な医療行為を受けられるように環境を整えることは、成年後見人等の仕事です。

　しかし、医療行為の実施に対する同意や決定をする権限は、成年後見人等にはありません。そもそも、本人ではない親族にその同意権・決定権があるかということについても、明確な根拠があるわけではありません。本人に判断能力がない場合の同意・決定についてのルールが明確であるとはいえないために、骨折し、手術すれば確実に

動けるようになることがわかっているけれど、誰も同意できずそのままにされてしまった、という例もあります。適切な医療行為を受けられないということは、適切な医療を受ける権利が侵害されていることを意味しています。適切な医療を受けられなかったとしたら、その後の本人の生命・身体の安全が脅かされることはもちろん、生活の質は著しく低下するでしょう。

こういった事態を防ぐために、成年後見人等としては、どうしたらよいのでしょうか。

まずは、普段から緊急時を想定して、親族と連絡をとっておくことが必要です。本人が同意できない場合、法的根拠は明らかではないものの、親族による同意に基づいて治療行為が行われるのが一般的だからです。

親族がいなかったり、本人が親族と連絡をとっていないような場合には、医師に対して、成年後見人等には同意する権限がないことを伝え、医療上の判断を仰ぐことも必要でしょう（前記2(3)も参照）。また、本人が適切なチーム医療を受けられるように、成年後見人等は、医師・看護師・医療相談員等との連携を図ることが求められます。

現在、介護保険の施設・病院では看取りケアをするところが多くなってきていますが、看取りケアについても、本人のみが決定できる一身専属的な行為とされ、成年後見人等が本人に代わって決定することはできません。本人が後見開始の時点ですでに意識不明の状態であった事例で、医師から看取りケアの説明を受けて本人の子どもが決断し、本人は子どもに見守られて眠るように亡くなった、というものがありました。この場合、本人が普段から「自然のままに死ぬのがいい」と子どもに伝えていたことから、本人の人生を全うしようとする意思が明らかであったことや、子どもとしての情愛によって、子どもが決断できたのでしょう。

成年後見人等としては、普段から、うまく機会をとらえて、本人から、「人生の最期をどのように迎えたいのか」について聞き取っておくことができるとよいと思います。そして、いつの時点で聞き取ったか、何回かに分けて聞き取った場合はそのつど日時を入れて記録しておくと、最期の場面に直面した際の判断の手がかりになることでしょう。

(2) 精神障害者への支援

障害者、とりわけ精神障害者への社会的偏見や差別があることに、成年後見人等は敏感にならなければなりません。障害者基本法に、「すべて障害者は、可能な限り、どこで誰と生活するかについての選択の機会が確保され、地域生活において他の人々と共生することを妨げられないこと」（同法3条2号）にも明定されているノーマライゼーションの理念、障害者差別解消法の「障害を理由とする差別の解消を推進し、も

って全ての国民が、障害の有無によって分け隔てられることなく、相互に人格と個性を尊重し合いながら共生する社会の実現に資すること」（1条）を具体化するためにも、努力することが求められているといえます。

前記2(5)で北海道浦河の「べてるの家」での例を紹介しましたが、「べてるの家」の実践と発信は、多くの関係者に衝撃をもって受け止められています。ここでの取組みは、「私たちの判断ないし支援のありようがどうあるべきか」を根本的に問うものでもあります。精神障害者の前にあって、「支援」する側に対し、謙虚な姿勢を求めるものではないでしょうか。

その意味で、支援者の誤った姿勢により精神障害者の人権を無視する事態が、それほど遠くない時期に何度も起きていることを忘れてはなりません。その特徴的な事件として「Y問題」があります。この事例は、精神障害者を支援すべき専門職がかかわる中で、権利侵害が発生した例です。このような現実を踏まえ、本人を取り巻く支援の輪の中に、本人の権利擁護者として、成年後見人等がしっかりと位置することが、ますます求められているのです。

豆知識❸

■Y問題

　1969年、精神障害のある本人（Yさん）の父親が、近くの保健所に相談したところ、保健所のソーシャルワーカー（PSW）の勝手な判断のもと、Yさんが精神科病院に強制入院させられたという事件です。Yさんは、40日間、入院し、退院後も入院中の「薬漬け」で苦しみました。その後、本人と母親が、ソーシャルワーカーの全国大会の場で告発しました（1973年）。告発を受けて、PSW協会（日本精神保健福祉士協会）は、10年にわたる議論を続け、「札幌宣言」（1982年）を採択し、「精神障害者のための社会的復権と福祉のための専門的・社会的活動」を行う組織と自らを位置づけました。それ以降、自己決定の尊重、当事者の立場に立つといった基本姿勢を、自らの活動において確認し続けています。本人の名前をとって、この事件は「Y問題」と呼ばれています。

第4章　医療に関する業務

【チェック表2】医療に関する業務

◎＝発生の可能性特にあり　　　　　　　　　　　　高齢＝高齢者
○＝発生の可能性あり　　　　　　　　　　　　　　身体＝身体障害者
△＝発生の可能性ややあり　　　　　　　　　　　　知的＝知的障害者
※＝本来の業務ではないが事情により実施　　　　　精神＝精神障害者

項目		本人の状態				生活の場所			援助の段階			本人意思の確認	
		高齢	身体	知的	精神	在宅	施設・病院	在宅↔施設・病院	受任直後	通常の事務	終了の事務		
1　事務の管理														
1-1	医療費助成制度の確認	○	○	○	○	○	○	○	○	○			
1-2	医療保険の加入・脱退の届出	○	○	○	○	○	○	○	○	○	※		
1-3	後見人の届けおよび郵便物の転送依頼	○	○	○	○	○	○	○	○	○			
1-4	保険料の減額認定申請（住民税申告前の場合のみ）	○	○	○	○	○	○	○	○	○			
1-5	高額療養費支給申請	○	○	○	○	○	○	○	○	○			
1-6	限度額適用認定証・限度額適用標準負担額認定証の申請	○	○	○	○	○	○	○	○	○			
1-7	公費負担・助成制度の確認・申請と更新	○	○	○	○	○	○	○	○	○			
2　医療の受診														
2-1	医療機関の選定	○	○	○	○	○	○	○	○	○			
2-2	定期健康診断の手配・支払い	○	○	○	○	○				○			
2-3	慢性疾患等の定期的な受診に関する手配・支払い	○	○	○	○	○	○	○		○			
2-4	在宅療養資材の確保・管理	○	○	○	○	○		○	○	○	※		
2-5	訪問看護・訪問リハビリの手配	○	○	○	○	○		○	○	○			
2-6	服薬管理の手配	○	○	○	○	○			○	○			
2-7	緊急時の連絡体制の構築	○	○	○	○	○	○	○	○	○			
2-8	体調不良時の受診・看護・介護態勢の手配・支払い	○	○	○	○	○		○	○	○			
2-9	医師からの情報収集	○	○	○	○	○	○	○	○	○			
2-10	入院に関する契約の締結	○	○	○	○	○	○	○	○	○			

④ 社会福祉士の目

	業務の内容と留意点
	公的医療保険制度、公費負担助成制度、医療費減額制度等、さまざまな法律により医療費の助成が定められています。
	国民健康保険、被用者保険、共済組合、船員保険、日雇健康保険、退職者医療保険、後期高齢者（長寿）医療保険等に加入しているか、保険証はあるかを確認します。必要に応じ、加入や脱退の手続をします。
	自治体の窓口等に、成年後見人等に選任されたことの届出をします。各保険制度の保険証の送付や、お知らせ・更新・保険料の納付通知等の郵送物の変更の手続をします。
	国民健康保険では毎年6月に前年度所得に応じて保険料が算定されます。各制度で異なっていますので、保険者に確認することも必要になるでしょう。
	高額療養費は、いったん医療機関の窓口で全額自費で支払う必要があり、経済的な負担が大きくなります。74歳未満の人の場合、高額療養費の支給を受けるには、申請が必要です。
	保険ごとに手続が異なります。更新が必要なので、忘れないようにしましょう。国民健康保険では外来・入院ともに医療機関に認定証を提示することで、限度額までの医療費を支払えばよいことになります。
	多数の制度があり、制度の変更や自治体による違いや、適用される本人の状態・疾患名・病状等の条件がそれぞれありますので、医療機関・行政窓口での相談・確認が必要となります（〔表3〕参照）。所得制限があるので、確定申告・住民税の簡易申告が必要です。
	本人が過ごしてきた環境の中で、より信頼できる医療機関・かかりつけ医を検討（通院・緊急時・入院等を含め）し、本人に十分な説明を行ったうえで医療が受けられるようにしましょう。セカンド・オピニオンをとることが必要な場合もあります。
	市区町村等で実施される成人病・節目健診等です。医療機関・期間が定められており、無料または低額で受診できます。ただし、本人が拒否している場合は強制できません。
	慢性疾患の病状管理・服薬管理のためにも受診の継続が大切になります。慣れたヘルパー・タクシー等の手配、次回の受診予約を行います。受診に伴う医療費・交通費・ヘルパーの介護料等の支払方法をあらかじめ検討しておきます。
	療養資材として、滅菌ガーゼ・パウチのような衛生資材から在宅酸素のボンベまで、病状に応じてさまざまなものが必要になります。医療機関と相談して、手配していきましょう。
	在宅療養では、訪問看護・訪問リハビリを有効に使い、療養環境を整えて、十分な安全対策を行っていくことが大切です。
	服薬管理については、薬剤師・訪問看護・担当医と相談しながら、本人にあった方法で安全・確実に服薬できるように工夫します。
	担当医・訪問看護等より、適宜病状説明を聞きながら、予測できる緊急時の連絡体制を検討し、周知しておきます。保険証・鍵・薬等の受渡し方法もあらかじめ決めておくとよいでしょう。
	体調不良を早期に発見できる体制、早めの受診体制を検討しておくことが大切です。また受診結果を踏まえ、体調が回復するまでの日常生活・介護・看護体制を調整します。
	病名・病状、それに対する治療の内容・方法・効果・危険性・予後、費用等の説明を受けます。聞きたいことや、確かめておきたいことがあった場合、担当医に時間を割いてもらい、説明を受けましょう。
	医療機関と医療サービスの契約をします。このとき、身元保証人にはならないようにしましょう。本人が入院を拒否する場合は、生命が危険な時や医療保護入院等の緊急時を除き、入院を強制することはできません。

第4章 医療に関する業務

2-11	入退院に関する費用の支払い	○	○	○	○	○	○	○	○	○	※		
2-12	入院時の日用品や入院時の着衣・リネン類のリース・クリーニングの契約	○	○	○	○	○	○	○					
2-13	医療機関を移るときの医療情報の引継ぎの手配		○	○	○	○	○	○	○				
2-14	医療機関に対する監視・監督・苦情申立て		○	○	○	○	○	○					
3　その他													
3-1	コミュニケーション手段の確保	○	○	○	○	○	○	○	○				
3-2	家族との連絡体制の構築	○	○	○	○	○		○					
3-3	延命治療・終末期医療の意向の確認		○	○	○	○	○	○	○				
3-4	所得税・住民税の控除申告	○	○	○	○	○	○	○					
3-5	民間医療保険等の請求	○	○	○	○	○	○	○	○				

〔表3〕医療費の公費負担制度（【チェック表2】1-7）

	国の公費助成制度		
10	結核医療（一般）	29	新感染症
11	結核入院医療	30	心神喪失者に対する医療
12	生活保護による医療扶助	38	B型・C型ウイルス肝炎治療医療㊦
13	戦傷病者療養給付	51	特定疾患など　難病医療㊦
14	戦傷病者更生医療	52	小児慢性特定疾患
15	18歳以上で手帳を持つ方の自立支援医療（更生医療）	53	児童福祉施設措置医療㊙
16	18歳未満で障害のある方の自立支援医療（育成医療）	66	石綿健康被害救済制度
17	18歳未満の結核医療（療育給付）	79	障害児施設医療
18	原爆認定医療		
19	原爆一般医療		
20	精神障害に対する医療（措置入院）		
21	精神障害に対する医療自立支援医療（精神通院医療）		
22	麻薬中毒者の措置入院に対する医療		
23	未熟児医療（養育医療）		
24	自立支援医療（療養介護医療）		
25	中国残留邦人に対する医療		
28	感染症に対する医療（一類・二類・指定感染症）		

④ 社会福祉士の目

	医療機関の請求に応じ費用を支払います。
	入院生活での日用品の用意が必要なこともあります。また、入院時の着衣等の洗濯をどうするか、入院契約時に医療機関と相談しましょう。出入りの業者があればそのサービスを利用することもできます。
	在宅と病院、施設と病院、病院から病院等と、本人の病状に応じて医療機関が変わる場合、必ず担当医に「診療情報提供書」の作成を依頼します。これを新しい医療機関に持っていくことで、それまでの病歴・治療内容・服薬等の医療情報が引き継がれます。
	十分な説明により治療がなされているか、安心して療養できているか、本人は満足しているかどうかに注意を払いましょう。必要と思われるときにはセカンドオピニオンも検討しましょう。
	平常時（第3章参照）よりも、いっそうの配慮が必要となります。
	医療機関では、本人の判断能力が十分でないために医療行為について同意を得られない場合には、家族の同意により治療を行っています。家族に前もって成年後見人等の役割・医療同意の説明を行い、協力を得られるようにしておくことも大切です。
	病状の改善が見込めない場合には、医療機関より延命治療・終末期医療の意向の確認があります（一般的には入院時に行われます）。医療行為については本人のみが決定できることなので、成年後見人等が判断することはできません。事前に本人・関係者から本人の意向を聞き取っておくとよいでしょう。また、それを医療機関へ伝えることも必要となります。
	所得税の確定申告時の医療費還付申告、住民税の所得控除申告等により、税・保険料の軽減を図ることができます。医療費控除には、医療費・医療機関への交通費・オムツ代等が含まれます。
	民間保険会社では、通院・入院・手術・療養・後遺症に対しての保険があります。何らかの保険契約がされているかどうか、その補償内容等について、事前に把握しておくことが必要になります。

東京都単独の公費制度	
80	障害者手帳・愛の手帳を持つ方㊤
81	ひとり親家庭、両親がない児童の養育者等への医療㊥
82	原子爆弾の被爆者の子である人への医療㊪
82	小児精神病入院医療㊪
82	特殊医療（人工透析を必要とする腎不全）㊪
82	大気汚染の健康障害に対する医療㊪
87	妊娠高血圧症候群に対する医療㊪
88	乳幼児医療㊦
88	義務教育就学児医療㊙
	予防接種事故に対する医療
	スモン患者へのはり・きゅう等の施術費助成
	光化学スモッグの健康障害に対する入院医療
	公害健康被害に対する医療㊤

※このほか、刑事収容施設被収容者（刑事収容施設法）・優生手術（優生保護法）等もあります。
※数字は保険証の公費負担の法別番号を指しています。

第5章 施設の入退居・異議申立て等に関する業務

1 はじめに

　施設の入退居、処遇の監視・異議申立て等に関する法律行為としては、施設入居契約の締結・解除、施設サービス等に対する苦情申立て等があります。これらの法律行為を行うにあたってはさまざまな事実行為が伴います（チェック表3参照）。

　施設の入退居にあたって必要となる事務として、入居契約を結ぶことや利用料を支払うことなどがあります。いずれも決定に至るまでには慎重な検討が求められます。

　また、居所の移動による本人の負担も小さくないことが予想されますので、心身の状況を判断し、適切な環境を整えるよう配慮しなければなりません。

(1) 施設入居時の職務

　たとえば、新たに施設に入居する場合、施設入居の必要性の有無を検討し、施設に関する情報を収集・見学し、候補施設を絞り、体験入居の手配を行います。これら一連の行為は成年被後見人等の意思を確認・尊重しながら進めていきます。

　その後、契約書・重要事項説明書について精読して、不明な点や不備がある場合には施設側に確認したり、変更するように交渉したりします。また、入居時に利用料以外の費用（入居一時金や保証金等）が必要となる場合は、その内容を確認し、金額・支払方法について本人の資産や収支状況をもとに検討します。

　成年後見監督人等がいる場合、施設入居については成年後見監督人等の同意が必要（民法864条）です。成年後見監督人等にあらかじめ施設入居の必要性について相談し、入居候補施設があればその施設における処遇、入居金や利用料等についての情報を伝え、入居契約についての内諾を得ておくとよいでしょう。

　そのほか、診断書の手配、本人の施設への移動や荷物の搬送の手配、日用品購入の手配、ケアプランの確認等も、成年後見人等の職務と考えられています。

(2) サービスの履行の監視

　施設を訪問したときに、食事介助や身体介護の場面で、職員がどのように本人と接しているかをしっかりと確認しましょう。それによって、日頃の状況も把握することができます。また、本人の身体状況や表情、居室の状況などからも、サービスがきち

んと提供されているかどうかを確認することができるでしょう。

基本的なサービスが適切に行われるのは当然のことですが、本人の要望に対して個別に適切に対応できているかどうかについても確認しましょう。不十分であれば改善を求めるのは成年後見人等の重要な職務です。また、定期的な支援計画見直しの際には、ケア会議に出席し、スタッフと意見交換を重ねることが大切です。

なお、身体拘束にかかわる事項については、施設ごとに取組みが異なるので、基本を踏まえて適切な対応や判断が取られているか確認していくことを心がけます。

成年後見人等は、施設においては専門職後見人として受け止められ、その意見は専門家としての意見であると受け止められることもあるので、責任ある対応をするよう心がけましょう。

(3) 異議申立ての職務

サービスの提供が不十分・不適切であるなどの場合には、施設に苦情や改善を申し入れたり、関係機関等へ異議を申し立てたりする必要があります。これらは、本人の権利を擁護する成年後見人等の重要な職務です。

(4) 施設退去時の職務

施設を退去する必要が生じる事由としては、他の施設への移動、入院、本人の死亡等が想定されます。

一時的な退去の際には本人が戻ることを前提として、居室を確保しておかなければなりません。施設によっては、入院すると退去することを求めてくるところもありますが、事情を説明し、本人の帰る場所がなくなることのないようにしましょう。

一方、他の施設への移動や本人の死亡などの場合には、退去に伴う事務に注意しましょう。本人はすでに退去していても、居室内に私有物が残っていると占有とみなされて利用料等が発生することもありますから、利用最終日（退去日）を確認・確定して確実に退去する必要があります。利用料の清算、施設が管理していたお小遣いや預け金の受取り、証書類の返却、家具や寝具、日用品・衣類などの残置物の取扱いについては、施設側と方法や日程を協議しながら、速やかに処理することが求められます。本人死亡の場合、相続人が、残置物については形見に欲しいなどの意思を持っていることもありますから、相続人代表を通じて相続人の意思を確認し、対応することも必要でしょう。

② 実務上の注意点

(1) 居所指定権

施設入居に関する注意点として、居所指定の問題があります。

成年後見人等は、成年被後見人等の居所について決定する権限（居所指定権）を持

っていません。そのため、本人が望まない限り、施設等へ強制的に入居させることはできないことになります。どこで生活するかを決めることは、人の持つ基本的な権利であり、本人以外に決めることはできないものである、というのがその理由とされています。

ですから、本人の状況などからどうしても施設入所が必要である場合であっても、本人が同意しない場合には、本人の意思に反して入居させることはできません。本人が嫌がっているのに周囲が無理に入居させることは、本人の人権を侵害することになります。

成年後見人等としては、まず、本人が望む場所での生活ができるように、できる限りの手配・支援をします。そして、それでもそこで生活し続けることが本人の生命・身体を害するおそれが高い場合には、その必要性等を本人にわかるように説明して、本人に納得してもらうようにすべきでしょう。

また、居所を変更する際には、本人だけでなく、親族や家庭裁判所、関係者等と連携をとりながら対応していくことが大切です。

なお、精神保健福祉法上の医療保護入院については、従前、成年後見人または保佐人には精神保健福祉法上第1位の保護者としてさまざまな責務が課せられていました。しかし、1人の保護者のみがこれらの義務を担うことの負担や社会環境の変化等について検討が行われた結果、同法の保護者に関する規定の削除等が行われ、2013年に公布されました（2014年4月1日施行）。

この改正によって、医療保護入院については「家族等」のうちのいずれかの者の同意があるときは、本人の同意がなくても入院させることができる（同法33条1項）とされました。後見人または保佐人は「家族等」（同法33条2項）に含まれると規定されていることから、今後も成年後見人・保佐人が本人の意思に反して入院の同意を求められる場面も想定されます。

この改正では、医療保護入院者を入院させている病院には、精神保健福祉士等を置き、本人の退院後の生活環境に関する相談および指導等を行うことが義務付けられました（同法33条の4～同法33条の6）。成年後見人等は、病院の精神保健福祉士等に、本人の意思を反映できるよう十分に相談し、退院後に備えましょう。

(2) 入居一時金と3カ月ルール

入居一時金（「保証金」など、名称はさまざまです）は、有料老人ホームなどに入居する際、最初に必要な前払金のことです。金額は施設によってさまざまですが、数十万円～数千万円などとなっています。

入居一時金は、本人が入居した後、一定期間で償却されることになります。償却される前に本人が退去あるいは死亡した場合には、一定額が返還されることになってい

ます。償却期間や返還の条件、計算方法などは、入居前に必ず確認しておきます。

　この入居一時金は、額が大きいことなどから、その返還の可否をめぐって紛争が生じていました。そこで、これに対する規制として、2011年に老人福祉法が改正されました（2012年4月1日施行）。これによって導入されたのが、いわゆる「3カ月ルール」です。すなわち、改正後の老人福祉法29条8項・同法施行規則21条1項では、入居後3カ月以内に契約が解除され、または入居者の死亡による契約が終了した場合には、一時金から入所日数に応じた利用料を差し引いた金額を返還しなければならないとされています。

(3) 住民票の扱い

　住民票は、本人が居住しているところに置くのが原則です。したがって、本人の居所が移動すれば、それに伴って住民票も異動手続をすることになります。

　ここで問題となるのは、福祉施設の場合には施設の住所地に置くことができますが、病院の場合には拒否される場合が少なくないということです。入院が長期にわたり自宅に戻る見込みがないにもかかわらず、住民票を置くためだけにそれまで住んでいた住宅を確保しておくことは、経済的な負担となり、特に十分な資産を持たない本人の場合には大きな課題となります。成年後見人等としては、行政や各機関と相談し、医療や福祉のサービスの利用に支障が出ることのないよう、住民票の扱いは慎重に行いましょう。

(4) 償還払い

　償還払いとは、医療サービスや介護サービスを受けた人が事業者に費用をいったん支払い、その後、保険者に請求して費用を還付してもらう方法です。心身障害者医療費助成（🈞）や高齢者の高額医療費、はり、灸などがその例です。

　保険証などの医療証を提示すれば、医療機関の窓口では負担なく受けられる場合もありますので、自治体の担当窓口で確認してください。

③ 事例に学ぶQ&A

Q1　施設入居後の本人の意思確認と家庭裁判所の監督

> 　認知症の成年被後見人が、1カ月ほど前に施設に入居しました。ところが、その後、本人から「自宅で生活したい」と家庭裁判所に意見が出されたという連絡がありました。本人が納得して入居したはずなのですが、どのように対応すればよいのでしょうか。

　家庭裁判所からの指示を待ちましょう。
　家庭裁判所は、成年後見人等の行う事務をチェックする監督機能を有し、成年被後

見人等の請求によって、または職権で、必要な処分をすることができます（民法863条）。ご質問のような場合、家庭裁判所は、本人の心身の状態および施設での生活の状況の変化を調査し、現在の入居施設で生活することが妥当か、自宅で生活することが妥当かを判断し、必要に応じて成年後見人等に指示することになります。

この事例では、家庭裁判所調査官が本人と面接し、本人の意思を確認したところ、本人は「施設を気に入っている」と発言しました。そして、成年後見人は、家庭裁判所から、施設入居を継続するように指示されました。

施設への入居などによって生活環境が変化すると、誰でも不安や心細さを感じるものです。本人が意見を出すという行為は、そういった不安の現れだったものと思われます。本人の状態からすると在宅生活が困難なことは、本人・関係者の全員もある程度想定していたと思われますので、施設での生活を前提として、職員と連絡をとりながら、本人の不安を和らげるように見守ることにしてはいかがでしょうか。新しい生活に慣れてくれば、本人自身の努力や施設職員の働きかけにより、入居者の中に親しい友人を得ることができ、笑顔で成年後見人に語るようになるのではないでしょうか。

Q2　施設からの身元引受人就任の要請

> 施設入居契約を結ぶ際に、身元保証人（身元引受人）になるよう施設から求められました。成年後見人として引き受けなければならないのでしょうか。

身元保証人（身元引受人）になることは、成年後見人等の職務ではありません。債務を負ったり利益相反になる可能性もあることから、引き受けることは避けるべきです。

ご質問の場合、身元保証人（身元引受人）としてどのような役割を求められているのかを施設に確認したうえで、成年後見人等の法律上の職務範囲を丁寧に説明して、成年後見人等の職務範囲内で施設の求めることについて協力していくこと、身元保証人（身元引受人）にはなれないことを伝えて理解を求めることが必要です（第4章3Q1も参照）。

施設側が求める身元保証人（身元引受人）の役割はさまざまであるといわれています。成年被後見人等が死亡した際の遺品の引取りや親族への連絡、利用料の支払いの保証、退所を求められたときの身柄の引取りなどが考えられます。これらのうち、遺品の引取りや身柄の引取りは成年後見人等の職務ではありません。利用料の支払いの保証をすることは、仮に成年後見人等がこの債務を弁済した場合、成年後見人等は成年被後見人等に対して求償することになり、利益相反関係が生じますから、成年後見人等が身元保証人（身元引受人）になることは、適切ではありません。

Q3 身体拘束の同意書への署名

> 成年被後見人が施設入所したのですが、その際、「身体拘束の同意書」へのサインを求められました。成年後見人等が同意できるのでしょうか。

厚労省の基準では、介護施設等における身体拘束は、原則として禁止されています。また、2012年10月に施行された障害者虐待防止法では虐待に当たると規定されており、高齢者虐待防止法においても虐待に当たると考えられます。

身体拘束のないケアの実現に向けて、厚労省は、2001年3月に「身体拘束ゼロへの手引き」を作成しています。

この手引きによると、さまざまな取組みをしたうえで、それでも緊急でやむを得ない場合（以下の3つの要件をすべて満たした場合）には、身体拘束をすることが許容されます。

① 切迫性　本人または他人の生命または身体が危険にさらされる可能性が著しく高いこと
② 非代替性　身体拘束以外に代わる介護方法がないこと
③ 一時性　身体拘束が一時的なものであること

これらの要件に加えて、施設におけるルールや手続を定めておくことが求められますし、やむを得ず身体拘束を行う場合には、利用者の心身の状況、身体拘束の理由などを記録しておくことが義務づけられています。

この身体拘束について、施設から、成年後見人等が同意を求められることがあります。しかし、本人に代わって身体拘束への同意をすることは、成年後見人等の職務には含まれません。

入所時に身体拘束の同意を求められた場合には、施設に対して、成年後見人等の役割を説明するとともに、本人にとってよりよい療養環境を実現するために十分に話し合っていくことが必要です。

Q4 本人が外出する際の同行

> 施設を訪問した際に、成年被後見人の外出に同行するよう施設から求められました。成年後見人として同行すべきなのでしょうか。

基本的には同行する必要はありません。

外出時に本人が同行するという行為そのものは事実行為であって、成年後見人等の職務の範囲外だからです。

障害者施設であれば、入所中の外出については施設サービスの「日常生活上の支

援」の一環として行われています。

　在宅であれば、行動援護や移動支援などを利用し外出できるよう、障害者総合支援法に基づきサービス利用について契約することができます。また、医療機関に入院中の障害者についても同様の障害福祉サービスを利用することができます。

　高齢者であれば介護保険法上のサービスを利用することになります。

　しかし、外出にかかる支援は施設にとっても負担が多く、十分に機能していない場合があります。

　福祉的サービスがあるにもかかわらず、さまざまな理由でサービスの利用が難しい場合があるかもしれません。もし成年後見人等が同行する事情が発生した場合は、外出時のリスク（外出による本人の影響、事故、怪我等）と外出の必要性等を十分に検討し、判断することが求められます。

Q5　障害者グループホームの家賃助成

> 障害者グループホームの家賃助成は、誰でも受けることができるのでしょうか。

　障害者グループホーム等を利用している方で所得が一定額以下の場合には、家賃の助成を受けることができます（〔表4〕参照）。申請により、一定の収入要件を満たした場合に、その収入によって家賃助成額が決定されます。

　なお、障害者総合支援法に基づく特定障害者特別給付費（補足給付）を受けられる人については、表4の家賃助成額からその額を差し引いた額が助成されます（都道府県・市区町村により家賃助成額（限度）が異なることがあるので確認が必要です）。補足給付とは、月額1万円を上限とした国の家賃助成です。法定代理受領により障害者グループホーム等に支払われます。

〔表4〕グループホームの家賃助成の例（東京都）

利用者の所得額	家賃助成額
月額7万3000円未満	家賃の全額。 ただし、月額2万4000円を限度とする。
月額7万3000円以上9万7000円未満	家賃の半額。 ただし、月額1万2000円を限度にする。

Q6　入居時のペットへの対応

> 施設入所が決まったものの、それまでご本人が長年、飼ってこられたペットをどうするかで悩んでいます。どうすべきでしょうか。

犬や猫等のペットは、法律上、家具などと同様のモノ扱いですので、これまでの多くは施設入居後の「残置物」をどうするかという視点からだけしか語られず、その際には、地元自治体や保健所に連絡をとり、処分（殺処分）されることが少なくありませんでした。しかし、そのような対応でよいのでしょうか。

　今日ではペットと人との関係が非常に近くなっています。実際にご質問の例でも、ペットは家族同様で、その方の生きがいの1つにもなっており、ペットがいることでその方のQOL（生活の質）は確実に高まっているようです。また、さまざまな点で非常によい効果をもたらしていることが、エビデンス（科学的根拠）として学会等でも報告されています。

　ペットが処分されると聞くと、本人はどれほど悲しむか、想像に難くありません。できるだけ、処分ではなく、別の方法を探るべきでしょう。地域には「譲渡会」と称して里親を探し、紹介する団体が増えています。ペットを終生預る団体もありますので、それらを利用することも考えましょう。また、終生でなくても、シェルター（一時預かり）の利用もよいかもしれません。

　さらに、金銭に余裕があればペットシッター契約を行うことも考えられます。その場合、時々、本人にペットの様子を写真やビデオで紹介してみましょう。病院のベッド上で落涙された方もおられました。また、最近では、ペットと同居できる高齢者施設が増えていますので、同居できる施設を探すことも必要でしょう。なお、高額な出費が心配される場合は、事前に家庭裁判所への相談（上申）が必要なことはいうまでもありません。

　成年後見人等としては、施設入居によって一段落とするのではなく、極力「それまでの暮らし」の否定につながらないような視点が大切です。本人の気持ちに最大限、寄り添い、本人とペットがどのような関係にあった（ある）のかを、しっかり把握することが重要でしょう。ですから、場合によっては、ペットとともに暮らす在宅生活が本当に無理なのかどうか、ペットと別れた入院・入居生活を、本人は望んでいるかという本質的な問題にも関係していくのです。

　いずれにしろ、ペットについては、残置物同様の処分（保健所へ連絡して殺処分）になるなどの対応だけは避けたいものです。本人の気持ちを無視するものですし、動物福祉の国際的な観点（5つの自由）から明らかに逆行しています。

豆知識❹

■動物福祉の5つの自由

　もともとは家畜などの経済動物を対象にイギリスで提唱された概念で、今日では、人の飼育下・制限下にある「動物福祉」の基本的な考え方として世界に広が

っています。具体的には、①飢えと渇きからの自由、②不快からの自由、③痛み・障害・病気からの自由、④恐怖・抑圧からの自由、⑤正常な行動を表現する自由を指します。英国では法律の条文にも掲げられ、EUではこの概念に基づく指令が出されています。

④ 社会福祉士の目

(1) 施設入居まで

施設の入退居に関する業務は、非常に重要なものとなります。成年後見人等としては、施設へ入居することが本人にとって本当によいことなのか、入居するとしてその施設が本当に適切なのかを、よく吟味することが必要になります。

何らかの理由で入居を急いでいたとしても、特に在宅で生活していた成年被後見人等が初めて施設入居する際には、それまでとは勝手が違ううえ、生活するうえでの自由さにおいて大きな隔たりがありますから、ショートステイなどで事前に体験する機会を設けるなどして、本人の意向や希望を可能な限り実現するように手続を進めていくことが大切です。また、施設サービス利用によって収支の状況も変わってきますから、本人の所有している資産、施設への支払額や支払方法などを確認し、今後の生活の収支状況を検討し、必要に応じて見直しをすることになります。

有料老人ホームを選定するにあたっては、施設の経営母体、経営状態、職員体制等について情報を収集し、実際に見学してみて、建物の状況や部屋の造作、サービス内容等を把握します。成年被後見人等の目線に立って、利用しづらいところはないか、不安なところはないかなどを確認し、気になったところがあれば施設側と交渉することになります。さまざまなネットワークを駆使し、実際の入居者の感想や、実施されている行事などからも、その施設の実情や考え方を感じ取るようにしましょう。インターネットなどで情報収集をすることも必要ですが、それだけで済ませることは適切な業務とはいえないものと思います。

契約の段階では、契約書の内容を十分に確認します。特に、重要事項の説明はしっかり聞き、わからないことは遠慮なく問い合わせることが大切です。また、このときに、成年被後見人等の居住する空間について、それまでの生活のように家具の持ち込みや飾り付け等ができるのかどうかを確認しておくとよいでしょう。

(2) 施設入居後

施設に入居した後は、本人のQOLの向上を第1の目的とし、その目的がかなえられるように施設職員とのコミュニケーションを図っていくことが、成年後見人等の重要な業務です。また、本人の意思を反映させるため、本人に心地よく生活をしてもら

うために、話合いのときはできるだけ本人にも参加してもらうとよいでしょう。よりよい施設生活をつくり上げるため、本人、成年後見人等、施設とのコラボレーションは大切です。

ある事案で、施設に入居した女性が、小さな下着は自分で洗って部屋に干したいという希望を成年後見人に伝えました。成年後見人は、本人を交え、施設側と話し合い、小さな物干しを部屋に入れて洗濯物を干すことになりました。最初の頃は入居者全員に対して画一的な支援をすればよいのだろうと考えていた施設側も、それぞれの個性と現有能力の違いなどを認識するようになり、対応に工夫がみられるようになりました。

このように、成年後見人等の一つひとつの取組みが、担当している成年被後見人等の希望を実現するだけでなく、その施設全体の意識を変えることもあるのです。

異議申立てについては、申立てをする前に、成年後見人等として本人の希望に沿うよう施設に対して伝える努力をしたか、あらためて考えてみることが必要です。施設側に本人の希望が十分に伝わっていないようであれば、再度、その努力をしましょう。

(3) 施設入居後の自宅の処分

成年被後見人等が施設に入居した後に、空き家となった自宅を管理し続けるか、処分するかということは、成年後見人等として考えなければならない重要なテーマの一つです。

本人が賃貸住宅に居住していた場合や十分な資産を有していない場合には、経済的負担を軽減するために不動産を処分せざるを得ないこともありますが、本人の財産状況に余裕がある場合には、成年後見人等が空き家を管理することになるでしょう。

自宅は、本人にとってこれまでの生活の場です。そこを拠点に長年積み重ねてきた本人固有の生活や近隣等の対社会関係も含めた記憶の場、アイデンティティの在処ともいえます。したがって、自宅の処分は、その途絶を意味することにもなります。

本人自身が施設への入居を承諾したとしても、その後に自宅に戻りたくなることは往々にしてあることです（その場合、戻りたくなった原因を探り、施設内での改善に向けて施設側と調整することは成年後見人の職務です）。自宅が売却されることなく有効に管理維持されていれば、諸サービスを手配し、一時的にであっても本人が自宅に戻って過ごしその後に施設に戻る、または退去するという選択も可能となります。処分してしまった後では、そのような選択肢もなくなります。

自宅の維持管理のための支出は、資産は本人のために使う、という趣旨に適います。また、自宅を維持管理することは成年後見人の手間にはなりますが本人の利益や意思に発していることからも、自宅の処分（売却、賃貸契約の解除）を選択することには慎重であるべきでしょう。

第5章 施設の入退居・異議申立て等に関する業務

【チェック表3】施設の入退居・異議申立て等に関する業務

◎＝発生の可能性特にあり
○＝発生の可能性あり
△＝発生の可能性ややあり
※＝本来の業務ではないが事情により実施

高齢＝高齢者
身体＝身体障害者
知的＝知的障害者
精神＝精神障害者

	項目	本人の状態 高齢	身体	知的	精神	生活の場所 在宅	施設・病院	在宅↔施設・病院	援助の段階 受任直後	通常の事務	終了の事務	本人意思の確認	
1	入居（グループホームを含む）の必要性の検討	○	○	○	○	○	○	○	○	○			
2	適切な施設を決定するための情報収集	○	○	○	○	○	○	○	○	○			
3	施設見学とその手配	○	○	○	○	○	○	○	○	○			
4	診断書の手配	○	○	○	○	○	○	○	○	○			
5	体験入居契約	○	○	○	○	○	○	○	○	○			
6	契約書・重要事項説明書の確認・入居金支払方法の選択	○	○	○	○	○	○		○				
7	入居（入所）契約の締結	○	○	○	○	○	○		○				
8	入居金・利用料の支払い	○	○	○	○	○	○		○				
9	本人の移動、荷物の搬送に関する手配、契約	○	○	○	○	○	○	○	○				
10	介護保険適用除外施設入退所の届出	○	○	○	○	○	○	○	○	○			
11	日用品の手配	○	○	○	○		○		○	○			
12	ケアプランの確認・見守り・居住環境の確認・サービスの監視	○	○	○	○		○		○	○			
13	異議申立て	○	○	○	○		○		○	○			
14	入居（入所）契約の解除・清算	○	○	○	○		○		○	○	※		
15	現住居の処分・維持管理等方針の決定	○	○	○	○			○	○	○			
16	訪問医療機関等との契約	○	○	○	○	○			○	○			
17	医療機関等への支払い	○	○	○	○	○			○	○			
18	入居後の受診や急変時の対応についての本人の意思確認	○	○	○	○	○			○	○			

④ 社会福祉士の目

	業務の内容と留意点
	現在の居所を変更するには、住宅環境や本人の身体状況、本人の意思を尊重して検討します。可能な限り、本人が望む場所での生活を実現できるように、さまざまな制度・サービスの利用を検討しましょう。
	事前資料の請求だけでなく、職員とのやりとりからも施設の様子がわかりますので、電話や訪問により確認を行います。
	パンフレットを見たり評判を聞くだけでなく、実際に施設を見学し、職員の説明を聞くことは不可欠です。本人にも施設を見てもらい、入居したいかどうかという意思を確認するのは大切なことです。
	診断書の書式、検査項目を確認し、入居に支障のないよう検査依頼をし、診断書を作成してもらいます。
	体験後に正式入居となるシステムがとられているところもあります。その場合には、体験入居の期間は、本人・施設側にとって重要な期間となりますので、有効に利用しましょう。
	サービス内容、費用の内訳、臨時の支払事項、医療体制、緊急時の対応等を確認します。支払方法は無理のない方法を選択しましょう。不明な点・疑問点があれば職員に遠慮なく質問し、あとでトラブルにならないよう、十分に理解して契約するようにしましょう。
	入居後、決められた期間内に契約手続を行います。監督人が選任されている場合は、相談したうえで、同意している旨を記載します。
	決められた期日までに費用の支払いを完了するように手配します。
	本人が移動するときには、本人の状態を十分に考慮しなければなりません。また、荷物を搬送する際には、居所のスペースに合わせて、本人のなじみの物も含めて持っていくものを選択します。そして、移動のための車両の手配をします。
	介護保険適用除外施設（障害者支援施設や救護施設等）に入所した場合、介護保険の被保険者から外れるので、市町村の介護保険担当課や各医療保険者等へ届出をすることで保険料が賦課されなくなります。また、その施設を退所した時には介護保険の被保険者となるよう手続を行います。
	持ち物には記名が必要です。寝具やカーテン等は防炎あるいは難燃性と指定されることがありますので、入居先の指示を確認しましょう。指定されたもの以外に、本人が愛着を持つ物などを持ち込む場合には、職員に確認します。
	入居と同時にケアプランが作成されます。本人の生活がスムーズに移行できるよう、またサービスがきちんと提供されているかどうかを見守ります。
	サービス内容や職員の対応、環境等に問題があれば、その改善を求めましょう。本人だけでなく他の利用者にもよい影響を与えることもあります。
	体調の変化等で入居の継続が不可能になった場合には、契約の解除を申し入れ、必要な手続を速やかに行います。
	本人の状態の見通し、経済状況を十分に勘案して、居住用不動産を処分するかどうか検討します。監督人が選任されていれば相談し、同意・処分する方針となれば、家庭裁判所に居住用不動産処分許可の申立てを行います。
	施設が契約する訪問診療サービスや薬局を直接に利用する場合には、利用契約をします。施設と医療機関が委託契約をしているときは個別の契約を必要としないケースもあります。
	医療機関等の利用に伴う個人負担分の支払いをします。
	受診方法について、外部の医療機関を利用するか、施設内で訪問医療機関を利用するかの確認が行われたときには、本人の状態を考慮して判断します。緊急時の対応については書面で意思確認が求められます。また、ターミナルケアを実施する施設では、同様に書面で確認が求められます。親族がいる場合はそちらに判断を委ねることができますが、本人に身寄りのない場合、あるいはかかわりを拒否されている場合などには、成年後見人等の役割の範囲で施設と相談しておくとよいでしょう。

第6章 居住用不動産等の維持・管理に関する業務

1 はじめに

　居住用不動産等の維持・管理に関する法律行為としては、借家・借地の契約締結・解除や、家屋の修繕の請負契約の締結などがあります。

　これらの法律行為を行うには、それに付随する事実行為も必要になります。たとえば、新たに借家契約を結ぶ場合には、不動産業者の選定や新しい住居の状況の調査・確認が必要になりますし、家屋の修繕をする場合には、請負業者の調査や選定、修繕工事への立会いなど、さまざまな事実行為があります。また、在宅生活を継続するために、近隣に迷惑がかからないよう適切なゴミ出しが実行されるように手配したり、庭木や生け垣を管理したり、自治会や町内会の会費を支払ったりすることもあるでしょう。入院や施設入居により、住居が空き家になっている場合にも、防犯や防災、加えて近隣住民への対応という点からも、庭木や生け垣の管理、庭の草むしり、家屋の風通し等、必要な手入れやメンテナンスの手配が必要です。さらには、本人の居住の有無に関係なく、合鍵の管理方法を検討しなければならない場合もあります。

　このように、住居にまつわる一連の関係業務は、成年後見人等の職務と考えられます（チェック表4参照）。

　なお、本章では、住居の確保と維持・管理について記載しています（ガス・水道等の契約や公営住宅の賃料減額申請、転居届等については前記第3章参照）。

2 実務上の注意点

(1) 居住用不動産の処分に関する家庭裁判所の許可

　成年被後見人等は、居住する場所を変更することも少なくありません。たとえば施設に入居するときには、そこが「終の棲み家」となることも念頭において対応することになります。

　本人がそれまで1人で自宅に住んでいた場合、施設に入居すると、その自宅は空き家になります。本人の財産状況に余裕がある場合には、成年後見人等が空き家を管理することになります。しかし、本人が十分な財産を有していない場合には、不要な支

出を防ぐため、または、生活費や施設入居費などにあてるため、自宅を処分すること
を検討しなければならない場合もあります。

居住用不動産を処分する場合には、家庭裁判所の許可を得なければなりません。この「処分」には、所有不動産を売却することだけでなく、賃貸借契約の解除、抵当権の設定なども含まれます。したがって、こうした行為をする場合にも、事前に家庭裁判所の許可を得る必要があります。また、日常的に居住していなかった不動産についても、居住用不動産とみなされた場合には、同様の手続を行います。居住用か否かの判断が難しい場合には、家庭裁判所に相談するようにしましょう。成年後見監督人等が選任されている場合には、家庭裁判所への許可申請を行う前に、成年後見監督人等とよく相談すべきです。

このように居住用不動産の処分に家庭裁判所の許可が必要とされているのは、それまで住んでいた自宅は、本人にとって単に財産的な価値を持つというだけでなく、精神的なよりどころでもあるからです。本人の「住まい」をどう確保するのか、という観点から、その処分は慎重にされなければならないという趣旨によるものです。成年被後見人等がそれまでの居住場所に戻る見込みがないからといって、必ずしも処分することになるとは限りません。

また、同居する親族がいる場合や法定相続人がいる場合などは、その後の管理などについて、本人にとって不利益とならないよう、また後に無用な紛争を生じさせないよう、十分な配慮が必要です。

介護保険制度の改正により、2015年8月から、介護保険サービスの利用者負担額は、本人の所得によって変動することになりました（前記第3章2(5)参照）。不動産売却により、預貯金額（資産）が増えた場合、保険料や介護・福祉サービスの負担額に影響を与える可能性も視野に入れておくことが大切です。

(2) 居所指定権

成年後見人等には、代理権の範囲に応じて施設などの入退居に関する契約をする権限がありますが、本人の意思に反して転居や施設入居などを強制することはできません（前記第5章2(1)参照）。

身上監護の観点から施設等への入居が必要な場合でも、最終決定に至るまでのプロセスでは、本人を含めた関係者と十分に話し合いを行うことが大切です。その中で、浮かんでくるメリットやデメリットをわかりやすく整理して、本人に説明するようにしましょう。最終的には、本人の同意を得なければならないことはいうまでもありません。緊急の場合や本人の意思を確認することが難しい場合であっても、居所の変更が本人の生活環境として適切かどうか、家庭裁判所や関係者等と協議をしながら慎重に検討すべきです。

(3) 保佐人の場合の同意権

保佐の場合、不動産などの重要な財産の処分を、判断能力の著しく不十分な被保佐人が単独で行ってしまうことにより、被保佐人にとって不利益な結果となる可能性があることから、被保佐人を保護するため、不動産などの重要な財産の処分にあたっては、保佐人の同意を要するとされています（民法13条１項）。

(4) 相続手続が済んでいない不動産の処分

不動産の相続手続を放置しておくと、権利関係が複雑になり手続が難しくなることもあります。相続手続が未了の不動産があった場合、まず所有権が誰にあるのかを確認し、続いて推定相続人の確認をします。

相続人が複数名いて、成年被後見人等が相続人となっている場合には、遺産分割の協議にあたって、成年後見人等が本人を代理することになります。ただし、成年後見人等としての立場と相続人としての立場が重複する場合には、利害が相反することから、成年後見人等は本人を代理することはできません。その場合、成年後見監督人等が選任されていれば、成年後見監督人等が、本人を代理することになります（民法851条）。選任されていない場合には「特別代理人」の選任を家庭裁判所に申し立て、遺産分割協議における本人の代理人を決める必要があります（民法860条・826条）。

また、相続人の中に判断能力の不十分な相続人がいる場合には、その人について成年後見人等を選任することも必要になります。

不動産においては、権利関係や相続手続が複雑なケースが発生することも少なくありません。そのような場合は、家庭裁判所や成年後見監督人等に事前に相談をするようにしましょう。

3 事例に学ぶQ＆A

Q1 居住場所の整理（介入・相談・連携の視点）

> 認知症の成年被後見人は、物があふれた家に住んでいます。居住スペースの確保、衛生管理、貴重品の探索などのために、居室内の整理が必要です。しかし、本人は「このままでいい」と言っています。強行に整理してよいものでしょうか。

たとえば、ゴミ屋敷のような状況になっている場合、火災の危険性があるだけでなく、悪臭などにより周囲に危害を与えるおそれがあります。このように、本人にとっての不利益が明白な場合や本人への危険が予見される場合は、本人の利益保護や危険回避の観点から、介入が必要な場合もあります。

他者からみれば不衛生な環境でも、本人にとっては物に囲まれている状態が心地よい空間であるということも考えられます。援助する側の考えや常識だけに基づいて整

理を急ぐのではなく、本人の意向を確認しながら、急がずに進めたいものです。ただし、本人も実は誰かが片づけてくれることを待っているという場合や、部屋を整理することで認知症状に対する効果的なアプローチが期待できる場合もありますので、その見極めをすることが大切です。

居室内の片づけをする際には、成年後見人等が単独で実施するのではなく、行政の職員や関係者に立ち会ってもらうほうがよいでしょう。また、美術品や骨董品などが多数あり、維持・管理が難しい場合には、本人の意向を確認し、家庭裁判所や成年後見監督人等に相談したうえで、処分を検討する必要があるかもしれません。

Q2　自宅の修繕

> 成年被後見人が住んでいる家屋が老朽化し、屋根の修繕が必要になりました。成年被後見人の生活能力からみると、今後何年も在宅生活を維持できる状態ではなく、近い将来、施設に入居することが予想されますが、本人は自宅で暮らしたいと言っています。多額な出費が想定される自宅の修繕を行ってよいものでしょうか。

まずは、本人の居所の確保を考えることが最も優先されます。成年後見人等には居所指定権がないとされていますので（第5章2(1)参照）、本人の在宅生活への意思が強い場合は、転居を強制することはできません。本人が自宅での生活を強く希望している場合は、可能な限り自宅での生活が続けられるように必要なサービスなどを手配し、支援することになります。そのために、どの程度の修繕が必要なのかを検討し、段階的な修繕計画を立てるとよいでしょう。実際に修繕を行う際には、複数の業者から提案を聞いたり見積りをとったりしたうえで、工事の段取りなどを調整し、修繕を実施するようにしましょう。

資金に余裕がない場合には、必要最低限の修繕について業者と相談しつつ、土地を担保として修繕費を借り入れること（この場合、土地を担保にすることは「処分」に当たりますから、家庭裁判所の許可が必要になります）なども検討することになるでしょう。

いずれにしても、家庭裁判所や成年後見監督人等に相談や報告をしておくべきです。また、本人や本人を支援している関係者と協議する場を設定し、本人にとってどのような生活が望ましいのかを検討するようにしましょう。

Q3　自宅の維持・管理

> 成年被後見人が長期入院をしています。現在のところ、退院のめどはついていません。このような場合の、自宅（空き家）の維持・管理は、どう考えればよいでしょうか。

「退院のめどがついていない」ということは、「退院の可能性もある」ともいえます。

本人の自宅が持ち家の場合は、帰宅することを想定し、定期的な見回りや風通しなどの維持・管理を行う必要があるでしょう。

自宅が借家の場合も、同様の維持・管理が必要になるほか、不動産業者や大家との連絡も必要になるでしょう。また、借家の場合には、入院費と家賃の支払いという大きな支出が二重になりますので、本人の経済力をよく考慮する必要があります。仮に、経済力に乏しく、長期にわたって空き部屋の家賃を支払い続けることが困難な場合は、一度、賃貸借契約を解除することも検討すべきでしょう。このような場合、成年後見人等が単独で判断するのではなく、本人を含む関係者や家庭裁判所とよく相談し、治療・療養計画を組み立てることが大切です。そして、賃貸借契約の解除にあたっては、家庭裁判所に許可の申立てをすることになります。

入院の場合、病院の所在地を住民票の住所地にすることができない場合が多いので、住所地がなくなってしまう可能性があることを十分に認識しておかなければなりません。都営住宅などの場合では、入院による長期不在時に、家賃を減免される制度もありますから、自宅に戻る可能性が残されている場合は、さまざまな観点から節約の方法を模索しつつ、居所の確保を慎重に検討する必要があります。

また、自宅の維持・管理では、鍵の取扱いにも注意が必要です。本人が自宅で生活していたときに、合い鍵を預けていた人物はいたのか、仮に、合い鍵を預けていた人物がいた場合には、その合い鍵をどうするのかについて、検討する必要があるでしょう。急を要する場合に、成年後見人等だけが鍵を管理していたのでは、対応できないことがあるかもしれません。合い鍵の数やその取扱いについては、本人や関係者とよく相談して、共通認識を持っておくことが大切です。

④ 社会福祉士の目

人が生活するうえで、住む場所は重要な事柄です。本人の状態に応じ、在宅から施設、施設から施設、病院から施設、施設から在宅など、さまざまな居所の変化が考えられます。そして、住む場所に応じて行わなければならない諸手続があります。成年後見人等は、身上監護と財産管理の両方に配慮しながら、その一つひとつについて、本人の不利益にならないように考慮し、可能性のあるリスクを洗い出し、あらかじめ対処や対応の仕方を検討しておかなければなりません。

また、本人がどこに住むのかということは大きな問題ですし、成年後見人等に居所指定権がないとされていることを考えると、どのような場合でも本人の希望に耳を傾けることが大切です。たとえ意思の表出が難しい方であったとしても、本人の生活歴やこれまで歩んできた人生に思いを馳せ、「本人なら、どう判断するだろうか」と、

意思決定支援に向けたアプローチを実践したいものです。在宅で生活をしていた成年被後見人等が入院し、一定の治療を終え退院に向けた話合いを行う際にも、その後の生活の場をどこにするべきかをさまざまな観点から検討しなければなりません。最近では、常時介護が必要な状態であっても、退院を促されることがあります。その場合は、本人の状況（日常生活動作（ADL）や医療行為の要否など）をしっかりと見極めることが重要です。たとえば、すぐに在宅生活を実現することが無理ならば、リハビリテーション専門の施設に入所して在宅生活に備えることも検討すべきでしょう。また、在宅生活を再開する力がある場合でも、本人が不安を感じているようなときには、ショートステイや小規模多機能型居宅介護などの利用を一定期間挟んで、徐々に、元の生活ペースに戻すというプランを検討してみるのもよいでしょう。

　なお、本人が施設に入居していたり入院していたりして自宅に住んでいない間は、成年後見人等は自宅を維持・管理することになります。これに関する費用は、財産管理と直接結び付きます。

　住居の維持を考えるうえで、町内会費・自治会費の支払いや住居周りの清掃なども、防犯・防災の観点から必要になります。近隣住民と合同で排水工事や道路舗装をする場合があるかもしれません。町内会や自治会などへの挨拶をしながら、状況を把握し、可能であれば協力を依頼するなど、近隣住民とコミュニケーションをとるように心がけましょう。ただし、この場合、成年被後見人等の個人情報保護について、十分に配慮する必要があることはいうまでもありません。戸建ての場合、適切な維持・管理は、本人の居住環境をよいものにするだけでなく、その資産価値の維持・向上につながるという意識も大切です。

　自宅に戻れる見込みがなく、資金状況が厳しくなってきたり、維持・管理を継続するのが難しくなったりしたために居住用不動産の処分の許可を申し立てる場合には、家庭裁判所や成年後見監督人等への相談・連絡はもちろん、後に相続人と紛争にならないよう、事前に法定相続人を中心とする親族にも状況説明をするなど、慎重に手続を進めていくことが必要です。

　成年後見人等が行う居住用不動産の管理は、単なる財産管理ではなく、同時に本人の生活の場を確保するという身上監護の役割を担っているということを常に意識しておくことが大切です。この意識があれば、どのような場合であっても、成年後見人等は必要な手続を調整する役割を担っていると同時に、本人の意思を考慮するという重要な役割を担っていることが容易に理解できるでしょう。たとえ本人の望む形と違う結果にならざるを得ない場合でも、可能な限り本人の思いを実現できるよう、考えられるあらゆる手段と方法を駆使する努力が求められます。

第6章 居住用不動産等の維持・管理に関する業務

【チェック表4】居住用不動産等の維持・管理に関する業務

◎＝発生の可能性特にあり　　　　　　　　　　　　　高齢＝高齢者
○＝発生の可能性あり　　　　　　　　　　　　　　　身体＝身体障害者
△＝発生の可能性ややあり　　　　　　　　　　　　　知的＝知的障害者
※＝本来の業務ではないが事情により実施　　　　　　精神＝精神障害者

	項目	居住の状態			本人の状態				生活の場所			援助の段階			本人意思の確認
		持家	公営	民間	高齢	身体	知的	精神	在宅	施設・病院	在宅⇔施設・病院	受任直後	通常の事務	終了の事務	
1	住居の確保の際の業者の選択		○	○	○	○	○	○	○			○	○		
2	住居に関する情報の収集や下見		○	○	○	○	○	○	○			○	○		
3	住宅の賃貸借契約の締結や更新手続業務		○	○	○	○	○	○	○			○	○	△	
4	家賃等の費用の支払い		○	○	○	○	○	○	○			○	○	※	
5	住宅の賃貸借契約の解除・清算		○	○	○	○	○	○	○			○	○	※	△
6	公営住宅の減免手続		○		○	○	○	○	○			○	○		
7	住宅改修の各種制度の利用申請・手配	○	○	○	○	○	○	○	○			○	○		
8	制度外の住宅改修の手配	○	○	○	○	○	○	○	○			○	○	△	
9	改修工事への立会い	○	○	○	○	○	○	・	○			○	○	△	
10	庭木・生け垣等の管理・庭の草取りの手配	○			○	○	○	○	○			○	○		
11	ゴミ出しの手配	○	○	○	○	○	○	○	○			○	○		
12	災害保険の契約	○	○	○	○	○	○	○	○	△		○	○		
13	緊急通報システム（あんしん居住制度（東京都））の手配・契約・契約解除	○	○	○	○	○	○	○	○	△		○	○	※	
14	定期点検・補修	○	○	○	○	○	○	○	○			○	○		
15	町内会やマンション住民自治会への会費の支払い・連携	○	○	○	○	○	○	○	○			○	○	※	
16	近隣トラブルへの対応や町内会・理事会への参加	○	○	○	○	○	○	○	○	△	△	○	○		
17	転居のための家財の処分・整理・保管の手配と立会い、引越業者の選定	○	○	○	○	○	○	○	○			○	○		

	業務の内容と留意点
	業者の選択については、本人の生活・経済状況を勘案して、複数の業者にあたり、慎重に選択しましょう。
	本人の状態や経済状況を十分に考慮し、生活環境についての情報を収集し、適当な物件については、契約をする前に実際に下見することが必要になります。
	契約内容をよく把握し、公営・民間それぞれの規則等を確認・検討し、経済状況を考慮して決定・契約します。契約書の内容や重要事項説明書についてはしっかりと確認し、疑問や不明な点があれば説明を求めましょう。
	決められた期日までに費用の支払いを完了するように手配します。
	居住している（していた）住宅の賃貸借契約を解除するときは、事前に家庭裁判所に居住用不動産処分の許可の申立てを行います。
	公営住宅では、家賃の減免制度があります。規則や情報を収集し、決められた期間内に申請します。
	本人の状況に合わせて住宅改修の助成等の制度がありますので、利用の申請・手配をします。賃借している場合は、持主や不動産業者との相談が必要になります。本人の状態を十分に考慮できるように、アセスメントのときは成年後見人等も立ち会うようにしましょう。
	制度外であっても、本人の状況に合わせてADLの維持向上やQOLの向上のために必要であれば、住宅改修をします。信頼できる業者を選択するためには、相談支援事業所や役所等での情報収集が大切です。2社以上から見積りをとったうえで選定するとよいでしょう。大がかりなリフォームを行う際は、事前に家庭裁判所に相談しておきます。
	住宅の改修工事に立ち会い、確認をします。
	住環境が荒れていると防犯上からもよくないので、庭木・生け垣等の手入れはきちんと管理することが大切です。成年後見人等は業者を手配することになります。草取りなどはシルバー人材センター等に依頼してもよいでしょう。
	ゴミ出しについては、自治体・町内会・自治会の情報を収集し、そのルールに合わせます。本人の状態によって利用できる自治体のサービスやインフォーマルなサービスもあれば利用しましょう。
	火災保険は居住形態にかかわらず加入します。本人の経済状況を勘案し、保険の内容や支払う保険料の額などをもとに検討しましょう。
	必要に応じて、緊急通報システムの申請をします。民間のサービスで本人に合うものがあれば、契約することも検討すべきでしょう。東京都の「あんしん居住制度」とは、見守りサービス、葬儀の実施、残存家財の片付けにより、住み慣れた住宅、住み続けたい地域でのあんしん生活を支えることを目的に東京都で実施されている事業です。
	水道・ガス・電気の定期点検や配管清掃等は、住居の維持・管理には大切なことです。点検等の際には、必ず立ち会うようにしましょう。集合住宅の場合、これらの設備が壊れると、他の住民にまで迷惑をかけることになります。
	居住の形態に合わせ、町内会・自治会等の会費を支払います。また、生活上のルール等も守らなければなりませんので、本人が孤立することがないように、近隣の人々や自治会・町内会などとの連携を保ち、本人を取り巻くネットワークをつくりましょう。
	近隣トラブルは未然に防ぐよう配慮しましょう。万一、トラブルになってしまったときは、早期に、かつ慎重に対応しましょう。必要に応じて町内会や理事会への参加も検討しましょう。
	転居に伴って、それまで住んでいた住居を処分（売却、賃貸借契約の解除など）する場合には、家庭裁判所の許可が必要になります。家財道具の処分・引越業者の選定等は情報収集をして複数の業者から見積りをとりましょう。引越し時には立ち会って確認をします。

第6章　居住用不動産等の維持・管理に関する業務

| 18 | 合鍵の管理・手配 | ○ | ○ | ○ | ○ | ○ | ○ | ○ | ○ | ○ | ○ | ○ | | | |
| 19 | 付帯設備の修理 | | | ○ | ○ | ○ | ○ | ○ | | ○ | | ○ | | | |

	緊急時のことも考慮し、合い鍵を管理します。賃貸住宅の場合は、なくすと弁償の対象になるので、注意しましょう。
	付帯設備を修理するときには、賃貸の場合はまず貸主や管理者に連絡することが必要です。修理時には立ち会いましょう。

第7章 税に関する業務

1 はじめに

　成年後見人等として活動をしていると、税に関する手続を行う場面に遭遇することがあります。社会福祉士は、税の専門家ではありませんので、専門的な知識を要する手続は、税理士など税の専門家に委ねるべきです。

　一方で、納税は憲法で定められた国民の義務ですから（日本国憲法30条）、成年後見人等の不注意で成年被後見人等の義務の不履行を招くことがないように、しっかりと業務を行う必要があります。

　本章では、後見業務を行ううえで持っていたほうがよいであろう基本的な税の知識や、どのような観点から税理士などの専門家に業務を依頼するべきなのかといった内容について解説します。

2 税の基本構造

(1) 税の種類

　わが国の税について、その種類とあらましを確認しておくことにしましょう。

　税の種類は、大きく直接税と間接税に分けることができます。

① 直接税……税の納付義務者が、その税金を実質的に負担するもので、所得税や法人税がこれに当たります。

② 間接税……酒税やたばこ税、消費税などのように、税の納付義務者が納める税金について、物やサービスの価格に上乗せされることで、実質的に消費者が税金を負担するものです。

　成年後見人等が業務として手続を行う主なものは、直接税に分類される税金に関する業務であると考えられます。

　また、税の支払い先別にみると、税金を国に納める国税、都道府県または市町村に納める地方税に分けることができます。

(2) 成年後見人等の業務に関係の深い税

　次に、成年後見人等がかかわることの多い代表的な税についてみていきます。

(ア) 国に納める税

　国に納める税には、主に次のものがあります。

① 所得税　　個人の1年間の所得に応じて支払う税金です。支払いが遅れて延滞

税が課されるような事態は避けなければなりません。

② 相続税　遺産相続において、財産を受け継いだときに支払う税金です。相続するにあたっては、相続する財産の内容も考える必要があります。遺産分割により現在の住居を出なければならなくなることや、相続財産が不動産ばかりで相続税を払えなくなるといったことは避けなければなりません。状況の把握や判断が難しい場合は、無理をせず専門家の力を借りましょう。

③ 贈与税　個人から財産の贈与を受けたときに支払う税金です。年間110万円までは非課税です。110万円を超える場合で贈与の分割が可能な場合や条件付き贈与に関しては、額や所得に計上する時期などで判断が難しいことがあるため、家庭裁判所に連絡を入れつつ、専門職としてふさわしい対応を心がけましょう。

　(イ)　都道府県に支払う税金

都道府県に納める主な税として、都道府県税があります。この税は、一定の額である均等割（所得が一定以下、もしくは、寡婦・障害者等に該当し一定以下の所得である者等は、課税されない）に加え、所得割がかかります。また、利子等には利子割がかかります。

　(ウ)　市町村に支払う税金

市町村に支払う税金には、主に次のものがあります。

① 市町村民税　一定の額である均等割（所得が一定以下、もしくは、寡婦・障害者等に該当し一定以下の所得である者等は、課税されない）に加え、所得割がかかります。

② 固定資産税　1月1日現在の土地・家屋などの所有者に対して課される税金です。被相続人と、相続人である成年被後見人等だけが同居していた場合で、課税当局において被相続人が死亡したことの認識がないと、納税通知は、成年被後見人等の住居に郵送されることになります。このような場合、他の相続人と、どのように分担して支払うのか、話し合う必要があります。

③ 国民健康保険税　市町村の区域内に住所を有する者で、後期高齢者医療制度の被保険者や国民健康保険組合等に加入している者などを除いた者に課税される税です。

世帯主が国民健康保険の加入者（被保険者）か否かにかかわらず、国民健康保険税の納税義務者は世帯主となります。世帯主が75歳以上で後期高齢者医療に移行した場合も、世帯内に75歳未満の国民健康保険加入者がいる場合には、引続き国民健康保険税の納税義務者になります。ただし、国民健康保険税額は加入者のみで計算します（なお、市町村が地方税法の規定によらず保険料を徴収する場合や、国民健康保険組合が保険料を徴収する場合は、「国民健康保険料」と呼びます）。

これらについては、多くの場合、納税通知書などの書類が届きますので、担当部署に問い合わせるなどして、対応できることもあります。ただ、無理をせず、必要な場合には税理士など専門家の力を借りましょう。

(3) 確定申告に係る業務

たとえば、成年被後見人等に所得がある場合等に、成年後見人等が確定申告の手続を行うかどうかは、成年後見人等の代理権の有無によって決まります。

成年後見人は成年被後見人に対する包括的代理権を有するため、確定申告をする代理権も有します。保佐人・補助人の場合は、確定申告をするための代理権を付与する審判がなされているのか確認する必要があります。確定申告をする代理権限があるか否かの確認は、登記事項証明書の記載事項によって判断します。

確定申告をする必要がある場合の主な例は、以下のとおりです。

① 給与所得がある者　給与所得の金額や給与の受け取り方により、必要性の有無を判断します。

② 公的年金等に係る雑所得のみの者　ただし、公的年金等の収入金額が400万円以下で、かつ、その全部が源泉徴収の対象となる場合において、公的年金等に係る雑所得以外の所得金額が20万円以下であるときには、所得税および復興特別所得税の確定申告は必要ありません。詳しくは、お住まいの市区町村の窓口に確認してください。

③ 退職所得がある者　一般的には、確定申告書の提出は不要ですが、外国企業から受け取った退職金など、源泉徴収されないものがある場合は、確定申告書の提出が必要です。

上記は、あくまでも目安であり、①～③以外にも確定申告が必要な場合があります。また、所得の点では確定申告をする必要がない人でも、確定申告を行うことで医療費や介護費の控除が受けられる場合があります。詳しくは、所轄の市区町村担当窓口に確認してください。

なお、給与所得がある場合で、多額の医療費を支出したときなどは、原則として還付申告を行うことができます。

(4) 成年被後見人は所得税・相続税ともに特別障害者控除の対象

成年被後見人は、所得税および相続税の計算をするうえで、次のとおり、障害者控除の対象となる「特別障害者」に該当します（2014年３月14日付け東京国税局審理課長回答、2012年８月31日付名古屋国税局審理課長回答参照）。

① 所得税　居住者、居住者の控除対象配偶者または扶養親族が特別障害者である場合には40万円の控除が認められています。特別障害者の居住の形態によっては、75万円の控除が認められます（所得税法79条）。

② 相続税　相続または遺贈により財産を取得した者が、民法５編２章に規定する相続人に該当し、かつ、特別障害者である場合には20万円に、その相続開始時からその者が85歳に達するまでの年数を乗じて算出した金額を控除した金額が相続税額になります（相続税法19条の４）。

(5) 障害者控除

身体障害者や知的障害者、精神障害者など障害者控除の対象となる範囲にある人は、一定金額の所得税控除が受けられます。この対象範囲とされている者の中に、精神または身体に障害のある年齢が満65歳以上の人で、市町村長などや福祉事務所長の認定を受けている人という要件があり、これに該当する場合は、手帳の有無に関係なく障害者控除の対象となる可能性がありますので、成年後見人等は覚えておいたほうがよいでしょう（所得税法２条・79条、所得税法施行令10条、所得税基本通達２-39）。

③ 税に関するQ＆A

Q１　税に関する書類の送付先を成年後見人等の宛先にしてもらうことはできますか。

「納税管理人の届出書」に必要事項を記載し、管轄の税務署に提出することで、申告書類や納付書類等の送付先を成年後見人等宛てにしてもらうことが可能です。

Q２　成年被後見人等の納税手続は、どこの税務署でも行うことが可能ですか。

納税は、原則として、成年被後見人等の住民票住所地で行うことになります。したがって、振替納税の手続を済ませておくと便利です。振替納税とは、電気代やガス代など公共料金の自動振替と同じように、指定の金融機関の預貯金口座から自動的に納税が行われる方法です。口座振替依頼書は、税務署の窓口でもらえるほか、国税局のホームページからダウンロードすることも可能です。

Q３　納税書の氏名欄は、どのように書けばよいですか。

「Ｂ（被後見人氏名）成年後見人Ａ」と記載します。

Q４　成年被後見人の財産では課税額を支払うことができず、納税することができません。どうすればよいでしょうか。

何らかの事情で納税ができない場合でも、成年後見人等がその費用を立て替える必要はありません。延納できる場合もありますから、税務署の職員や自治体等の関係各所に、事情を説明し、どうすればよいかを相談しましょう（必要に応じて、家庭裁判所にも連絡をします）。自らの判断で、勝手に結論を出すことは絶対に避けましょう。なお、当然ですが、成年後見人等の事情で滞納をすることは許されません。

第7章 税に関する業務

Q5 確定申告を忘れてしまいました。どうすればよいでしょうか。

できる限り早めに申告しましょう。期限を過ぎた場合は期限後申告として取り扱われます。この期限後申告は、2つのパターンがあります。1つ目は、税務署の調査を受ける前に自主的に期限後申告をした場合です。この場合は、通常の税額に加え、5％の無申告加算税を支払う必要があります。2つ目は、期限後申告であったとしても、1カ月以内の自主的な申告であることおよび期限内申告をする意思があったと認められる場合です。この場合、無申告加算税は課されません。

税務署の調査後になった場合には、無申告加算税が課されます。税額に対して50万円までは15％、50万円を超える部分は20％を乗じた金額となります。

なお、延滞税については、上記のいずれの場合にも課されますので、成年後見人等は早めの対応を行うようにしましょう。

【チェック表5】税に関する業務

◎＝発生の可能性特にあり　　　　　　　　　　高齢＝高齢者
○＝発生の可能性あり　　　　　　　　　　　　身体＝身体障害者
△＝発生の可能性ややあり　　　　　　　　　　知的＝知的障害者
※＝本来の業務ではないが事情により実施　　　精神＝精神障害者

	項目	高齢	身体	知的	精神	在宅	施設・病院	在宅⇔施設・病院	受任直後	通常の事務	終了の事務	本人意思の確認
1	後見人の届けおよび郵便物の送付先変更依頼	○	○	○	○	○	○	○	○	○	○	
2	住民税（控除）の申告	○	○	○	○	○	○	○	○		○	
3	住民税の支払い	○	○	○	○	○	○	○	○		○	
4	所得税（控除）の申告	○	○	○	○	○	○	○	○		○	
5	所得税の支払い	○	○	○	○	○	○	○	○		○	
6	相続税の申告	△	△	△	△	△	△	△	△	△		
7	相続税の支払い	△	△	△	△	△	△	△	△	△		
8	固定資産税の支払い	○	○	○	○	○	○	○	○	○	○	※

③ 税に関するQ&A

Q6 税金の支払いについて、どのような場合なら税理士に依頼してもよいですか。

たとえば、単純な住民税の手続や医療費控除などの確定申告など、専門家でなくても対応が可能なものは、成年後見人等が行っても問題ありませんが、自信がない場合は無理をせず専門家の力を借りてもよいでしょう。この場合、費用の問題もありますから、まずは、税務署の相談窓口や行政で実施している無料の税務相談を利用してみましょう。

相続税や不動産売買などのため、複雑な税務処理が必要になることがあるかもしれません。その場合は、成年被後見人等の利益のためにも、専門家に業務を依頼し、適切に対応してもらうことが必要です。

	業務の内容と留意点
	本人の住所を管轄する担当窓口に、成年後見人等に選任されたことの届出をします。届出と同時に書類の送付先を成年後見人等宛に変更します。
	給与または公的年金の支払者から給与支払報告書または公的年金支払報告書が提出されますので、原則として申告する必要はありません。ただし、給与以外の所得があった人や雑損控除、医療費控除または寄附金控除等を受ける場合は、そのための住民税の申告書を市区町村に提出します。
	給与所得者は、6月から翌年5月までの毎月の給料から特別徴収（天引き）されます。そのほかの方は、市区町村から送付される納税通知書で、年4回に分けて納めます（普通徴収）。66歳以上の公的年金受給者は個人住民税の納税が、公的年金からの特別徴収制度が利用できます。
	年金収入がある人で、公的年金の控除額を超えた年金を受け取っている場合、その超えた分については、雑所得として5％が源泉徴収されます（年金が400万円以下でも、特別障害者控除や障害者控除・医療費控除などを行い、所得が160万円以下や80万円以下になることによって介護保険の利用料等が減額されることもあります）。
	申告所得税の場合は、指定した金融機関の預貯金口座からの振替納税が利用できます。現金で納付する場合は納付書を添えて、納税の期限までに金融機関または所轄の税務署で支払います。コンビニでの支払いもできます。
	相続のあったことを知った日の翌日から10カ月以内に、被相続人の住所地を管轄している税務署に申告します。
	相続のあったことを知った日の翌日から10カ月以内に、確定した相続税の支払いを完了します。
	持家（戸建て・集合住宅）の場合、支払義務がありますので期限内に支払いましょう。

第8章 その他の業務

第8章 その他の業務

1 教育・ハビリテーションに関する業務

(1) 教育・ハビリテーションに関する業務を行うにあたっての考え方

ハビリテーションとは、現在持っている機能を基点として、その機能を有能化していくことをいいます。教育やハビリテーションが必要となる場合には、教育やハビリテーションを行う機関についての情報収集が大切です。

本人が教育やハビリテーションを受けるように手配するにあたっては、本人が積極的な意向・希望を持っていることが前提となります。成年後見人等が強要することはできません。

教育やハビリテーションによるさまざまな心身や環境の変化は、自己肯定感を高め、自分や周囲に対する自信を醸成します。成年後見人等としては、必要なタイミングでチャレンジできるように支援することも検討します。

(2) 具体的な業務

教育に関する業務としては、大学や専門学校の入学契約の締結や解除、費用の支払いなどがあります。

カルチャースクールなどの社会教育の講座は、大学や専門学校とは違って好きなテーマを短期間で学ぶことができるので、本人の関心にあわせて利用することもよいでしょう。入会手続や入会金・受講料の支払い等の手続を行います。

2 リハビリテーションに関する業務

(1) リハビリテーションに関する業務を行うにあたっての考え方

一般的には、リハビリテーションというと、病気やけがなどで身体の一部が機能しなくなった場合に、再び機能するように訓練する医学的なリハビリテーションを指すことが多いと思います。一方、福祉的な観点では、人としての普遍的な権利の復権や、そのための地域社会の責務や政策など、実に幅広く捉えられています。

成年後見の場面においては、医学的なリハビリテーションもあれば、福祉サービス利用の契約をすることや、再び働くことへ向けた支援をすることなどが、本人のリハビリテーションとして捉えられるでしょう。

(2) リハビリテーションの同意と具体的な業務

リハビリテーションに関する業務としては、リハビリテーションに関する契約、費

用の支払いなどがあります。

　医療行為への同意や居所指定権と同じように、医学的なリハビリテーションを受けるかどうかは基本的に本人のみが決定することができます。これは、リハビリテーションが、本人の身体に対する強制を伴う事項であるためです。リハビリテーションの契約は、本人に代わって成年後見人等が結ぶことができますが、その前提として、リハビリテーションに対する本人の同意が必要です。特に医学的なリハビリテーションは苦痛を伴う場合もありますので、本人の気持ちを受け止めつつ、意思決定できるよう支援することが必要です。

③ 就労に関する業務

(1) 雇用契約に関する本人の同意

　就労するという契約は、本人の行為を目的とする債務負担行為に当たりますので、本人の同意を得なければならないとされています。

　就労先としては、一般企業のほか、福祉的就労（就労移行支援事業所や就労継続支援事業所等）があります。

　本人が就労する場合の成年後見人等としての役割は、本人が雇用契約を結ぶための支援や、事業主および施設の処遇について監視をすることです。

(2) 具体的な業務を行うために

　障害者雇用促進法では、事業主に対し、障害者を一定の割合（法定雇用率）で雇い入れることを義務づけています。また、障害者の差別を禁止し、障害者への合理的配慮の提供や相談体制の整備を義務づけ、障害者からの苦情を自主的に解決することを事業主の努力義務としています。また、対象となる障害者は、障害者手帳を持っている方に限定されません。

　障害者の就労を支援する専門機関としては、たとえば、ハローワーク（公共職業安定所）に障害者の求職活動を支援する専門の部門がありますし、職業センターでは本人の職業評価やリワーク支援、就労準備支援、ジョブコーチの派遣等を行っています。障害者就業・生活支援センターでは就労面と生活面の両側面からの支援や相談ができます。

　成年後見人等としては、本人の就労意欲、目的や働き方など本人の意思を確認するとともに、就労後も本人が安定して就労継続できるよう職場や就労支援機関に働きかけていくことが求められます。

④ 余暇活動に関する業務

　余暇活動に関する業務としては、スポーツクラブやレクリエーション施設などを利

用するための契約の締結や解除、費用の支払いなどが考えられます。

また、入居施設での旅行会や食事会、お花見や施設行事などへの参加を支援することもあるでしょう。資産状況と費用とのバランス、本人の健康状態、ケア体制などの条件を吟味して、参加するかどうかを本人の意思を確認して決めます。

町内会の活動や自治会の活動についても、本人が希望する場合には、参加できるように支援します。

友人・知人との交流や社交上の付き合いも大切です。身内や親しい人へのお祝い金や香典等については、常識的な範囲内であれば、本人の財産から支出してよいと判断される場合もあります。ただし、生活費や必要経費よりも慎重な判断が必要となりますから、注意が必要です。

こういった余暇や社会的交流を支援する後見業務は、本人の生活の質（QOL）の向上を図るうえで欠かせないものですが、どこまで、そしてどのように支援していくかについては、成年後見人等によって対応が変わってくるところです。

本人の資力や生活を勘案し、将来の生活の予測を立てながら、本人の生活が豊かで、張りのあるものになるように努めることは、成年後見人等の重要な職務です。それを実行するためには、成年後見人等が、本人との面会や周辺からの情報収集を重ねていくことによって本人への理解を深め、これまで本人が築いてきた生活スタイルをよく知ることが大切です。そして、言葉だけでなく実際を伴った本人の意思の尊重、さらには本人の意思や希望を引き出すような支援によって、本人が自己決定できる場面を少しずつでも増やしていく支援を行うこと、そしてそれを可能なものにする環境を整えていく配慮が必要です。

5 事例に学ぶQ＆A

Q1　復職に向けた支援

> 被補助人は高次脳機能障害者です。本人は元の職場に戻りたいという希望を持っているのですが、私が元の職場の人と話をしたところ、復職の実現は、配置転換の工夫などを含めて極めて難しいようです。リハビリテーションについても、復職をめざしたプログラムの実施は非常に困難となっているのが現状ですが、復職をめざすべきなのでしょうか。

可能ならば、本人の意思を尊重して復職をめざしましょう。

高次脳機能障害は脳卒中や外傷などで脳が部分的に損傷を受けることで、言語や記憶などの機能に障害が起きます。個人により症状の表れ方が異なり、一見しただけでは障害があることがわかりにくく、周囲の理解を得るのが難しい障害です。

受傷したことで、入浴や食事で声かけが必要になったり、言葉での意思疎通が難しくなったり、感情の起伏が激しくなったり、道に迷うようになるなど、本人だけでなく家族や職場など周囲も、本人の変わりように戸惑うことが多いものです。

就労をめざしたいということですが、社会復帰するにはそれなりのプロセスを踏むことが必要です。具体的には、医療機関でリハビリテーションを受けて機能回復を図り、また、在宅生活を安定させるなどが必要になります。

東京都では、地域の支援機関と連携し、心身障害者福祉センターにおいて、高次脳機能障害者への自立支援や就労支援といった専門的な支援を行っています。そのような専門機関においては、本人の具体的な生活課題についての支援や就労準備支援を受けることができます。

また、就労をめざすためには、事前の準備が周到でなければなりません。したがって、成年後見人等は、さまざまな関係機関と情報を共有するなどして、本人の状況(身体機能の回復の程度、心理面、生活面など)を正しく把握する必要があります。そして、復帰する職場や新たな就労先に本人の障害の特徴や配慮すべき点などを伝え、対応等を確認する必要があります。就職した後も、継続して働けるよう本人の様子を確認し、気になることがあれば関係機関に調整を求めましょう。

就労について、一般就労だけでなく、福祉的就労など、さまざまな形があることを、本人や家族が学ぶプロセスも大切です。回復のプロセスにおいては、本人はいら立ちや怒りを表出することもあるでしょう。そうした場合には、本人の気持ちを受け止めるとともに、さまざまな段階において本人が意思決定できるよう支援することが求められます。

Q2 旅行の手配

> グループホームに入居している40歳代の知的障害者の補助人です。本人の希望する余暇活動に悩んでいます。本人は、両親が健在の頃はよく家族旅行をしたようです。その両親も最近亡くなり、最近は補助人である私に「旅行に連れていってほしい」と訴えます。私も家庭がありそこまで対応することは難しいのですが、どうしたらよいでしょうか。

まずは、旅行に行くための方法を考えていくことを伝えましょう。

補助人が1人で本人を旅行へ連れていかなければならないことを考えると、「気が重い」「大変だ」「自分の家庭もある」などと考えるのは当然のことです。

このような場合、被補助人の目標がはっきりしているので、「目標に向かって一緒に考えていきましょう」という姿勢を、本人に伝えることが大切です。

第8章　その他の業務

　地域の障害者団体と連携がとれているようであれば、たとえばヘルパーとして契約をして旅行に同行してもらえる人はいるか、グループで1泊旅行を計画してもらうことはできないか、などについて相談するのもよいでしょう。また、インターネットで障害者の旅行について本人を交えて調べてみることで、本人は補助人も一緒に努力してくれているのだとわかり、希望に近づいていることを感じるかもしれません。

　旅行体験を通して、本人の今後の生活の充実や活動の幅を広げることになり、非常に意義のあることです。

　なお、実際に旅行を手配する場合には保険に加入するといったリスクマネジメントが補助人の職務であることを、しっかりと認識しましょう。

第 3 部

事例で学ぶ身上監護の実際

第1章 事例の考え方・読み方

1 事例の考え方

　ここからは、第1部、第2部の解説をもとに事例をみていきましょう。ここに掲載した事例は、ぱあとなあ東京に寄せられた実践の報告をもとに、加工・修正して作成したものです。成年後見人等の対応が模範的なものだけではありませんし、他によりよい対応が考えられるものもあるでしょう。また、実際の支援にあたっては、地域性や本人の個別性に配慮した対応をとる必要があります。

　しかし、ここであげている事例は、社会福祉士が、手探りの中で実践したものに基づいています。どのようにアセスメントしているのか、そしてどのような支援を考えたのか、本人を支援するための法律行為とそのための事実行為として何が必要なのか、そこには本人の意思決定があったのか、意思決定支援は誰がどのように行っているのか、実際のサービスに結び付けるためにどのような手配を行ったのか、などを確認することができると思います。

　そして、事例を読み進めていく中で、その身上監護業務で実現すべき本人の希望は何か、保護の必要性はどこまであるのか、本人の最善の利益とは何かなどの問題の本質をとらえ、その時の支援を分析しています。自分が成年後見人等となった場合にはどのように行動するだろうかという具体的なイメージを思い浮かべてください。また、もし自分が成年被後見人等だったら、家族だったら、援助者だったら、どのように感じるだろうか、どのように対応するだろうか、という視点で読み進めることも必要でしょう。

　私たちは、身上監護を重視する実践を通じて、成年後見人が1人で判断するのではなく、本人と関係機関との「コラボレーション」がキーワードになるのではないかと考えてきました。本人の意思決定を支援することは、成年後見人等が1人でできることではありません。本人を支えるには関係機関とのコラボレーションが非常に重要になります。誰が何を担当するか等、役割分担を明確化することが大切です。私たちの手探りの実践を共有していただき、ご意見や感想をいただいて、それをまた実践や本書に反映させていくこともまた、私たちと読者の皆様とのコラボレーションです。双方向の利用により相互に発展していく、身上監護のクリエイティブ・ラーニング（creative learning）を実践していきたいと考えています。

2 事例の読み方

　以下では、章ごとに事例を掲載しています。事例は、①事案の概要、②後見活動の内容、③意思決定支援の視点から学ぶべきポイントの順に紹介しています。

　「事案の概要」では、各事例の概要をつかむための基礎的な情報を掲載しています。あわせて、当事者関係を把握しやすいように、以下のようなジェノグラムを事例冒頭に置いています。

〔各事例の関係図における成年後見人等の表記〕

・成年後見人

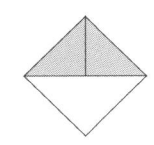

・任意後見人（任）

・保佐人

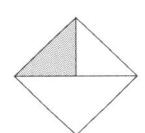

・保佐人（代理権が付与されている場合）（代）

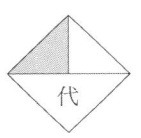

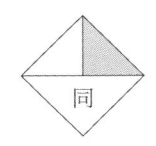

・補助人（同）

・補助人（代理権・同意権が付与されている場合）（代同）

〔ジェノグラム表記〕

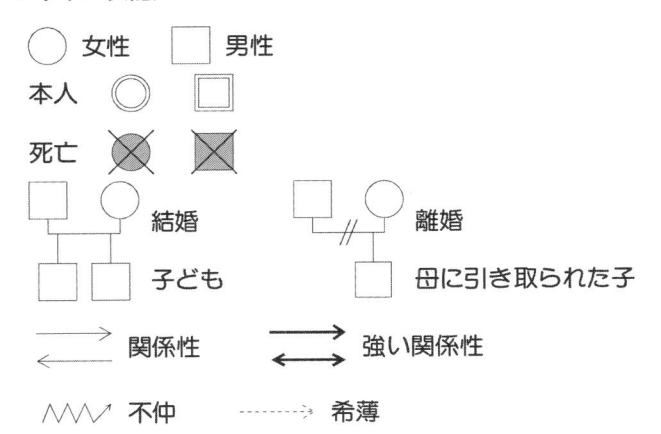

○ 女性　□ 男性

本人　◎　▣

死亡　⊗　⊠

□─○ 結婚　□―//―○ 離婚

子ども　　　　母に引き取られた子

→← 関係性　⇔ 強い関係性

〰〰 不仲　┄┄> 希薄

第1章　事例の考え方・読み方

「後見活動の内容」では、事案や成年後見人等が行った業務等についての紹介をし、それについて身上監護の構造（意思決定支援へのプロセス）とソーシャルサポートの6つの機能（前記第1部第2章2(3)参照）の観点から解説しています。

解説については、本文右側の余白に記載しています。ソーシャルサポートの6つの機能については、たとえば、自己評価サポートというように機能名を□で囲み、意思決定支援の視点から重要なポイントについてはゴシックで記載しています。そして、それらについて、次の記号に従って解説を加えています。この中には、本人に対するサポートだけでなく、本人の生活を維持・改善するための本人の関係者に対するサポートもあります。

〔　〕　ソーシャルサポートや支援が必要な本質的な問題状況
→　　　必要とされる具体的な対応
：　　　本事例に即してどのような意味をもつのかの説明

「意思決定支援の視点から学ぶべきポイント」では、その事案においてポイントとなった点について補足的な解説をし、また、それを踏まえたうえでその事案における対応を検討しています。意思決定支援について、事例ごとに取り上げ、成年後見人等や関係者がどのような視点でどのような支援を行ったのか、ソーシャルサポートの6つの機能などをもとに解説しています。

また、第3章の「コミュニケーションの支援を重視した事例」では、3で説明するソーシャルサポート・ネットワークの分析マップ（〈図8〉ソーシャルサポート・ネットワークの分析マップ（以下、「マップ」といいます。河野聖夫「ソーシャルサポート・ネットワークの分析（マップ）と役割分析図（神奈川県主任介護支援専門員研修事例研究事例検討指導方法資料）」をもとに作成。河野は、L・マグワイアによる「ソーシャル・サポート・ネットワークを示すマップ」をもとに、役割分析の観点から追加改変を行い、分析マップ（ツール）を作成）を用いて解説を行っています。

ソーシャルサポート・ネットワークとは、社会生活を送るうえでのさまざまな問題に対して、身近な人間関係における複数の個人や集団の連携による支援体制のことをいいます。地域社会に存在する住民や社会福祉関連機関、施設の専門職、ボランティア等のさまざまな人により組み立てられ、サービス利用者の個々の生活状況や問題に応じた個別のネットワークの形成が必要となります。マップでは、潜在するソーシャルサポート・ネットワーク等を可視化できるようにしています。

すでに述べたように、各事案で成年後見人等がとった対応がすべて模範的なものとはいえませんし、その後の制度改正によって、よりよい対応が可能になっていることもあるでしょう。また、いうまでもなく、すべての事案に適用できるものではなく、似たような状況でも、本人の希望や周囲の環境などによって異なる対応がよりふさわ

しい場合もあります。したがって、本書各事例の対応をそのまま実践するのではなく、実務の現場で問題に直面したときに選択肢を広げる際の参考にしていただきたいと思います。

③ マップの使い方

(1) マップの説明

〈図8〉に示すマップは、3重の同心円の真ん中に本人を書き、支援が日常に近い人ほど円の中心になるように「常時的・継続的支援」ができる人、「必要時に支援／要請時に支援」ができる人、「支援の可能性のある存在」というように書いていきます。その際に、「家族」、「友人・知人」、「地域」、「公的資源」というように、4分割して書いていくことを意識します。家族は○印、友人・知人、地域、公的資源は、個人を△印、組織を□印で表します。その中で、今よりもっと支援が強くなる（本人と近しくなる）とよいと思う人がいたら、どのくらいの位置まで支援があったらよいかを矢印で書いて示してみます。反対に、支援が遠ざかってしまった人なども矢印で示すことができます。このマップにより、本人にはどのような潜在的サポートがあるのかを認識することができ、さらに、新たなサポートを見出すことも考えられます。〈図8〉は、実際に成年後見人等が就任した時点での関係性をマップに表してみた記入例です。

次に、このマップをもとに、ソーシャルサポート・ネットワークの分析をすることも重要です。「本人はどのようなニーズをもつのだろうか」ということを考え、高齢者の場合、認知症や、施設入所という環境変化によってどのようなサポートを喪失し、その結果どのようなことが生じやすいか、それに対応するためにどのようなサポートが必要かを考えて、個人のニーズと可能なサポートをマッチングすることになります。ソーシャルサポート・ネットワークの中では、個人は果たすべきいくつかの役割をもっています。〈図8〉の下段にある「役割」の表は、先ほどのマップに示した人たちの中で、支援（意思決定支援）に関するそれぞれの場面（ニーズ）に分けて、①誰がどのような役割を引き受けているのか、②また、誰にどのような役割が期待できるのかを記載しています。個々の場面における自分のあるべき役割の判断資料として、成年後見人等にとっても、このマップは有効に活用できるのではないでしょうか。また、強力な法的権限を与えられている法定後見人の場合、特にその権限の行使もしくは不行使の正当性を、本人に対してはもとより、裁判所等に対しても、客観的に説明できることが必要です。どのようなチームアプローチで意思決定支援を行うかを検討する場面、さらには自らの支援の妥当性を事後的に自己検証したり対外的に説明する場面においても、極めて重要な根拠資料として活用されることが期待されます。

第1章　事例の考え方・読み方

(2) マップ記入例の事例の紹介と解説

事例

　障害のある60歳代後半のAさんの事例です。Aさんは、父親を早くに亡くし、在宅で母親と二人暮らしをしていました。母親が転倒し骨折して入院し、その後、老人保健施設へ入所することになり、Aさんは1人で生活することになりました。そのため、就労継続B型のサービス提供責任者が、本人や母親、かかりつけ医、社会福祉協議会に相談して、成年後見制度の利用に向けた手続を進めることになった事例です。社会福祉協議会の申立支援を受け、本人Aさんの兄が申立てを行いました。ぱあとなあの社会福祉士が成年後見人に選任され、その後、緊急で入ったグループホームのショートステイを経てグループホーム（GH）に入居することになりました。兄は、脳梗塞の後遺症のため軽い片麻痺があり、無理できない状況です。兄の息子（甥）は、就職して独立しているとのことでした。母親の姉夫婦が、母親の郷里であるC県に住んでいますが、高齢のため、かかわりがないということです。今後は、兄夫婦や、就労継続B型のサービス提供責任者、GH世話人等と連携しながら成年後見人として支援を行っていく予定です。GH入居に際しては、本人、就労継続B型サービス提供責任者、GH世話人、GH責任者、兄・義姉と成年後見人が集まってケース会議を開き、その席で本人から入居の意思を確認することができました。成年後見人は、就任時から、GHの入居契約などもあって本人とかかわりを密にとってきましたが、まだ本人の状況を十分に把握していません。今後は、本人の家族や関係者と連携しながら、定期的に日用品購入費を届け、訪問を重ね、本人とコミュニケーションをとっていきながら本人のアセスメントを深め、信頼関係の構築をしていく予定です。また、本人の母親に会いたいという希望をかなえるために、移動支援ヘルパーを利用して、母親の老人保健施設への面会を支援していくことも検討しています。

　〈図8〉は、成年後見人就任時に、成年後見人が捉えていたソーシャルサポート・ネットワークを可視化したものです。

　母に代わるキーパーソンとして、兄夫婦にどのくらいの支援をしてほしいかを矢印で示しています。今後、兄夫婦には、本人と関係をつくってもらうよう、関係者からも働きかけをしてもらうことを考えています。また、本人は、以前に甥と旅行に行ったことを楽しそうに話してくれましたので、甥を支援の可能性のある存在として記載しました。成年後見人のところにある双方向の矢印は、成年後見人は、常に本人の支援をしているわけではありませんが、必要時には支援ができる体制を確保することが必要になることを表しています。また、成年後見人をバックアップする存在としてここでは「ぱあとなあ」を表記しています。成年後見人だけでなく、チームでの支援が求められます。

③ マップの使い方

〈図8〉ソーシャルサポート・ネットワークの分析マップの記入例

作成日：○○年○月○日
（後見人就任時）

「家族」／「地域」／「友人・知人」／「公的資源」

外側から：支援の可能性のある存在／必要時に支援・要請時に支援／常時的・継続的支援／本人 Aさん 50代後半

家族：叔父、叔母、父（×）、甥、母、兄、義姉
地域：老人保健施設、病院、かかりつけ医、グループホームNPO法人、移動支援ヘルパー
公的資源：グループホームの世話人責任者、サービス提供責任者、社会福祉協議会、就労継続B型事業者、成年後見人、ぱあとなあ

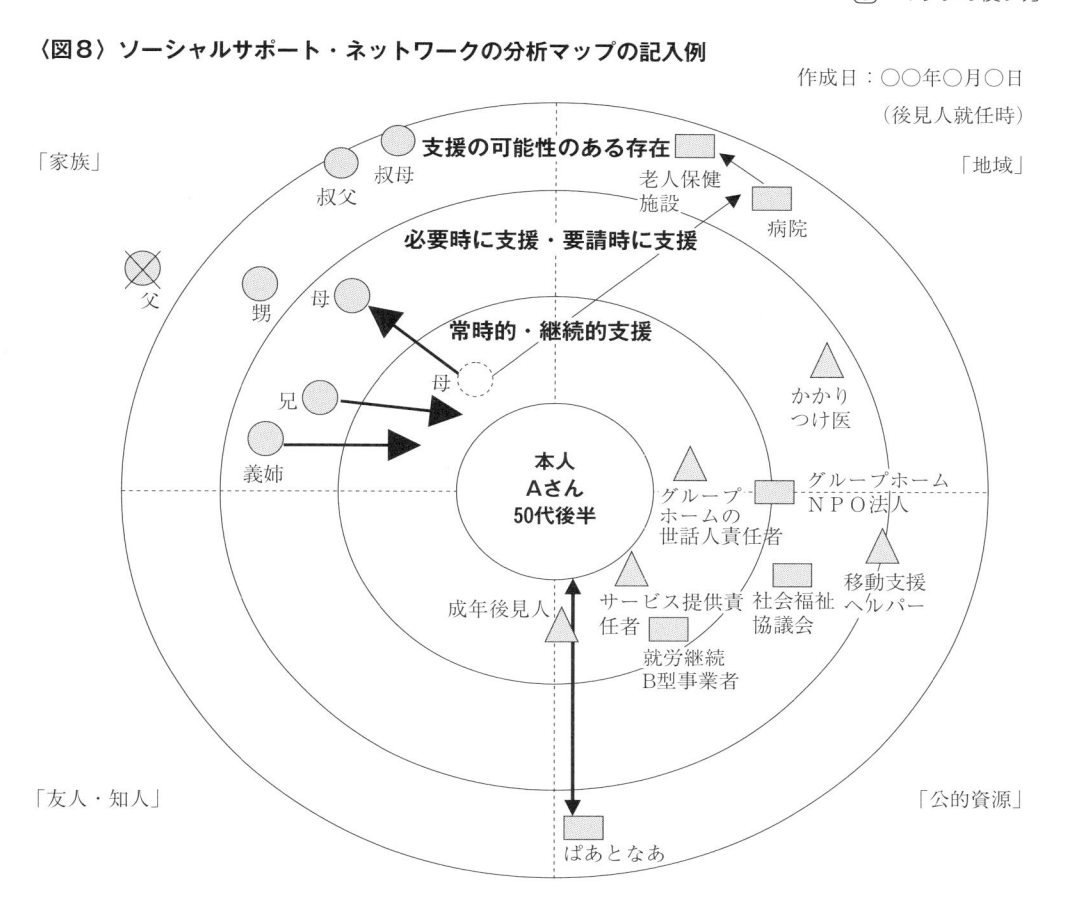

※家族○、友人・知人、地域、公的資源は個人を△、組織を□

〈役割分析〉

必要な支援（意思決定支援）	誰が（チームメンバー）	引き受けている・期待されている役割
成年後見の申立て	就労継続B型サービス提供責任者	社会福祉協議会への相談、社会福祉協議会と協力して本人と家族への成年後見制度利用の情報提供
	社会福祉協議会	親族申立支援、候補者紹介依頼
	兄・義姉	申立人、キーパーソン、母親の支援
	社会福祉士	成年後見人等候補者
グループホーム入所	就労継続B型サービス提供責任者	本人と家族への説明、本人への情報提供、意思の確認、モニタリング
	グループホーム世話人	体験入所の提供、入居支援、入居意思の確認、モニタリング
	グループホーム責任者	本人の家族（兄・義姉）への情報提供等の支援
	兄・義姉	本人へ生活支援、意思決定支援
	成年後見人	意思確認、入居契約、金銭管理、モニタリング

第2章 本人の意思を確認しながら居所を決定していった事例

1 事案の概要

(1) 本人および周囲の状況

〔本人〕　Aさん（70歳代の男性、要介護3）。

〔資産〕　500万円および200万円の預金口座がある。負債はない。

〔年金〕　月額18万円。

〔生活の場所〕　借家（家賃月額9万円）に20年来居住しているが、現在は入院中。近所付き合いはない。

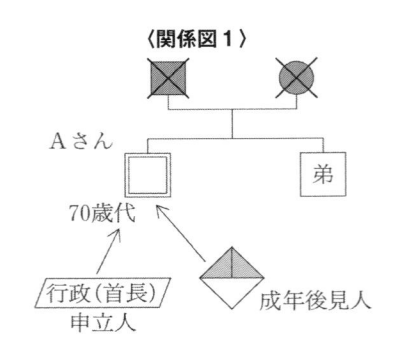

〔親族等〕　両親は死亡している。郷里に弟家族がいるが音信不通となっている。

〔生活歴〕　地元の高校を卒業した後に上京し、印刷工として定年まで働いた。2度の離婚経験があるが、子どもはいない。50歳頃から一人暮らしをしている。趣味の絵画では公募展でたびたび入賞し、個展を開催するなどしていた。

〈関係図1〉

(2) 申立てまでの経緯

Aさんは、前年夏に自宅前で転倒し、左大腿骨頚部の骨折により入院しました。その際、記憶障害・介護拒否があるということで、病院側が主導して手続を進め、要介護認定を受けました。

病院から呼ばれた郷里の弟が、着替えや通帳等を取りにAさんの家に行ったところ、家の中が物であふれており、認知症がかなり以前から進行していたことが推定されました。弟は、入院手続をし、今後のことを市役所に相談しました。

弟は、市役所で、金銭管理や生活支援のために成年後見制度の利用が必要だとすすめられたものの、Aさんが郷里の人たちと折り合いが悪くなっていることや、弟自身がAさんに電話で執拗な攻撃をされた経験もあったことから、申立人になることを断りました。なお、Aさんは当時、精神科病院に通院していました。

そこで、成年後見の利用に向けた手続は、市が主導して進めることとなりました。

首長申立てで成年後見開始の審判が出され、成年後見人には社会福祉士が選任されました。申立て・鑑定に時間がかかったため、審判確定時には、Ａさんは３カ月の入院を経たのち、２カ所の介護老人保健施設（老人保健施設）をめぐっていました。そして、現在の老人保健施設の退居期限が１カ月後に迫っていたため、成年後見人として緊急に対応することが必要でした。

審判確定後、成年後見人のもとへ市役所から電話があり、担当者会議への参加を求められ、そこで引継ぎをしたいと言われました。また、「今後は、特別養護老人ホームが空くまで老人保健施設を移りながら待つか、成年後見人が選任されたことを受けて有料老人ホームに入居するかになるでしょう」といった説明を受けました。

成年後見人は、まず、担当者会議に本人と一緒に参加することにしました。

２ 後見活動の内容

(1) 担当者会議への参加・引継ぎ

老人保健施設で行われた担当者会議の参加メンバーは、病院の相談員、市の担当者、地域包括支援センターの権利擁護担当者と①成年後見人、そして会議の後半から参加してもらう本人の５人でした。

これまでの経過説明を受け、Ａさんの財産と自宅の鍵の引継ぎを行い、申立書類の写しも受け取りました。地域包括支援センターの職員から、有料老人ホームのパンフレットももらいました。

その後、Ａさんの入院後の状況について説明を求めました。Ａさんは、最初の病院と次の老人保健施設では強い介護拒否や暴言・暴行等がありましたが、環境の変化に慣れてきたこともあり、最近ではそのようなことはなくなったということです。しかし、リハビリについては、本人の拒否が強かったために進まず、居室内の移動はなんとか自分でできるものの、居室外へ移動する場合には車椅子を使用していました。また、金銭管理についてはほとんど理解できず、老人保健施設の利用料の支払いは市の担当者が支援していました。

１カ月後に迫っている退居後の居所について、担当者会議参加者の意見は、「在宅復帰は無理なので、老人保健施設を移りながら特別養護老人ホームの空きを待つか、収入の範囲内で有料老人ホームに入るかのどちらか」ということでした。

②会議後半に参加したＡさんに、それまでの内容をわかりやす

① 道具的サポート
（老人保健施設退所後の居所が未定）
→担当者会議に参加し、他の関係者との関係性の構築を図り、成年後見人としてのアセスメントを行う

② 情報のサポート
（状況の打開策がわからず、自分の気持ちを言うことができない）
→わかりやすい説明をしたうえでＡさんの気持ちを引き出す

第2章　本人の意思を確認しながら居所を決定していった事例

く説明したうえで、今後の生活の場についてＡさんの気持ちを確認したところ、「わからない」と答えるだけでした。

(2) Ａさんとの関係づくり、状況把握

担当者会議の終了後、成年後見人はあらためてＡさんを訪ね、自宅での生活について尋ねると、話があちこちに飛び、理解するのに時間がかかりましたが、内容をおおよそつかむことができました。

③入居中の施設について、Ａさんは「食事が出てくるのはよいが、４人部屋は狭いし不自由」と不満を述べていました。また、「足が治ったら自宅に戻らなくてはならないが、自宅は急な坂道の途中にあるので昇り降りできるか不安」と、Ａさんは、自分の体力・健康面を踏まえた場合の住宅環境について、今後の不安を話すようになりました。

③ 自己評価のサポート
（現在の老人保健施設の状況に納得できない）
→本人の不安や不満を聴き取ることで本人の価値や存在を高める

その後、市の担当者と一緒にＡさんの自宅を見に行きました。Ａさんが話していたように家の前は坂道となっており、玄関前には急な階段がありました。部屋の中は、絵のほかにもいろいろな物であふれていました。

自宅に来ていた郵便物をＡさんと一緒に確認し、財産状況を把握したうえで、金融機関に成年後見人として選任されたことの届出をするなどの手続を進めました。また、リハビリの状況を把握し、自宅での生活の可能性を探るため、何度かＡさんを訪問し、関係者からの情報収集も行いました。

(3) 生活の場所の選択──本人意思の尊重

④Ａさん自身、「最近、坂道のある自宅での生活に不安がある。けれども、私には財産もないし、よい施設になんて入れるわけないんだ」と話すようになったことから、施設入居探しを一緒に進めることにしました。

④ 自己評価のサポート
（自宅での一人暮らしへの不安・あきらめ）
→一緒に施設入居探しができることを伝える

まず、⑤成年後見人が特別養護老人ホームや有料老人ホームに見学に行き、サービスや入居条件、入居手続等を確認しました。その後、Ａさんと一緒に見学に行ったところ、Ａさんは有料老人ホームに、自身のお気に入りの家具を持っていきたいと言い出しました。数日後、Ａさんを訪ねた際にも、その有料老人ホームのことを覚えていたので、「ショートステイを利用してみて、気に入ったら入居契約を結びましょう」と話しました。⑥ショートス

⑤ 情報のサポート
（多くの情報の中から選択するのは困難）
→本人の意向や条件にあう選択肢に絞り込んでから見学する

⑥ 社会的コンパニオン
（契約への不安）
→本人の気持ちに寄り添いながら契約行為を行う

② 後見活動の内容

テイを利用したＡさんは、有料老人ホームの個室を大変気に入り、「ここがいい」と言ったので、Ａさん同席のもと、入居契約を結ぶことにしました。

　そこで、老人保健施設の相談員に有料老人ホームへの診療情報提供書を依頼し、退居手続をとりました。また、移送のために、ホームへの移送の車を手配し、必要な荷物を整えました。

　入居契約の際、有料老人ホームから、成年後見人が身元保証人になることを求められましたが、⑦成年後見人の役割を丁寧に説明し、身元保証人にはなれないことの理解を得ることができました。また、入居後には、精神科の定期受診と歩行訓練のリハビリを有料老人ホームに依頼しました。⑧精神科の初診の際には成年後見人も同行し、老人保健施設の様子をＡさんに話してもらい、成年後見人はその整理や補足をするようにしました。

　Ａさんの弟に、成年後見人就任の挨拶と有料老人ホーム入居の報告の手紙を書いて送ったのち、⑨しばらくしてから電話をかけて、有料老人ホーム入居契約の身元保証人となってくれるよう依頼したところ、引き受けてくれることになりました。

　成年後見人は、役所の諸手続や成年後見人の業務として必要な連絡先については成年後見人宛てに郵便物が送付されるよう発送元に変更届を出しましたが、その他の私信については、Ａさんが入居している有料老人ホームに転送されるよう手続をとりました。⑩郵便物には美術展の案内が多く、それらを見て「また美術展に行けるかな」と話すＡさんに対し、近くの会場で開催されるものについては観覧してはどうかとＡさんに伝えました。

(4) Ａさんらしい生活

　入居後、Ａさんは、面会に行くたびに笑顔で迎えてくれるようになりました。

　成年後見人は、⑪Ａさんに自宅を一度見てもらい、有料老人ホームに持っていきたい家具や品物があれば持っていこうと考え、Ａさんとともに自宅を訪れました。Ａさんが自宅に戻るのは１年ぶりのことで、少しほっとしている様子がうかがえました。⑫自宅前の急な階段については、有償ヘルパーを依頼し、Ａさんを後ろから支え慎重に介助することで移動することができました。

　自宅から戻り、しばらくしてＡさんから、⑬「有料老人ホーム

---

⑦ 道具的サポート
(成年後見制度への理解不足)
→成年後見人の役割を丁寧に説明する

⑧ 社会的コンパニオン
(精神科初回受診の不安)
→Ａさんに同行して安心感を与え、Ａさんから医師に症状を伝えてもらえるようにする

⑨ 道具的サポート
(家族との関係が途切れており身元保証人がいない)
→家族との関係を再構築して弟に身元保証人を依頼する

⑩ モチベーションのサポート
(日々の生きがいを見出せない)
→美術展の観覧をすすめ、日々の生きがいにつなげる

⑪ 社会的コンパニオン
(久しぶりの帰宅に不安)
→本人に安心感を与えることでお気に入りの家具等を選べるようにする

⑫ 道具的サポート
(歩行への不安)
→安全のためにヘルパーを依頼する（成年後見人は直接介護はできない）

⑬ 地位のサポート
(自分の絵を役に立てたいという思い)
→絵をホームに寄贈・展示されることで本人がホームの役に立っていることを実感してもらう

第2章　本人の意思を確認しながら居所を決定していった事例

の職員に感謝しているので、過去に受賞した自身の絵をホームに寄贈したい」という相談を受けました。有料老人ホームも喜んでくれたので、Aさんに絵を選んでもらうために再度自宅へ同行しました。Aさんは、自宅で絵を懐かしそうに眺め、思い出を語ってくれました。成年後見人はAさんの絵画への思いを感じ、寄贈分の絵と自身の部屋に飾るための絵のほかに、絵画の道具も持ち帰ることとしました。

また、Aさんに、「この自宅は借家なので、ここを引き払い、施設でずっと暮らすのはどうか」と聞くと、「そうしてもかまわない」と言いました。

その後、⑭Aさんが「残っている絵を田舎に送りたい」と言うので、そのことを弟に電話で伝えたところ、了承を得ることができました。配送業者の配送費見積りを依頼したところ、見積額が18万円と高額になったので家庭裁判所に報告し、また、絵の寄贈と額装の出費についても家庭裁判所に相談して、了解を得ました。

⑭ 地位のサポート
身内に認められていないという思い
→絵画を見てもらうことで身内での地位の回復を図る

〔表4〕本事例における事実行為と法律行為

法律行為（権限行使）	事実行為
・有料老人ホーム見学のためのヘルパー依頼（準委任契約の締結） ・老人保健施設の退所手続（単独行為） ・老人ホームへ移動するための手配（旅客運送契約） ・老人ホームとの入居契約の締結（施設入所契約） ・精神科の受診（医療契約） ・有償ヘルパーの派遣依頼（準委任契約） ・緊急入院時の契約・退院手続（医療契約） ・施設へ絵の寄贈（贈与契約） ・田舎にいる弟へ絵の寄贈（贈与契約） ・配送費用見積り依頼（見積り契約） ・家財処分費用の見積り依頼（見積り契約） ・自宅の賃貸借契約の解約（契約の解除） ・公共料金等（供給契約）の解約（契約の解除） ※利用料等の支払いは「契約に基づく債務の履行」です。	・担当者会議への参加 ・関係者から情報収集、関係書類の受領 ・財産の引継ぎ ・自宅の鍵の受領 ・Aさんへの訪問（老人保健施設へ） ・役所の職員とAさんの自宅に同行 ・郵便物を持ち帰る ・財産状況の把握に努める ・金融機関への成年後見人の届出 ・状況把握のためのAさんへの訪問 ・関係者からの情報収集 ・有料老人ホームへの見学 ・老人保健施設への診療情報提供書の依頼 ・ショートステイのための必要な荷物を整理 ・成年後見人の役割の説明 ・精神科定期受診とリハビリの依頼 ・精神科受診への同行 ・弟に成年後見人就任の挨拶・ホーム入居を報告 ・弟に施設契約の身元引受人の依頼 ・Aさんへの面会（ホームへ） ・絵の選別のためにAさんと自宅を訪問 ・家財整理後、昔の写真をAさんに届ける
公法上の行為	
・行政機関への届出等を行う	

また、家庭裁判所に居住用不動産処分の許可申立てをしました。家財処分業者に見積りを依頼し、許可の審判が出されるのを待って、自宅の賃貸借契約の解約を行い、公共料金等の解約手続も行いました。処分のときは金銭や大事な書類がゴミに紛れないようチェックするために立ち会いました。

家財の整理をした後、昔の写真類をＡさんに届けると、Ａさんは、⑮「実家とは長いこと行き来がないが、お彼岸になったら一緒にお墓参りに行ってほしい」と言いました。また、「ゆくゆくは郷里の墓に入りたい」としみじみと語っていました。

⑮ 社会的コンパニオン
（帰郷への無沙汰の後悔）
→不安を和らげるために一緒に帰郷して、後悔の念の回復に寄り添う

豆知識❺

■身元保証（☞第２部第４章③(1)）

成年後見人等は、本人が施設や病院へ入居・入院するにあたり、施設等から、本人の「身元保証人」になるように依頼されることがあります。ここでいう「身元保証」の内容は必ずしも明らかでなく、施設等によっても異なりますが、「入居した本人が施設等に及ぼした全損害を賠償する責任」や、退院・退居の際の身元引受けが求められることもあります。

しかし、このような「身元保証」は、成年後見事務の対象外です。成年後見人等としては、施設等にそのことを説明して、引き受けるべきではありません。もっとも、施設等が求めている「身元保証」の具体的な内容が、成年後見事務の範囲内にあると考えられる場合には、その内容を特定したうえでこれを引き受けることは可能です。

豆知識❻

■居住用不動産の処分の許可（☞第２部第６章②(1)）

成年後見人等が、本人に代わって居住用不動産の処分（売却、賃貸、賃貸借の解除または抵当権の設定、その他これらに準ずる処分）を行うことについては、家庭裁判所の許可が必要です（民法859条の３・876条の５第２項・876条の10第１項）。家庭裁判所は、その処分が本人にとって必要かつ相当かどうかを考慮して、許可が適当かどうかを判断します。たとえば、売却の場合は売却代金額の相当性が考慮されます。売却代金額が相当かどうかの資料としては、路線価、近隣の売買事例、不動産業者の査定書などが参考にされます。

家庭裁判所の許可を得ないで処分行為が行われた場合、その効力はどうなるのでしょうか。本制度は、居住用不動産が本人の生活の基盤であることを考慮し、

その処分に司法の後見的関与を求めるものです。このような制度趣旨を考慮すると、許可を得ない処分行為は無権代理行為であり、無効と解するのが通説です。

③ 意思決定支援の視点から学ぶべきポイント

(1) 成年後見人としてのアセスメントの重要性

本事例は、関係者の間で居所の方向性が決められていた時点で選任された成年後見人が、関係機関・支援者と連携しつつ、本人の生きてきた歴史を確認しながら、「何が本人に最適か」をアセスメントし、時間をかけて本人や関係者との関係性を深めていったものです。

本人は、一人暮らしの不安を抱える中、骨折で入院したため在宅生活は難しく、特別養護老人ホームの空きを待つため老人保健施設に入居しました。その間に有料老人ホームのショートステイの利用や在宅生活の可能性を確認するために自宅に戻ったことで、自宅周辺の立地（坂道等）と身体的事情から、自分の状況を自分なりに考え、その結果、有料老人ホームに入居することを選択できたのではないでしょうか。そして、その過程があったからこそ、本人は絵を描くという自分の生きがいを再認識し、自作絵画を施設に寄贈したいという意思を表出できたといえるのではないかと思います。

このように本人の選択や希望を引き出すことができたことは、成年後見人や周囲の支援者による意思決定支援の成果だといえます。

(2) 「自分なりの選択」ができるための支援

本事例では、成年後見人が関係機関・支援者と連携しつつも、自らアセスメントを行い、担当者会議の席では自分の気持ちを表現することができなかったAさんの気持ちをくみとるために個別に面談を重ね、時間をかけて「自分がどうしたいのか」という気持ちを引き出す努力をしています。その中で、本人の言葉で気持ちを伝えることができるように情報のサポートを行っています。

そして、説明だけで判断することが難しい場合には、たとえば、事前に成年後見人が見学し、Aさんの希望に沿った施設を絞り込んだうえでAさんにその施設を見学してもらっています。そして、さらにAさんが見学して気に入った施設で実際にショートステイを体験してもらうという形で意思決定支援を行いました。

また、入居する施設を決めた後も、本人と自宅に一緒に行き、施設に持っていきたい物をAさんに選んでもらっています。

自慢の絵をホームに寄贈すること、実家で残りの絵を保管してもらうことができたことは、Aさんの尊厳が保持や本人のその後の生活のはりに役立ちました。

時間をかけ、本人が「自分なりの選択」ができるような支援を行ったことで、Aさんは穏やかな人生を取り戻すことができました。

　新オレンジプランの基本的な考え方である「認知症の人の意思が尊重され、できる限り住み慣れた地域のよい環境で自分らしく暮らし続けることができる社会の実現」のためには、このような時間をかけた小さな実践の積み重ねをしていくことが必要ではないでしょうか。

第3章　コミュニケーションの支援を重視した事例

第3章 コミュニケーションの支援を重視した事例

1 事案の概要

〈関係図2〉

(1) 本人および周囲の状況

〔本人〕　Bさん（80歳代の女性、要介護2、身体障害者手帳1級）。

〔資産〕　約3200万円。

〔年金〕　月額約8万2000円、福祉手当月額約1万5000円。

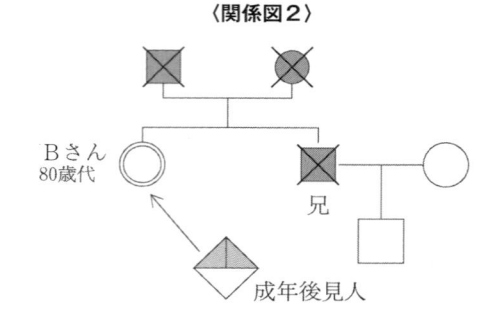

〔生活の場所〕　一戸建賃貸住宅からグループホーム。

〔親族等〕　両親・兄は死亡。結婚歴なし。申立て時の親族調査で、亡兄の家族からは連絡拒否との回答があった。

〔生活歴〕　聴覚・言語障害。成育歴、教育歴不明（聾学校小学部卒と思われる）。社長の理解のもと、印刷会社に住込みで就労していた。退職後は地域の手話サークルの知人がサポートしてきた。主なコミュニケーション手段は手話である。自分の氏名を書くことはできるが、住所は書けない。文字による説明で理解を得ることは難しい。

(2) 申立てまでの経緯

　Bさんは、一人暮らしで、身寄りもないことから、以前から交流があった手話ボランティアの知人数名がサポートをしてきました。

　ADL（日常生活動作）はほぼ自立していますが、服薬管理や片づけ、ゴミ出しも不十分で、知人がヘルパーの利用をすすめましたが本人が拒否していました。

　安否確認も兼ねて知人が本人宅を定期的に訪問し、通院同行、住宅探し、家賃の支払い等の支援を行っていました。金銭管理は不十分で、貸金庫の鍵や通帳を紛失するため、知人が通帳等を預かっていました。そして、本人と一緒に金融機関に行き、まとまった金額を払い出して本人に渡していました。何かあると知人宅へ行って訴えることで解決するため、本人に困ったという感覚はありませんでしたが、知人側は、昼夜を問わず「お金がなくなった」などと訪問を受け、さらに本人から「お金を盗った」と言われるようになったため、知人だけでの支援に限界を感じるようになり、行

政に相談しました。

行政の担当者から亡兄の妻に確認したところ、かかわりを拒否され、「長男には、Bさんの存在を伝えていません。自分が亡くなった後のことはお任せします」と回答されました。

そのため、社会福祉協議会が窓口となり、検討した結果、首長申立てをすることになりました。ぱあとなあ東京に成年後見人等候補者の推薦依頼があり、手話通訳士の資格をもつ社会福祉士が候補者となりました。家庭裁判所の審判により、成年後見開始審判が出され、候補者の社会福祉士が成年後見人に選任されました。

2 後見活動の内容

(1) サービスの利用と障害の理解

Bさんの自宅は2階建ての賃貸住宅で、1階は台所・風呂・トイレといった水回りのみ、2階は居間となっています。Bさんは、生活のほとんどを居間で過ごしています。しかし、①2階に行き来する階段は踏面が狭く、急な造りになっているので、成年後見人は80歳代の人が1人で暮らす環境としては不安を感じていました。

Bさんは、1階の台所で調理をすることはなく、2階の居間に新聞紙を敷き、その上に置いた電気コンロで煮炊きをしていました。風呂は使用していない様子で、本人に聞くと「銭湯に行っている」とのことです。

体調の変化次第では自宅での独居生活が困難になることも予想されるため、施設に入居することを視野に入れつつ、②ヘルパーの利用を始めました。援助項目として、買い物、掃除、服薬管理、通院介助を依頼しました。以前にヘルパーの利用を試みたときには本人が利用を拒否したために実現しなかったと聞いたことから、今回は、成年後見人からケアマネジャーに対して、あらかじめ、手話以外にも絵や写真を使ってコミュニケーションをとる方法があることを説明し、Bさんへの理解を深めてもらいました。また、ヘルパーの利用を開始してからも、数回は行政に手話通訳の派遣を依頼し、Bさんの希望を確認しながら援助を行うように手配しました。

Bさんは、内科・歯科・眼科等に通院していました。成年後見人は、そういった通院の際にも手話通訳者派遣制度を利用して、

①環境アセスメント
→本人の生活能力と生活環境との関係を見立てる

②道具的サポート
本人の障害にあわせた支援の不足
→ヘルパーによる生活援助と身体介護、手話通訳によるコミュニケーションを保障する

第3章　コミュニケーションの支援を重視した事例

　Bさんの訴えを医師に、医師の説明をBさんに伝えられるように手配しました。Bさんが急に体調を崩して緊急搬送されたときには、手話通訳の手配が整わず、成年後見人が病院に向かうこともありました。③成年後見人の顔を見た瞬間、Bさんは、ほっとした表情を見せました。

　Bさんと成年後見人のコミュニケーションは、手話のみで行います。成年後見人が、利用するサービスの説明をすると、Bさんは笑顔でうなずきます。しかし、ヘルパーへの警戒心は依然として強く、1階部分の掃除を認めたのみで、2階を整理することに対しては強い拒否反応を示していました。

　申立書に添付された診断書の所見には、Bさんの状態について、「認知機能障害が進行。重度の認知症」と書かれており、長谷川式簡易認知症スケール1点と記載されていました。聴覚障害者が成年後見制度を利用する際に添付される診断書には、「字が書けない」「検査実施不可」「手話通訳を介しても判断不明」などといった記述がよくみられます。このような記載からは、純粋な判断能力の程度による診断ではなく、語彙の少なさのために診察時に困難を伴うことから、後見類型と診断される傾向があるように感じられます。④判断に必要な情報を、本人に理解できるような形・内容で提供しなければ、本人の意思を確認することはできません。本事例では、成年後見人が本人と手話で直接にコミュニケーションをとることが、本人との関係づくりや意思決定支援に非常に重要でした。

　あるとき、ヘルパーが訪問しても応答のない日が2〜3日続きました。当初は訪問拒否かと思って様子をみていましたが、数日後にBさんが玄関を開けたので入室してみると、Bさんは圧迫骨折のために移動できなかったことが判明しました。ヘルパーから連絡を受けた成年後見人が、すぐに病院での受診を手配し、服薬と貼り薬を処方してもらったところ、快方に向かいました。このことがあってから、骨折部分の痛みが再発しないかという心配が増えるとともに、⑤Bさんが安心して生活できる環境を整備することが課題となりました。

　少し慣れてきたケアマネジャーが、Bさんと近所のデイサービスの見学に行ったとき、Bさんが機嫌よく帰宅したことから、ケ

③ 社会的コンパニオン
（緊急時に言葉も通じず不安な状態）
→信頼している成年後見人が身近にいることで安心する

④ バリアフリー（意思疎通支援）
：Bさんの言語は手話である。あらゆる意思決定の場面において手話通訳を派遣する必要がある

⑤ リスクマネジメント
→緊急時の連絡方法として、緊急通報装置を導入するなどの手続を行う

アマネジャーから成年後見人に、「デイサービスのお試し利用をしてはどうか」という提案がされました。成年後見人は、本人が安心できる生活環境を整備するために、⑥⑦施設入居を視野に入れておかなければならないことを認識していたので、Ｂさんと話し合い、デイサービスを試しに利用してみることになりました。

ところがお試し利用の初日、デイサービスに到着してからまもなく、Ｂさんは落ち着きがなくなりました。周囲の人とコミュニケーションがとれずに不安になったようです。そして、デイサービスから帰宅した後、普段よりも強い拒否反応を示しました。そこで、デイサービスの利用はその日でやめることにし、当面は在宅での生活を継続することにしました。

しかし、数カ月後に起きた東日本大震災をきっかけに、大きな転機が訪れました。かつて経験したことのない大きな揺れに、Ｂさんは、逃げようにも逃げられない恐怖を感じたようです。そして、ちょうどそのときにヘルパーが訪問してくれたことに安心したのか、ヘルパーに対する緊張が解けたようで、身体介護・家事援助を受け入れ、⑧「ありがとう」という意思表示をするようになりました。ヘルパーとＢさんとの距離が一気に近くなったという印象を受けました。

Ｂさんは普段からテレビをよく見ていますが、画面だけで状況を理解することはとても困難です。東日本大震災の被災地である宮城や福島の説明をしても、「どこのこと？」という反応でしたが、成年後見人からＢさんに大震災当日の様子を尋ねると、「テレビで家が流されているのを見た。自分の家は大丈夫だった」という答えが返ってきました。また、「地震のときはどうするのか」と尋ねると、「地震を感じたら、走って外に出る」という答えが返ってきました。かつてない大きな揺れを体験し、外に出たくても出られないほどの恐怖を感じたのでしょう。

(2) デイサービスの利用

Ｂさんは、夕方になると外出して、スポーツ紙を購入することを日課としていました。そのため、ヘルパーから成年後見人のもとに、「訪問しても本人が不在で会えない」という電話が寄せられることがありました。Ｂさんは、スポーツ紙を購入した後、知人宅を訪問しようとすることもあり、時には途中で道がわからな

---

⑥ 情報のサポート
（在宅での生活しか考えていない）
→体験によるデイサービスの紹介を行う

⑦ 準備不足と早すぎたサービスの導入
：本人への対応の留意点などの説明不足、本人が必要性を感じていないのにサービスを手配したこと

⑧ サポートの互恵性
→一方的に援助されているだけではなく、感謝の気持ちを表現することでヘルパーのモチベーションを高める

くなることもあるようでした。市民が警察に連れて行ってくれて、夜9時過ぎに、警察から「Bさんを保護した」という連絡が届いたこともあります。警察によると、Bさんが成年後見人の名刺を差し出したので連絡したということでした。警察には、Bさんと成年後見人との関係を説明し、「Bさんの自宅まで送り届けてほしい」と頼みました。成年後見人と警察との連携の必要性が感じられる出来事でした。

　Bさんとヘルパーとの関係は良好になりましたが、Bさんがこのように所在不明を繰り返すことから、事故に巻き込まれることが懸念されました。そこで、Bさんや関係者との協議を行い、施設入居を具体的に検討することになりました。

　ケアマネジャーの紹介で、⑨成年後見人は、Bさんと、手話ボランティアの知人と一緒に、Bさんの自宅からほど近いグループホームを見学しました。そこは、デイサービスやショートステイなどが利用できる小規模多機能型施設です。Bさんに感想を聞くと、「気に入った」ということでした。そこで、まずは、デイサービスの利用から開始することにしました。ヘルパー事業所との引継ぎと並行して、新しい担当者へも、⑩障害を理解してBさんに対応してもらうための説明を行いました。その効果があったのか、今回は以前のときのような拒否感を示すことはありませんでした。

(3) 障害を持つ人の発見・社会参加の難しさ

　成年後見人が選任された当初、Bさんに「入浴はどうしているのですか」と尋ねると、Bさんは、「浴室」には首を振り、銭湯の方向を指しました。自宅での入浴を試してみようと確認すると、給湯器が故障していることがわかりました。管理会社に連絡すると、「これまで本人から何も申し出がなかったので交換していない」との回答でした。⑪Bさんは、給湯器の故障であると判断できず、また管理会社に連絡する手立てを知らずに、「お湯が出ない。仕方がないから銭湯に行く」という判断で過ごしてきたのだと思われます。器具の耐用年数を考えれば、管理会社から状況の確認があってもよかったのではないかと考えられますが、Bさん側から確認・連絡する手段が保障されていないことを感じさせられました。

⑨ 道具的サポート
（前回のお試しデイサービスが失敗）
→本人を知る身近な支援者によるコミュニケーションのサポートを図る

⑩ 新しい支援者に対する情報のサポート
（障害についての理解が難しい）
→小規模多機能型施設の責任者にも障害を理解してもらう

⑪合理的配慮の必要性
→民間会社に対する障害への理解を図ったうえで、本人へのサービスを提供してもらう

行政関係者が地域の高齢者宅を時々訪問していますが、本人がその訪問に気づかない場合や、あるいは質問用紙を渡すだけで調査の機会そのものが見過ごされており、福祉的な支援に結び付いてこなかったことも指摘できます。

(4) 大きなライフイベント

Bさんは、成年後見制度を利用する前に、片眼の白内障の手術を受けていました。成年後見人が選任されてから定期受診をした際、「今ならもう一方の眼の手術もできる」と、医師から早急な手術をすすめられました。

⑫聴覚障害者にとって視覚情報の確保は重要であり、視力の回復は今後の生活の質に大きく影響します。片眼の見えにくさを訴えていたBさんは躊躇なく手術を希望しました。

手術の話をきっかけに、グループホームから、「入居を前提にして、術前・術後の生活支援と入院中のケア体制を組んではどうか」との提案があり、Bさんに相談したところ、了解するということでしたので、急遽、入居の準備が始まりました。

⑬まず、デイサービスを利用しながら、気の合う利用者と一緒に宿泊体験を試みることにしました。Bさんは、普段と違う朝食のメニューに戸惑ったようですが、Bさんの好きなメニューを用意してもらっていたので、強い拒否感を持つまでには至りませんでした。

また、過去の経験を踏まえ、コミュニケーションがとりづらいために本人が動揺をみせたときには、⑭手話通訳派遣制度を利用することにしました。何かあれば派遣依頼の手続をすると、手話通訳者が施設を訪問しBさんの訴えを聞く、という態勢が整えられました。

⑮こうして何度か宿泊体験をした後、正式にグループホームに入居することとなりました。Bさんが入居する予定の部屋で最終的な入居意思の確認をしたところ、Bさんが了解したので、すぐに手続をし、転居することとなりました。そして、転居してから少し経って落ち着いたところで、白内障の手術をするために入院となりました。

通院時には手話通訳を依頼し、説明の場には成年後見人も同席することとしました。医師からは、成年後見人に手術の同意を求

---

⑫聴覚障害者における視覚情報の重要性
→聴覚と視覚の両方の障害になると大幅に情報を遮断されることになるため、白内障手術によって視力の回復を図る

⑬モチベーションのサポート
支えてもらう環境が必要
→宿泊体験をして、グループホーム入居につなげる

⑭道具的サポート
コミュニケーションが取りづらい
→手話通訳派遣制度を利用する

⑮本人の意思を反映した権限行使
：本人の意思に基づいてグループホームへの入居契約の締結をしている

められましたが、成年後見人には同意の権限がないことを説明し、了解してもらいました。障害ゆえの特別な準備が必要だといわれることはありませんでしたが、入院初日に突然、看護師から「付添人をつけないと手術ができない」と言われて慌てました。グループホームのスタッフが手を尽くして、訪問介護事業所に夜間を通した付添人を手配し、何とか対応することができました。

　Ｂさんは、無事に手術を終え、退院しました。

　術後の経過は順調です。⑯両眼の視力が安定したＢさんは、宅配されるスポーツ新聞を見ることが楽しみとなっています。また、花の水やりを日課としていたＢさんの自室内には花の鉢植えが並び、リビングにはＢさんが餌やり担当の金魚の水槽が置かれています。Ｂさんは、他の利用者が移動する際には手を貸し、フローリングの掃除も欠かさないといいます。

　成年後見人は、グループホームの主治医による定期的な訪問診療のとき以外にも、グループホーム内のイベントの際などに手話通訳派遣制度を継続して利用し、Ｂさんにコミュニケーション上の問題が生じないように気を配っています。また、⑰地元の手話サークルが傾聴ボランティアを実施していることから、それを依頼しました。これも、Ｂさんの安定につながっているようです。

(5) 類型変更

　グループホームでの生活にもなじんだＢさんは、日常的に職員や手話通訳派遣制度による手話通訳士、地元の手話ボランティアサークルの支援を受けながら、自分の意思を伝えて主体的な生活を送っています。その様子から、⑱成年後見人はＢさんに包括的な代理権が必要なのか、あらためて考えるようになりました。グループホームの主治医にＢさんの判断能力について率直に相談したところ、「後見類型ではないのではないか。保佐相当と考えられる」という助言を受け、Ｂさんにそのことを説明し、後見類型から保佐類型への類型変更申立てを行い、Ｂさんは保佐相当という審判が下りました。

⑯ 地位のサポート
（白内障の手術による視力の回復）
→グループホームに転居し、白内障の手術を受けてきたＢさんの頑張りを認めることで自己評価サポートにつなげる

⑰ 地域資源の活用
→地域の支援者のネットワークにつなげる

⑱ 類型の見直し
→本人の意思能力について、常にモニタリングを怠らないようにする（本事例の場合は、手話通訳と視力の回復による情報の保障により本来、本人が潜在的に保持していた判断能力を確認した）

豆知識❼

■聾者（ろう）と手話

　聴覚障害者のことを表す言い方には、「聞こえない人」「聞こえにくい人」「難

聴者」のほかに、手話という言葉を母語とする人を「聾者」という言い方があります。差別を意味するのではなく、誇りを持ち、自ら「聾者」であると称しています。

　かつて日本の聴覚障害教育では、手話を使うことが禁止され、口話が尊重される時代が長く続きました。それでも、聾者の集団の中では手話が育まれ、大切に受け継がれてきましたが、中には、聾学校の帰りに子ども同士で手話で会話をしていると石を投げつけられたり、家庭では母親から手話をしてはいけないと厳しく叱られ、手話は恥ずかしいものと言われた苦い思い出を持つ人は少なくありません。こうした背景の中で、日本の聾運動は、聾者の生活と権利を守るために、国民に聾者と手話への理解を広げ、手話を学ぶ人を増やし、手話通訳を制度化するために力を注いできました。

　2006年に国連で採択され2007年に発効した障害者権利条約では、「手話は言語である」と定義されています。「手話」が日本語と同じように言語として認知されたことには、極めて大きな意味があると評価されています。

　2011年に改正された障害者基本法においても、言語に手話を含むことが規定されています。

③ 意思決定支援の視点から学ぶべきポイント

(1) コミュニケーションの保障

　本事例で、成年後見人は、本人と信頼関係を築き、また本人の意思を確認しようとするときに、いかに本人とコミュニケーションをとるかということを考え、さまざまな手段によってその実現に向けた努力をしています。本事例のような聴覚障害者の援助においては、音声日本語や書記日本語（言葉や筆談）による理解が難しい場合もあります。そのようなときには、手話通訳派遣制度などの利用により、本人の意思を理解し、共感できるということが、本人との信頼関係を築き上げていくうえで、大きな鍵になります。障害を理解する際には、障害に対する社会の無理解や差別があること、そのことが本人に意思表示の機会を与えず判断の機会を奪ってきたことにも思いをいたしておきたいものです。

(2) 判断能力を高めるサポート

　大切なことは、Bさんにとってわかりやすい情報提供をすること、傾聴・対話によって本人の意思をくみ取ることです。最初にサービスの情報の提供だけを行っても、Bさんには、その情報を受け入れるだけの準備はできていませんでした。デイサービスの中断や警察に保護される等のさまざまな経験とそこからの学びで、本人だけでな

第3章　コミュニケーションの支援を重視した事例

く、本人を支える支援チームにも必要なことだったのではないでしょうか。

　そして、ソーシャルサポートを提供するにあたっては、本人がどのような機能のサポートを求めているのか、そのうち今優先されなければならないのは何かを判断して、サポートを提供することが求められます。本事例で重要だったのは、現在利用可能なサービスの情報を提供する「情報サポート」ではなく、手話通訳やホームヘルパーの派遣や同行という道具的サポートの提供でした。そのことにより本人の自己評価やモチベーションが高まり、グループホームの入居意思の確認ができました。そして、グループホームでの安心感や信頼感が地位のサポートとなり、もともと持っていた本人の力を発揮することにつながり、判断能力を高めていったのです。また、適切な情報を保障（手話通訳や視力の回復）し、その結果のモニタリングもしっかりと行い、場合によっては今回のように類型変更の申請を行うことも、成年後見人の重要な役割です。

(3) 地域のさまざまな支援者の活用

　このように、本人の意思決定支援には、長い時間とプロセスが必要です。成年後見人1人では担うことができないものです。本人を支えている社会的支援には、家族・友人・近隣（ご近所同士）・職場の同僚・ボランティアなどの身近な関係のインフォーマルなサポート提供者とフォーマルな公的機関や民間組織の専門職が含まれます。親族の支援が得られないBさんにとって、地域で支えてくれた手話ボランティアの力は重要な役割を担っています。成年後見人が選任された後も、関係を継続できるようにしていくことが大切です。

　〈図9〉は、ソーシャルサポート・ネットワークの分析マップを利用して、本事例を可視化したものです。Bさんへの支援を行うにあたって、関係者の役割と立ち位置、今後の見通しなどを確認しておくことが求められます。

③ 意思決定支援の視点から学ぶべきポイント

〈図9〉ソーシャルサポート・ネットワークの分析マップの記入例

○：家族、△：家族以外の個人、□：家族以外の法人など組織

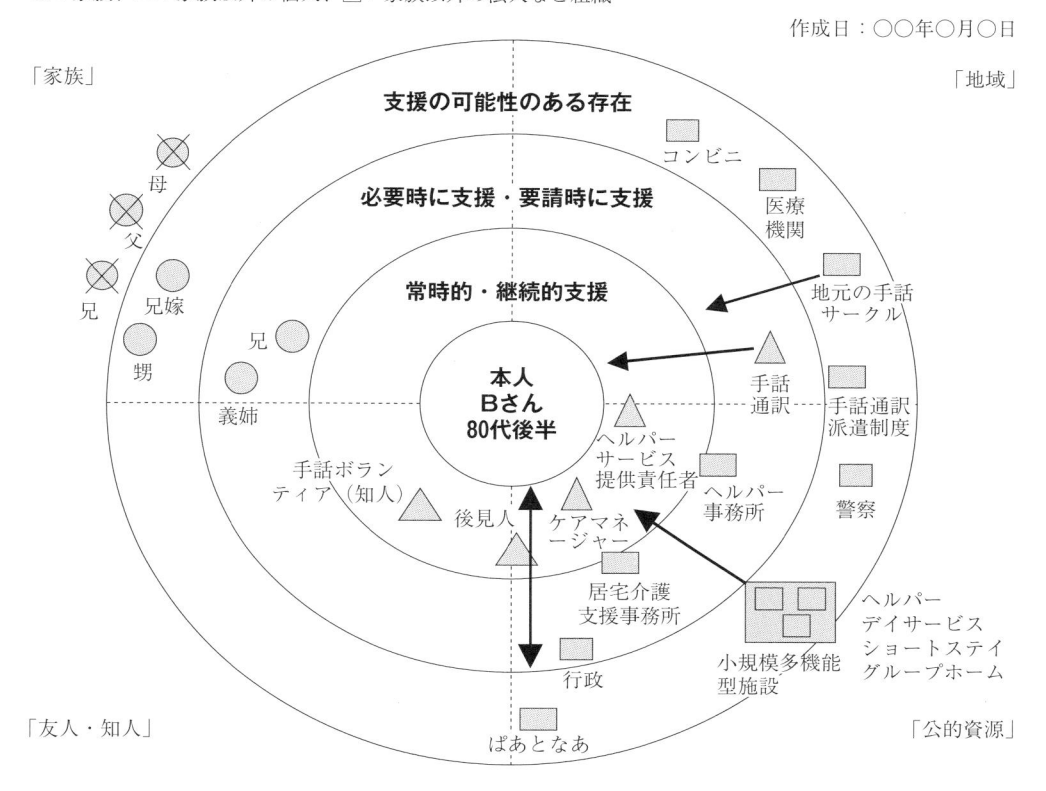

作成日：○○年○月○日

「家族」　　　　　　　　　　　　　　　　　　　　　　　　　　「地域」

支援の可能性のある存在

必要時に支援・要請時に支援

常時的・継続的支援

本人
Bさん
80代後半

⊗母　⊗父　⊗兄　兄嫁　甥　義姉　兄　手話ボランティア（知人）　後見人　ヘルパーサービス提供責任者　ケアマネジャー　手話通訳　コンビニ　医療機関　地元の手話サークル　手話通訳派遣制度　ヘルパー事務所　警察　居宅介護支援事務所　行政　小規模多機能型施設　ヘルパー　デイサービス　ショートステイ　グループホーム　ぱあとなあ

「友人・知人」　　　　　　　　　　　　　　　　　　　　　　「公的資源」

※家族○、友人・知人、地域、公的資源は個人を△、組織を□

役割分析

必要な支援（意思決定支援）	誰が（チームメンバー）	引き受けている・期待されている役割
通院	ケアマネジャー	ヘルパーの調整
	ヘルパー	通院同行
	成年後見人	手話通訳者派遣制度利用手配
グループホーム入所	ケアマネジャー	調整手配・デイサービス、宿泊体験
	知人（手話ボランティア）	施設見学同行
	手話通訳	コミュニケーション保障・不安の解消
	グループホーム職員	入所支援・サービス提供
	成年後見人	施設見学同行、入居準備、支援・意思の確認、入居契約（権限行使）
白内障の手術	成年後見人	説明の場に同席・入院契約（権限行使）
	手話通訳	コミュニケーション・情報サポート
	医師	インフォームド・コンセント

※成年後見人は、必要時には密接関与し、時には見守りに回ったりと、適宜立ち位置が動きます。

— 151 —

第4章 本人にとっての最善の施設選択に配慮した事例

第4章 本人にとっての最善の施設選択に配慮した事例

1 事案の概要

(1) 本人および周囲の状況

〔本人〕 Cさん（80歳代の女性、要介護3）。

〔資産〕 弟妹と共同名義の土地に、本人名義の2階建て居住用住宅を所有。約5000万円の定期預金と約200万円の普通預金のほか、金融資産が約2000万円ある。負債はない。

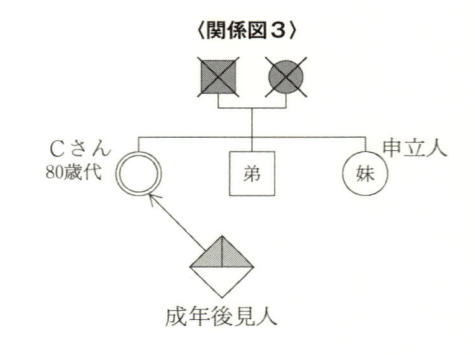

〈関係図3〉

〔年金〕 月約18万円。

〔生活の場所〕 持家に独居。

〔親族等〕 近県に弟妹がいる。

〔生活歴〕 自営の父を手伝っていたが、30歳代の頃一般企業に就職し、定年まで勤務した。婚姻歴はなく、子もない。両親死亡後、一軒家に独居している。

(2) 申立てまでの経緯

　Cさんは、自ら市の高齢福祉課を訪ね、介護保険の訪問介護サービスを利用していました。そのうちに、ヘルパーに対して物盗られ妄想が出現するようになり、ヘルパーや派遣事業所の交代を繰り返しました。弟と妹がケアマネジャーに呼ばれて事情を聞き、調べたところ、数カ月の間に預金通帳から100万円程度が引き出されていることが判明しました。Cさんは、そのお金で知人を通じてミンクの毛皮を購入し、その毛皮を「知人にあげた」と言います。そこで、弟と妹は、知人に毛皮の返還を求め、知人はこれに応じてくれました。弟と妹は、Cさんが金銭管理をするのは困難と判断し、成年後見の申立てを行うことにしました。

　妹は、自身が成年後見人等の候補者となることを強く希望し、自ら成年後見開始の審判の申立てを行いました。しかし、弟は、「申立人である妹は昔から姉と不仲だったので、妹が成年後見人になると姉がかわいそうだ」と家庭裁判所調査官に告げまし

た。また、Cさんは、「妹が通帳を持っていってしまった。返してほしい」と訴えていました。

家庭裁判所の審判により、成年後見が開始され、成年後見人には、第三者である社会福祉士が選任されました。妹はこれに不満を持ったようで、家庭裁判所に、成年後見人の交替を求めました。しかし、家庭裁判所はこの申し出を受け付けませんでした。

その直後から、妹は、成年後見人に告げることなく、Cさんの入居先を探し始めました。数カ所の老人ホームを見学し、その中のRホームには弟とCさんを同行していました。

また、成年後見人の選任に対する不服申立てを高等裁判所に行いました。成年後見人を選任する審判については、家庭裁判所の職権事項であり、不服申立てをすることはできないため、却下となり、審判から約2カ月後に当初の審判が確定することになりました。

② 後見活動の内容

(1) Cさん宅での面談

成年後見開始の審判が確定した後、成年後見人は弟・妹にCさん宅に集まってもらい、成年後見人就任の挨拶をしました。Cさんは、事前に聞かされていたのか、機嫌がよさそうでした。その場で、妹が預かっていた預貯金などの物品の引渡しやその他の申し送りを受けました。

その中に、Cさんが入居する予定だというRホームのパンフレットや、Cさんが署名した仮契約書もありました。年金収入の範囲内で月々の利用料や生活費のすべてを賄うことができ、Cさん自身も気に入っているとのことでした。

しかし、Cさんには資産・年金収入ともに十分あるのに、なぜ年金収入の範囲内での選択なのでしょうか。Cさんは未婚で、子どももなく、財産を残さなければならない理由は見当たりません。

①本契約締結と決められた日まで2日しかなかったので、成年後見人は、急遽(きゅうきょ)Rホームを見学することにしました。

(2) Rホームの見学

Rホームのホールには、一流ホテルといった様相のシャンデリアが輝いていました。成年後見人は、Cさんが予約したという部屋に案内されました。

高齢者のための住まいでは、出入口は、通常、引き戸となって

① 道具的サポート
（契約期日が迫っており、情報が足りない）
→Rホームを見学し、施設の環境を確認し、本人のニーズに合った施設かどうかを見極める

第4章 本人にとっての最善の施設選択に配慮した事例

いますが、ここでは開き戸でした。これでは、立位や歩行が不安定なCさんは、足が前に出ずに、ドアの取手をつかんだままドアと一緒に倒れこむおそれがあります。

また、部屋の正面にある窓は高すぎて開閉もままならないばかりか、円背(猫背)のCさんの目には空も映らず、閉じこめられたような感覚になり、精神的ダメージを受けるのではないかと思われます。

自室内のユニット式のバス・トイレの入口には15cm以上の段差がありました。これでは利用するたびに職員を呼んで介助を受けなければならないでしょう。これだけでもCさんのプライドを傷つけ、自立を阻害してしまいそうです。

電話線も引かれていないので、友人と旧交を温めるなど、現状の社会関係を保つことも難しくなるのではないかと考えられます。

これらの諸点を改善してもらいたいと考え、翌日、Rホームで話合いをしましたが、Rホーム側は、この施設は、自立した高齢者の施設として使用するために社員の研修施設だった建物を買い取ったもので、「リフォームは全く考えていない」と言い、妥協の余地はありません。

これらの経緯を家庭裁判所に書面で報告したうえで、Cさん・弟・妹に再度集まってもらい、Cさんの「Rホームに入りたい」という意思を慮りつつも、②Rホームとの入居契約を断念してもらうしかないと判断した事情を説明したところ、Cさん・弟も納得したことから、取り消すこととなりました。これに対しては、Rホームへの入居を主導的に進めてきた妹は不満を持っているようでした。

この時点では後見登記がなされておらず登記事項証明書が取得できなかったため、成年後見人であることを証明する書面として家庭裁判所より送付されていた審判書および確定証明をRホームに提示し、仮契約を取り消しました。

③納得できない妹から、後日、「本人の意思を無視して成年後見人が入居を断った。社会福祉士としての倫理違反ではないか」という苦情がぱあとなあ東京に寄せられました。ぱあとなあ東京は、妹の訴えを傾聴し、苦情を受理し、調査を行いました。調査の結果、妹の訴えがCさんのためであることが認められたうえで、

② 情報のサポート
Rホームに対する理解が十分ではない
→Cさん・弟妹にRホームの適切な情報を伝える

③ 妹への 地位のサポート
妹がCさんのために行ったことが認められていない
→妹がCさんのために行ったことを認めるために、ぱあとなあ東京が苦情を受理・調査し、公平な立場で状況を確認して伝える

Cさんの心身の状況に配慮すればRホームを選択することは不適当であることが説明され、成年後見人の対応は適切であると判断されました。妹も、自分の労を認められ、納得しました。

(3) Cさんが入居するホームの決定

その後、Cさんが入居するホームについて、あらためて情報を集めることとしました。よさそうなホームについてはCさんと一緒に見学し、担当者から説明された内容も考えあわせて、候補を絞っていきました。また、何回かCさん宅を訪ねたり、弟からCさんがどのような意向を持っているかを確認しながら「これから住むところ」について話し合いました。Cさんは次第に一人暮らしの寂しさを訴えるようになり、「あなた（成年後見人）が説明してくれたようなホームはどんなところなのか、見に行ってみたい」と言うようになりました。

こうして、半月ほど経った頃には、Cさんの居所と同じ区内にあるOホームに候補を絞りました。

Oホームには、狭いながらも菜園があり、季節の野菜を収穫したり、周辺に置かれたベンチでくつろいだりする入居者の様子は楽しそうでした。認知症の人へのケアも行き届いているようです。

④成年後見人は、Oホームのホーム長や看護師にCさん宅まで来てもらうように調整し、Cさん宅で面談を行いました。Cさんは、優しい雰囲気のホーム長に、「あなたがいるところなら行ってみたい」と答えました。

こうして、CさんはOホームに体験入居することになりました。1週間の体験期間中は、慣れない場所で見知らぬ人々に囲まれ、不安感が強いだろうと考えて、成年後見人は毎日面会を続けたい気持ちになりましたが、毎日顔を出すことで、Cさんが成年後見人の「Oホームで生活をしてほしい」という意向に沿わなければならないと考えてしまわないように、⑤ホーム長や他のスタッフに、Cさんが寂しくならないよう配慮をお願いしました。Cさんは、新しい環境に戸惑う様子をみせつつも、「職員が優しい」と笑顔で話すなど、次第になじんでいくようでした。体験期間が終わり、Cさんの入居継続の意思を確認したところ、Cさんは、「ここにいたい」と答えたので、成年後見人は、入居契約を結ぶこととしました。弟も身元保証人として署名・捺印することを引

④ 情報のサポート
（Oホームへ入居することへの不安）
→Oホームへの体験入居を勧めるために、ホーム長や看護師に面談をして説明してもらう

⑤ 社会的コンパニオン
（慣れない場所や見知らぬ人々への不安）
→Cさんとともにいること、寄り添う役割を施設職員に依頼する

第4章　本人にとっての最善の施設選択に配慮した事例

き受けてくれました。

　正式な入居にあたっては、Ｃさんが落ち着いて過ごせるようにと、自宅で使い慣れた電話機やタンス、衣類等をホームの自室に移しました。

(4) 家庭裁判所の調査、親族との関係修復

　入居してから１カ月ほど経ったある日、Ｃさんから成年後見人のところに電話がありました。Ｃさんは、⑥「ここに誘拐されてきてしまった。自宅に戻りたい」と強い口調で訴えるのです。成年後見人は、すぐにＣさんを訪問し、長い時間をかけて傾聴し、説明しましたが、Ｃさんは納得しないばかりか、「裁判所に連絡したい」と言います。成年後見人はＣさんが自らの意思を他人に伝えることはできると判断し、⑦家庭裁判所の電話番号を伝えました。

　数日後、家庭裁判所が選任した調査人によって、職員やＣさんに、２日間にわたる聴取りが行われました。その後、家庭裁判所から成年後見人に連絡があり、「Ｃさんは、『食事も美味しいし、職員もみな優しい』と言っていました。施設入居についてのいきさつについて、報告書を提出してください。それで今回の監督事件は終了します」とのことでした。

　成年後見人は、しばらくしてから、弟・妹あてに同じ文面で、家庭裁判所からＣさんの入居後の状況について調査があり無事に終了したこと、⑧Ｃさんがホームになじんでいる様子などを説明する内容の近況報告を送りました。その後、ホームから成年後見人あてに、「弟さん・妹さんの家族が一緒にＣさんを訪ねられ、ゲストルームでピアノに合わせて合唱したりしています」という報告が届くようになりました。また、Ｃさんのケアプランを検討する場で、「拒否することが多かった入浴も、親しい友達とはしゃぎながら入るようになり、お互いの部屋を行き来して、楽しそうにされています。Ｃさんが努力された結果でしょう」との説明もありました。

⑥ モチベーションのサポート
新しい環境に慣れず不安が大きい
→ネガティブな感情表出を承認する

⑦ 情報のサポート
対応方法がわからない
→具体的な方法の提示を行うことで第三者関係機関との連携を可能にする

⑧ 地位のサポート
施設への否定的な態度の変化
→施設職員や家族とのかかわりの中で本人の役割が獲得されるように、成年後見人が働きかけを行う

豆知識❽

■居所指定権（☞第2部第5章②(1)）

　居住用不動産の許可を定めた民法859条の3等の規定に関連して、成年後見人等に居所指定権があるかが問題となることがあります。生活の基盤である居所を決定すること（居所指定）は、基本的には本人の意思に基づくものでなければなりません。したがって、本人の意思に反して居所指定を強制することはできません。ただし、成年後見人等は、本人の居住用不動産の処分について、家庭裁判所の許可を得て行う権限があるので、この範囲では事実上の居所指定を行うことは可能です。この家庭裁判所の許可は、司法機関による後見的関与として行われるものであることに注目します。

　居住用不動産の処分行為は、本人の生活の基盤となる居住の利益（あるいは住居の確保）に関係するものですから、財産管理であるとともに身上監護の要素を有しています。居所指定が実効性を有するのは、本人の判断能力が不十分な場合に、本人の生命・健康の改善のために行われる場合などが考えられます。居所指定の問題は医療同意の問題と共通性を有するといえます。

豆知識❾

■施設の選択

　一般的に、成年後見人等が入居施設についてアセスメントを行う際には、次のような視点が求められます。

① 個人スペースの広さ、収納スペース、風呂、トイレ、風通しの有無など生活スペースの環境が整っているか。
② 入居者に対する職員の話しかけの雰囲気、対応などが適切に行われているか。
③ 食事内容の確認と食事の時間帯、食事場所全体の雰囲気が利用者本位になっているか。
④ 個人の趣味、外出などを行うことが可能かどうか。
⑤ 利用料が本人の収入で賄えるかどうか。
⑥ 職員体制は十分か、職員の入れ替わりが激しくないか。

　このような視点を踏まえて、専門職として十分なアセスメントを行い、その結果をわかりやすく本人に説明したうえで、施設入居を検討することが必要でしょう。つまり、利用者の目線・立場に立って、適切なアセスメントをすることが重要なのです。特に社会福祉士の成年後見人等には、成年後見人等としての役割と

第4章　本人にとっての最善の施設選択に配慮した事例

あわせて、福祉の専門職としての役割が求められているといえます。可能であれば、ショートステイや体験入所などをしてみることをおすすめします。

豆知識❿

■即時抗告

　審判事件については、裁判官が審判をします。即時抗告とは、一定の審判に不服があるときに、高等裁判所に審理を求めることをいいます。後見開始の審判、後見開始の申立てを却下する審判に対して不服がある場合、一定の者は、審判の告知を受けた日の翌日から起算して2週間以内に、即時抗告をすることができます（家事事件手続法85条・123条・132条・141条）。

　家事事件手続法は、85条以下に不服申立てに関する規定を置いています。主な規定をみますと、審判に対しては、特別の定めがある場合に限り、即時抗告をすることができる（同条1項）、手続費用の負担の裁判に対しては、独立して即時抗告をすることはできない（同条2項）、と規定しています。

　また、即時抗告期間については、「審判に対する即時抗告は、特別の定めがある場合を除き、2週間の不変期間内にしなければならない」（同法86条1項）、「即時抗告の期間は、特別の定めがある場合を除き、即時抗告をする者が、審判の告知を受ける者である場合にあってはその者が審判の告知を受けた日から、審判の告知を受ける者でない場合にあっては申立人が審判の告知を受けた日（2以上あるときは、当該日のうち最も遅い日）から、それぞれ進行する」（同条2項）、と規定しています。

　即時抗告について、広島高裁岡山支部平成18年2月17日決定（家庭裁判月報59巻6号42頁・判例タイムズ1229号304頁）は、次のように述べていますので、参考までにご紹介します。

　「審判に対しては最高裁判所の定めるところにより即時抗告のみをすることができるところ……成年後見人選任の審判に対し即時抗告をすることができる旨の規定はない。家事審判規則27条1項〔筆者注：現在の家事事件手続法123条〕は、民法7条に掲げる者は後見開始の審判に対し即時抗告をすることができる旨を規定しているが、その趣旨は、民法7条に掲げる者で後見開始の審判に不服のある者に即時抗告の権利を認めたものであり、これと同時にされた成年後見人選任の審判に対し即時抗告を認めたものではない。

　したがって、後見開始審判に対する即時抗告において、後見人選任の不当を抗告理由とすることはできず、抗告裁判所も原審判中の成年後見人選任部分の当否を審査することはできない。法は、後見人にその任務に適しない事由があるとき

> には、家庭裁判所は、被後見人の親族等の請求又は職権により、これを解任することができる（民法846条）などと定めるにとどめている」。
>
> 本事例では、Cさんの妹は、自らが成年後見人になることを希望していましたが、家庭裁判所は第三者である社会福祉士を選任しました。妹はこれを不服として即時抗告しましたが、上記の法令・判例に基づき、後見人選任の審判に対する申立てはできないこととなりますから、妹の申立ては、却下されています。
>
> ちなみに、不在者の財産管理人選任の審判（認容審判、却下審判）に対しては、即時抗告はできないと解されています。

③ 意思決定支援の視点から学ぶべきポイント

(1) 本人が明確に意思表示した内容に沿えなかった場合どうするか

本事例では、Cさん本人が決定した事項について、その決定が適切・妥当ではないと判断されたときにどのような根拠から支援が行われたかという点で、学ぶべきことが多くあります。

まず、成年後見人は、Cさんに対して、なぜRホームへの入居が適切ではないのか、Cさんにわかるように情報を提供するとともに説明をしています。そして、CさんがRホームへの入居契約を断念した後、あらためてCさんが入居するホームについて情報の収集・提供を行いました。情報提供を行う際には、成年後見人だけでなく、本人が本音を話せる親族や知人がいれば、そのような方々に本人の気持ちを聞き出してもらうなどの配慮も必要です。特に、自身に対するさまざまな決定権を持っていると思われてしまう成年後見人には、本人はなかなか本当の気持ちを話すことはできないものなのだ、という成年被後見人等の心情を理解することが必要ではないでしょうか。

また、CさんがOホームに体験入居したときに、成年後見人は、Cさんの不安な気持ちを慮って、できれば毎日面会に行きたいと考えました。しかし、この段階で成年後見人が毎日Cさんの前に顔を出すと、Cさんに対して「このホームでそのまま生活をしてほしい」という無言のメッセージを与えたり、成年後見人に依存させてしまうことになりかねません。これが、「ネガティブソーシャルサポート」といわれるものです（渡部律子『高齢者援助における相談面接の理論と実際』（医歯薬出版、2011年）54頁）。本人に寄り添うという社会的コンパニオンは、1つ間違うとネガティブソーシャルサポートに陥ってしまうおそれがあります。本人の性格によっては、成年後見人がかかわりすぎることで本人自身が依存的になってしまい、身動きがとれなくなってしまう場合がありますので、注意が必要です。そのため、成年後見人は、自身の気持ちを抑え、Cさんの周りにいる支援者に、Cさんの寂しい気持ちや不安な気持ちに配

慮してもらうよう求めました。その結果として、Cさんは自分の意思として「ここにいたい」と答えることができた、と考えられます。

(2) 本人に生じるフラストレーションへのサポート

しかし、そうはいっても、人の気持ちとはその時の状況によって揺れ動くものです。一度決定したものが未来永劫にわたって継続されるわけではないのは、成年被後見人等に限ったことではありません。Cさんは、自分の意思で「ここにいたい」と決めたけれど、やはり自宅で生活したいという思いも捨てきれなかったのでしょう。その思いが「自宅に戻りたい」「裁判所に連絡したい」という行動として表れたのだと考えられます。ここでは、Cさんにフラストレーションが生じていたものと思われます。心の動きの「揺れ」幅はさまざまですが、誰もが持っているもので、Cさんの状態であれば自宅に戻りたいのはなおさらです。成年後見人は、その気持ちを尊重し、「家庭裁判所に連絡をすることができるよう」支援しました。この「情報のサポート」による家庭裁判所の調査人の聴取が、現在の状況に対するCさんの主観的評価につながりました。その結果、Cさんは自己の居場所を自ら選択することになったといえます。自分で決定した施設の生活であるがゆえに、本人は自らの生活を作り上げるための努力をし、役割を持ち、安定・安心できる生活を実現できたのかもしれません。

本人のフラストレーションへの対処も、モチベーションのサポートの一つです。本事例では、本人がネガティブな感情をもったときに、その感情を適切な機関や適切な人に対して発信してよいということを伝え、また、その方法として具体的な電話番号を提示しています。その結果、本人はさまざまな人のかかわりにより、自らの環境を見つめ、自分らしく生活することができるようになりました。それが自分の価値を感じられ、自分の評価を再度高めることになる「自己評価サポート」につながります。これは成年後見人だけではなく、施設職員や家族などCさんにかかわるすべての人によって行われることが必要なものです。

(3) 本人を取り巻く家族に対するソーシャルサポート

本事例では、本人の妹から成年後見人に対して苦情が寄せられました。その内容は、妹なりに本人の意思や生活を慮ったものであり、妹の立場に立てば、その心情も理解できないものではありません。ぱあとなあ東京の調査などの結果、成年後見人の対応は適切であることが確認されましたが、妹に対して、適切な情報のサポートなどのソーシャルサポートが行われていれば、このような状況は生じなかったといえます。そして、このような情報のサポートが行われる前提として、家族に対する「地位のサポート」が重要です。苦情や意見の違いは、事柄に対する反発ではなく、心理的・感情的な反発の表れであることも往々にしてあり、このような場合は、心理的な部分に対するサポートがなければ、情報は適切に伝わらないからです。

3 意思決定支援の視点から学ぶべきポイント

　もちろん、成年後見人等は家族に対してサポートをする役割を担っているわけではありませんが、家族に対するソーシャルサポートの必要性を理解すれば、誰がその役割を担うことができるか、また、担うことが適切か、支援関係者と協議することになるでしょう。そのことが結果として成年後見人等の役割を理解することにつながり、Cさん本人にとっても、とても有益なことになると考えます。

第5章 適切な情報やサポートにより自己の権利に気づき権限を行使した事例

1 事案の概要

(1) 本人および周囲の状況

〔本人〕　Dさん（60歳代の男性、要介護3）。
〔資産〕　100万円程度の普通預金がある。負債はない。
〔年金〕　月額約7万4000円（特別支給の老齢厚生年金、年額約89万円）。
〔生活の場所〕　現在は在宅。特別養護老人ホーム入居を検討している。
〔親族等〕　Z県出身であり、両親は死亡している。郷里にいる兄が申立人である。
〔生活歴〕　地元の高校を卒業した後に上京し、発病により就労不能になるまで製紙会社等で働いていた。婚姻歴はなく、アパートで一人暮らしである。

〈関係図4〉

(2) 申立てまでの経緯

Dさんは、60歳を過ぎた頃から、長年にわたり携わってきた仕事の手順を忘れるなど、記憶力の低下が著しく、自己の金銭管理もできなくなりました。家族もいない独居生活だったので、当時の雇用主らの手配によって病院へ受診したところ、「アルツハイマー型認知症」と診断されました。

当時の雇用主らは、Dさんがこのまま仕事を続けることは難しいと考え、一人暮らしのDさんの今後の生活についてどうすべきか、市の福祉課に相談しました。

福祉課では、Dさんの生活状況や医師の診断から、介護サービスの利用に向けた支援を行うとともに、成年後見制度を利用する必要があると判断し、郷里にいる兄と連絡をとり、兄が申立てを行うこととなりました。

家庭裁判所の審判により、成年後見が開始され、第三者の成年後見人として社会福祉士が選任されました。

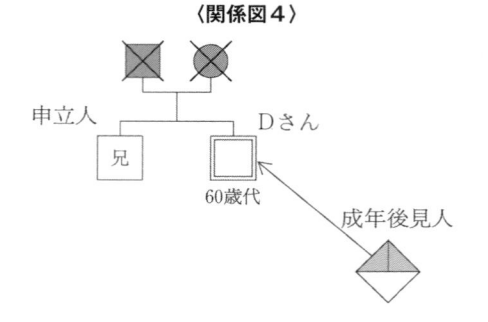

2 後見活動の内容

(1) 財産の調査

　成年後見人は市からの引継ぎを受け、①早速Dさんの財産調査を行いました。100万円程度の預金はありましたが、仕事は退職しており、現在の収入は、特別支給の老齢厚生年金（年額約89万円）だけでした。在宅での生活で、支出としては家賃、生活費、医療費、介護サービス利用費等があり、全体の収支は赤字でした。また、ケアマネジャーや地域包括支援センターの職員らがヘルパーサービス、デイサービス、配食等のサービス利用を支援していましたが、本人が自宅におらず、うまくサービスを使えないこともありました。

　要介護3の介護認定が出て、すでに申込みがなされていた3カ所の特別養護老人ホームのうち、1カ所は利用料の面で入居は困難でしたが、他の2カ所のどちらかであれば、年金収入で何とか暮らしていけると考えられました。しかし、入居した後の家の引払い・先々の入院のための予備費等を考えると、現在の預金と収入では心許ない状況でした。そのため、預金を使い切って、生活保護の住宅扶助・医療扶助・介護扶助などを申請することも検討しました。

(2) 年金受給額の増額を検討

　成年後見人が本人と今後の生活の場所について相談しようと自宅を訪れると、以前の職場の上着を着てテレビを見ていました。こちらの話にはうなずくものの、あまり口を開きませんでした。そういった日が何回か続くうちに、ある日、②Dさんが「ここがいい」とつぶやきました。成年後見人も「ここがいい？」と繰り返すと、「おやじさんが見つけてくれたんだ」とつぶやきました。

　そこで、成年後見人は、自宅での生活を継続するためにさまざまな方法を考えた結果、障害基礎年金を申請し、年金の増額を試みることにしました。

　現在の特別支給の老齢厚生年金は年額約89万円ですが、障害基礎年金の1級の裁定を受ければ、支給額は約99万円となり、受給額が増えることになります。種別の異なる年金は併給されず、どちらかを選択することになります。

---

①環境アセスメント
→情報のサポートのために収入・支出の確認を行い、準備をする

②本人の意思を探る
：成年後見人が「ここがいい？」と繰り返すことで、Dさんの発言を促し、話を聞きながら会話を進め、本人の意思を探る

第5章 適切な情報やサポートにより自己の権利に気づき権限を行使した事例

　年金のしくみは複雑で、申請書と一緒に提出する書類や資料が多く、手続は難しいものでした。日本年金機構のパンフレットを確認したうえで、年金事務所で説明を聞き、確認しながら手続を進めていきました。
　障害基礎年金を申請する際には診断書が必要となります。Dさんは、「障害認定日」からすでに1年以上経過していることもあり、申請時点の診断書も提出しなければならず、診断書作成費用が2通分必要になったこともあって、負担感が一層強くなりました。
　Dさんの現在の障害（アルツハイマー型認知症による精神障害）の程度は、「障害認定日」における障害より明らかに悪化しているので、「事後重症扱い」で申請したほうが、受給額は増加します。しかし、「事後重症扱い」とすると、通常の「障害認定日」を基準とした請求のように遡及して受給することはできず、請求月の翌月から受給することになります。また、③Dさんは4カ月後に65歳になりますが、「事後重症扱い」は65歳以前に申請しなければなりません。

(3) 障害基礎年金の申請

　成年後見人は、④病院から自宅近くの精神科クリニックを紹介してもらい、受診に同行し、相談しました。その際、医師から、自立支援医療制度での通院治療と、デイケアや訪問看護の利用をすすめられました。本人は、高齢者のデイサービスにはなじめなかったため、デイケアを利用することとし、後日、再度説明を行い、本人の同意を得て、自立支援医療（精神科通院）支給認定申請を行いました（ただし、精神障害者保健福祉手帳は取得していません）。デイケアを利用したことにより、ケアマネジャーは精神科医や精福保険福祉士からの医療的アドバイスを受けやすくなり、訪問介護の利用や服薬も確実に行われるようになりました。
　⑤成年後見人は、本人と事後重症扱いでの申請をしようと話し合い、現在の主治医と、障害認定日の頃にかかっていた病院の主治医に診断書作成を依頼しました。
　本人に家族はなく、長い間一人暮らしであったことから、発症当時の生活状況をどの程度把握できるか不明でしたが、「病歴状況申立書」を作成するために、発症当時勤務していた事業所の雇

---

③ 65歳・申請の壁
：障害基礎年金の申請を4カ月以内にしなければならない

④ 道具的サポート
（障害福祉サービスに関する情報の不足）
→年金申請のために診断書をもらう

⑤ 道具的サポート
（障害基礎年金の申請に関する診断書作成の必要）
→事後重症扱いとするため、障害認定時と現在の2通の診断書の作成を依頼する

用主や、Ｄさんにかかわった介護サービス事業者からの聴き取り等を行いました。

⑥今でもＤさんを気遣ってくれていた元雇用主は、Ｄさん宅を訪問してくれました。「病院に連れていくかなり前に、挙動不審で警察に保護されたことがありましたが、あれは病気で家がわからなくなっていたのですね。後で聞きましたが、病気だとも思わず、仕事を怠けていると思い、厳しく叱ったりして申し訳なかった」と話されました。聴き取りをしているうちに、Ｄさんの生活歴が少しずつみえてきました。仕事を終えた後になじみの店で1杯お酒を飲むのが楽しみだったこと、本人支援のために各種サービスを契約するときも「（元雇用主の）おやじさんに頼まれた」というキーワード（このキーワードを使ってお願いすると、おおむね受け入れてくれます）があることも知ることができました。⑦元雇用主からも、Ｄさんに対して、障害年金を受けられることについて説明してもらうことができました。そしてＤさんが納得のうえ、これらの資料をもとに、申請を行いました。

(4) 裁定の結果

申請から2カ月後、「障害認定日」における障害の程度は「2級」、「現時点（請求時）」では「1級」と裁定されました。

その結果、65歳以降に支給される年金額は、障害基礎年金1級（約99万円）となり、通常の老齢基礎年金（満額で約79万円）より約20万円が増額されて支給されることになります。また、現在支給されている特別支給の老齢厚生年金よりも約10万円多いことになります。さらに、障害基礎年金は課税対象収入にはならないので、行政サービス上の賦課金でも減免措置が受けられる等、本人の利益に資することができました。

本人にこのことを報告し、成年後見人が「これで晩酌もできるよ」と話したところ、うれしそうな表情を見せていました。

(5) 選挙権の行使

その後1年を経過した頃、市内のユニット型特別養護老人ホームに入居することができました。⑧年に数回、居酒屋イベントが開催されることが入居を決めた一番の理由でした。

施設入居後には、統一地方選挙の通知が届きました。施設の相談員から知らせを受けた成年後見人は、相談員と一緒に本人の投

---

⑥ 自己評価サポート

本人が信頼していた元雇用主とかかわりをもたなくなり不安
→Ｄさんが信頼している元雇用主から過去の話を聞くことで、これまでの生活を認め、自分の評価を再度高める

⑦ 潜在している支援力
→元雇用主によるかかわりの復活は、これまでのＤさんのつながり（ソーシャルサポート・ネットワーク）を広げた

⑧ モチベーションのサポート

施設入所への不安
→本人の晩酌の楽しみを尊重し楽しめる施設を選ぶ

第5章 適切な情報やサポートにより自己の権利に気づき権限を行使した事例

票の意向を確認しました。⑨「これまで、選挙はまじめに行っていたよ」と話し、投票したいという本人の意思は明確でした。Dさんが入所していた特別養護老人ホームは、不在者投票ができる指定施設でしたので、施設内不在者投票を、他の利用者の方たちと行いました。

⑨ 地位のサポート
（投票の権利）
→施設内での投票を行い、本人の権利の承認や重要性の確認を行う

豆知識⓫

■年金のしくみ

　成年後見人は、成年被後見人の財産を管理し、かつ、その財産に関する法律行為について成年被後見人を代表します（民法859条）。成年後見人は、その事務として、財産管理・保全の権限を有します。年金の管理もこれに含まれます。

　一口に年金といっても、年金の種類は、国民年金、厚生年金（共済年金は被用者年金一元化法の改正（2015年10月１日施行）により、厚生年金に統合されました）に大別され、また、年金の構造は、いわゆる１階部分、２階部分に分かれています。

　本事例で、成年後見人は、日本年金機構のパンフレットや行政担当者のアドバイスを参考にして本人の受給すべき年金を特定し、本人にふさわしい手続を進めています。年金については、しくみや手続が複雑ですから、日本年金機構や年金事務所に確認しながら事務を進めていくとよいでしょう。

豆知識⓬

■障害年金の申請

　年金の制度は複雑ですが、ここでは、障害年金の申請にあたってのポイントを確認しておきましょう。

☆障害基礎年金の対象者

　障害基礎年金は、心身に障害を受け、一定の受給要件を満たす人に給付される国民年金です。国民年金に未加入であったり、保険料の滞納などがあると、支給されない場合があります。一方、国民年金加入前の人や、20歳未満の時点で障害がありその状態が続いている人には支給されます。また、被保険者の資格を失った後でも、60歳以上65歳未満で日本国内に住んでいる間に障害の原因となった病気やけがの初診日がある場合にも受給できます。

☆障害基礎年金の裁定請求に必要な資料

　障害基礎年金の裁定を請求する場合、次の資料が必要となります。

① 「障害認定日」における「医師の診断書」
② 「病歴状況申立書」（発症当時の本人の生活状況などを記した書面）

③　請求時（現時点）の「医師の診断書」（障害認定日よりすでに１年以上が経過した場合）

なお、障害認定日とは、障害の程度を定める日のことで、その障害の原因となった傷病についての初診日から起算して１年６カ月を経過した日、または１年６カ月以内にその傷病が治った日（症状が固定した日）をいいます。

☆**事後重症扱い**

「障害認定日」における障害の程度が障害等級の１級・２級に該当しない場合でも、その後の悪化により、その時点での障害が１級・２級に該当すれば、現時点の診断書のみで請求できる制度です。ただし、65歳になる以前に請求する必要があります。

③ 意思決定支援の視点から学ぶべきポイント

(1) 人生のどのような周期にいるのか？

本事例は、生活費を確保するために、本人の収入である年金を検討して障害基礎年金を申請し、受給額の増加につながったものです。Ｄさんは、65歳を目前に控えており、これを過ぎてしまうと障害年金の申請ができなくなってしまう人生の転換期にいました。年金制度は複雑で、制度の変更などもありますから、最新の情報に気を配っていなくてはなりません。

なお、障害年金を受給するには、申請のための診断書が重要になります。この診断書を書いてもらえる医師に相談することが必要です。

(2) 本人の意思を確認するためには

本人の話を聞く際に、「あなたのことが知りたい」という成年後見人等の姿勢が、相手への自己評価のサポートとして重要です。成年後見人等は、本人から伝えられるメッセージ（言語や非言語的メッセージ）を傾聴し共感的理解を深めていきます。そして、メッセージを受け止める側からも、言葉や全身の態度・姿勢で本人に働きかけることが必要です。この全身から発せられるメッセージや、応答、明確化、観察などの面接技術が、自己評価へのサポートにつながり、信頼関係の構築につながります。本人の「ここがいい」というメッセージに対して、繰り返しの技法だけでなく、「どうして、ここがいいの？」という能動的傾聴など、効果的な質問をすることにより、本人のおおまかな姿をより明確に理解できます。そして、それは、本人に「自分を理解してもらえた」という安堵感を持ってもらうことにもなります。

このように、支援者が正確に状況を把握しながら、本人の置かれている状況を理解していくことが、自己評価のサポートにつながります。そのうえで適切な情報のサポ

第5章 適切な情報やサポートにより自己の権利に気づき権限を行使した事例

ートがなされることで、本人の同意や納得が得られやすくなります。

(3) 本人を支えるソーシャルサポート・ネットワーク

　Dさんには、年金を受給する権利があります。さらに、障害基礎年金を受給できるという選択肢があります。このことを知らなければ、Dさんの最善の利益を実現することは難しいという状況にありました。事例では、障害基礎年金の受給には発症時のことを確認する必要があり、そのために、本人を支援してくれていた元雇用主に話を聞いています。これがきっかけとなり、Dさんに潜在していた支援力の掘り起こしにもなりました。元雇用主は本人が「おやじさん」と呼ぶ、信頼を寄せていた人でもあり、ソーシャルサポート・ネットワークの中で、重要な意思決定を支えてくれる人でした。このインフォーマルな支援者の協力が、障害基礎年金を受給するという本人の意思決定において、将来の希望・解決に向かって進んでいこうというモチベーションを高めるサポートになり、Dさん自身による選好につながったといえます。

　また、成年後見人は、選挙権の行使について支援を行っています。選挙で投票できるということが、本人のプライドの復活にもなっているようでした。入所した施設は不在者投票ができる指定施設（指定施設になっていない施設では、最寄りの投票所に送迎するという支援をしてくれるところもあります）であったこともあり、施設内での投票することができました。これは、本人の承認や重要性の確認となり、地位のサポートにつながったものと思われます。

　支援者は、選挙の公正を害しないという範囲で、どのような支援ができるか、検討していく必要があるのではないでしょうか。

豆知識⓭

■選挙権の回復と成年後見人のかかわり方
　☆成年被後見人の選挙権について

　2013年5月27日、成年被後見人の選挙権の回復等のための公職選挙法等の一部を改正する法律が成立しました（2013年6月30日施行）。また、この改正では、あわせて、選挙の公正な実施を確保するため、代理投票において選挙人の投票を補助すべき者は、投票に係る事務に従事する者に限定されるとともに、病院・老人ホーム等における不在者投票について、外部立会人を立ち会わせること等の不在者投票の公正な実施確保の努力義務規定が設けられました。

　成年被後見人の選挙権訴訟（2011年2月1日に東京地方裁判所に提訴）の判決（2013年3月14日）は、選挙権を保障した憲法15条や憲法44条などに違反し、無効とする初めての判決を下しました。後見制度を借用して、一律に選挙権を奪うことがやむを得ないとは言えないと述べ、主権者についても「我が国の国民には、……様々なハンディキャップを負う者が多数存在する。そのような国民も本来、

我が国の主権者として自己統治を行う主体であることはいうまでもないことであって、そのような国民から選挙権を奪うのは、まさに自己統治を行うべき民主主義国家におけるプレイヤーとして不適格であるとして、主権者たる地位を事実上剥奪することにほかならない」と判示し、憲法はさまざまな状態にある国民を、当然、主権者として理解している、という判断が盛り込まれました。最後に、裁判長が、「どうぞ選挙権を行使して社会に参加してください。堂々と胸を張ってよい人生を生きてください」と原告に語りかけたことは、社会に感動を呼びました。

☆**選挙権の行使に関する成年後見人の職務**

成年後見人は、成年被後見人に対し、実施される選挙に関して、選挙権の行使が可能であることを告知しなければなりません。また、成年被後見人が選挙権行使の意思を表明した場合、利用できる制度を検討し、必要な手配を行うなど、成年被後見人が投票を円滑に行えるよう努めることが求められます。

☆**留意事項**

成年後見人は、自らが支持する政党名や候補者名を告げたり、自らの支持・不支持に関係なく特定の政党や候補者に関して感想や評価を告げるなど、成年被後見人の投票行動に影響を与える行動をしてはなりません。

第6章 手術の同意が必要となった事例

第6章 手術の同意が必要となった事例

1 事案の概要

(1) 本人および周囲の状況

〔本人〕 Eさん（80歳代の女性、要介護4）。

〔資産〕 普通預金約1000万円、定期預金2000万円。親から相続した本人名義の土地と居住用不動産を所有。負債はない。

〔年金〕 月額20万円。そのほかに毎月約13万円の家賃収入がある。

〔生活の場所〕 グループホーム。

〔親族等〕 両親は死亡し、姉2人が自宅の隣に住んでいる。

〔生活歴〕 大学卒業後、大学職員として働いていた。結婚歴はない。

〈関係図5〉

(2) 申立てまでの経緯

Eさんは、一軒家に1人で暮らしていました。アルツハイマー型認知症になってからは、家の内外とも荒れ果て、隣に住む2人の姉家族とは折り合いが悪く、放置されている状態でした。

日中は、首に家の鍵と大きな財布を下げて外出していることが多く、預金通帳も常に持ち歩いているため、外出先に置き忘れてなくしかけたこともありました。

地域包括支援センターから自治体の権利擁護担当者に相談があり、親族との関係が非常に悪いことから親族申立ては無理であるとの判断から、首長申立ての方向で検討がなされ、ぱあとなあ東京に成年後見人等候補者の推薦依頼がありました。

この間に、本人が契約者となって居宅介護サービスの利用契約が結ばれ、ヘルパーが入ることとなり、洗濯、掃除、入浴介護等の利用が始まっていました。

成年後見人等候補者となった社会福祉士は、選任される前にEさんとの面接をしました。Eさんは、社会福祉士を拒絶することもなく、成年後見人等候補者となることを了承したようでした。甥（長姉の子）からは、選任後は協力していく旨の意思表示

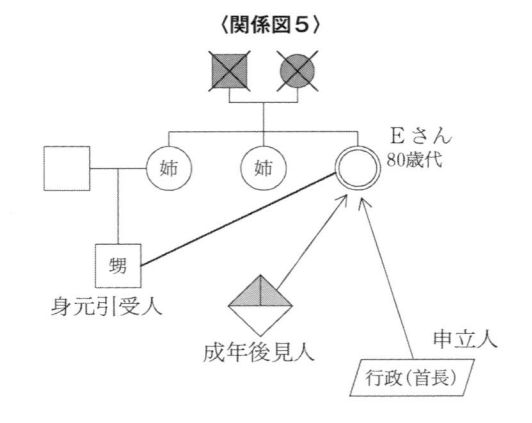

を受けました。

しかし、次姉は、第三者がかかわることについて否定的な発言をする一方で、「自分はかかわりたくない」と述べるなど、不安定な精神状態が見受けられました。

自治体の協議検討の結果、3カ月後に首長申立てが行われ、家庭裁判所の審判により後見が開始され、成年後見人として、候補者となっていた社会福祉士が選任されました。

この間に、Eさんは自宅での生活が困難になったことから、成年後見人が選任された後にすぐに手続を行うことを前提に、グループホームでの生活へと移行していました。

2 後見活動の内容

(1) 入居施設での事故

グループホームに入居していたEさんは、深夜にベッドから車いすに移乗しようとして転落し、左大腿部を痛めました。すぐに救急車が呼ばれ、グループホームの連携先であるA病院が受入れを了解し、緊急入院することになりました。

翌日、①成年後見人は、担当医より、診断の結果は左脚大腿骨の骨折であること、Eさんには手術が必要で手術後は車いすが必要となること、手術をしなかった場合には寝たきりとなりADL（日常生活動作）の低下が予測されることなどの説明を受け、Eさんにも説明しました。

②成年後見人は、入院手続の際、成年後見人の役割や、成年後見人は医療同意できないことなどを病院側に説明し、理解してもらっていました。そこで、今回の骨折に対する治療の判断については、甥（グループホームの入居契約に際して身元引受人となっています）と次姉に病院スタッフから連絡してもらうことになりました。

(2) 親族の手術拒否と本人同意による手術の決定

入院から3日後、③A病院の医師が甥に連絡をとり、手術の説明をして同意を得るため、来院を求めたところ、甥からは、「長年断絶状況にあり、既往歴等は承知していないので、同意はできない。同意は次姉である叔母（次姉）にお願いしたい」との意向が伝えられました。一方、次姉も、「自分はかかわりたくないが、他人には決めてほしくない」とし、手術の同意は得られませんで

① 情報のサポート
本人は入院直後で痛みが強く、説明を受けることができない
→医師の説明を本人の代わりに聞き、それを本人に伝える

② 道具的サポート
医療関係者の成年後見制度への理解不足
→成年後見人の役割を説明し、病院の役割を引き出す

③ 道具的サポート
手術の同意を得るための方法を模索
→支援できる可能性のある甥や次姉に病院から連絡してもらう

そこで、④グループホームの職員と医師と看護師同席のもと、本人に手術のことについて説明しました。⑤「Eさん、今、足の付け根の骨が折れているそうです。手術をしたら車いすで動けるかもしれないけれど、もし手術をしなかったら寝たきりになってしまうかもしれないそうです。手術する？　しない？　どちらにしますか？」と質問したところ、Eさんは、「ずっと痛いのはいや」と答えました。今度は、「車いすで動くことと、ベッドにずっと寝たままと、どちらがよい？」と聞くと「車いすがよい」と答えました。寝たきりは嫌だということと、ずっと痛いのは嫌だという本人の意思がみえてきました。

そこで、⑥医療ソーシャルワーカー（MSW）に立ち会ってもらい、成年後見人が本人に現在の状況をわかりやすく説明して本人の同意を引き出し、MSWからその同意について医師に伝えてもらいました。これによって、本人の同意があったという医師の判断で手術を行うことができました。

(3) 退院に向けて

退院の見通しがついた頃、⑦退院に向けて、Eさん、成年後見人、主治医、グループホーム施設長、介護責任者が同席のうえで、カンファレンスが行われました。

グループホーム側から、車いすを使用することを前提に、立位が保てるようになることを退院の目安にしてほしいとの要望がありました。そこで、立位保持を目標にリハビリを実施し、その後に退院する方針となりました。病院にはグループホームのスタッフもたびたび訪問し、本人のリハビリを促しました。

Eさんは手術から1カ月半で退院し、グループホームに笑顔で戻ることができました。

---

④ モチベーションのサポート
余後の予測ができない
→グループホームの職員の同席を求め、本人のよくなりたいという気持ちを引き出す

⑤ 情報のサポート
Eさん自身が自分の状態を理解できないため、意思の表出ができない
→わかりやすい言葉で説明する

⑥ 道具的サポート
専門知識を持つ人の支援が必要
→MSWに立ち会ってもらい、本人の手術の同意の確認と医師への伝達をスムーズにする

⑦ モチベーションのサポート
退院に向けたリハビリテーションの必要性
→立位保持の目標を確認し、グループホームの職員が訪問して本人のリハビリテーションの意欲を促す

豆知識⓮

■成年後見人と医療同意（☞第2部第4章②(1)）

医療同意は、医師が治療行為をする際のインフォームド・コンセント（説明と同意）の要素となるものです。この同意がないまま医的侵襲行為（身体を傷つける治療行為）を行うと、刑法上の傷害罪等に該当することになります。

この同意は、基本的に本人が行うものです。しかし、本人の意識がなかったり、

判断能力がないなどして、同意できない場合が問題となります。一般的に、このような場合には、法的根拠や権限がない中で、家族が同意を求められています。一方、成年後見人には、医療契約を締結する権限はありますが、手術等の医的侵襲行為について医療同意をする権限はないとされています。そのため、判断能力が低下した患者の場合、家族がいれば家族の同意のもとに手術等を行うことが可能になりますが、家族がいない場合は医療同意をする者がいないために医師・医療機関は手術等を躊躇することがある、といわれています。そのような場合、その人は適切な医療を受けられないことになります。法学上は、医事法に関する制度上の課題といえるものです。

後見実務においてよく問題となる医療行為と簡単な説明を以下に掲げます。

① 健康診断　成年後見人等であっても本人に健康診断を受診することを強制することはできません。

② 予防接種　インフルエンザ予防接種ガイドライン（2001年11月（2003年9月改編））によれば、「対象者の意思確認が困難な場合は、家族又はかかりつけ医の協力により対象者本人の意思確認をすることとし、接種希望であることが確認できた場合に接種を行うことができる。対象者の意思確認が最終的にできない場合は、予防接種法に基づいた接種を行うことはできない」と示されています。家族の同意でなく、対象者本人に対する接種意思の確認が重視されています。

③ 手術　手術のときに署名を求められる同意書は、手術のためのインフォームド・コンセントとしては意味があるものの、医療過誤の免責に値するものではありません。医療機関がそれにこだわっても、実際には医療機関側の安心感としての効果しかない、というのが今日的状況といえます。

3 意思決定支援の視点から学ぶべきポイント

(1) 専門機関の専門的知識の活用

本事例では、手術を行うための同意について、親族から得るのではなく、本人から得ることに向けて、成年後見人が奮闘しました。

本人の次姉・甥には、それぞれの思いがあり、救急搬送され、骨折によるADLの低下を防ぐために手術が必要な場合であっても、同意を得ることはできませんでした。

本人が必要な医療を受けるために、成年後見人としてはさまざまな支援をする必要があります。たとえば、入院する場合には、入院契約の締結、医師からの病状説明とその本人への伝達、入院時の身の回りの品の準備、留守宅への配慮、介護サービス事

業所への連絡、入院費用の支払いなどの事務が必要です。同時に、成年後見人は医的侵襲行為への同意の権限がないことについて親族や病院等への説明を行い、協力を求めます。

　本事例では、成年後見人の役割について、病院側の理解がありました。そのため、病院側から親族へ直接連絡がとられましたが、親族からの同意は得られませんでした。最終的には、本人の意思を引き出し、それをMSWから医師に説明をして、本人の同意があったとして医師が手術をすることになりました。

　しかし、手術の同意が得られない場合には、病院側から、「急性期病院での治療を望まない」ものと判断され、手術をせずに退院せざるを得ないこともあるようです。

(2) 医療行為の同意へ向けた意思決定支援を可能とするためには

　本事例の病院は、成年後見人には医療の同意権がないことをよく理解しており、「痛みをとって、グループホームに戻れるようになりたい」といった本人の意思をきちんと受け止め、それを本人の同意とした医師の判断で手術を行いました。

　そこに至る過程で、成年後見人は、本人の状況についての医師の説明を、本人に対してわかりやすい言葉で伝え、手術への同意の意思を確認しようと試みました。その際、MSWに立ち会ってもらい、医師への説明に向けて協力をしてもらうことで、医師の「本人の同意がある」という判断につながりました。

　しかし、いつもそのような判断がなされるかどうかはわかりません。成年後見人としては、医的侵襲行為については、原則として本人の同意が必要であることを理解しておく必要があります。本事例でも、その前提のもとで、時間をかけ、グループホームの職員などの協力を得ながら、本人に対するモチベーションのサポートをしたことによって、本人のよくなりたいという意欲を引き出すことができたといえます。

　判断能力が不十分な状態にある人にとって、自分の置かれている状況や、手術を受けるリスクを理解することは大変難しいことでしょう。高齢であったり、脳梗塞や心筋梗塞の既往歴がある場合の手術時の麻酔等が体に与える影響など、たとえ判断能力があったとしても判断に迷ってしまうことも多いと思われます。

　医的侵襲を伴う医療行為について、本人が決定できない場合の法的整備が不十分であり、適切な医療を受けることができない場合があることが従来より指摘されています（日本社会福祉士会「成年後見制度とその運用の改善に関する意見」（2010年11月16日）、日弁連「医療同意能力がない者の医療同意代行に関する法律大綱」（2011年12月15日））。そのような場合に、第三者による同意をもって本人同意に代えられるような制度のあり方について、継続して検討されることが求められています。

第7章 本人の生活の安定を図り、養護者の支援体制を意識した事例

1 事案の概要

(1) 本人および周囲の状況

〔本人〕　Fさん（80歳代の女性、アルツハイマー型認知症、要介護5）。

〔資産〕　受任時の預金残高は約40万円。老後の生活の場にと考えていた本人名義の2階建て居住用不動産を近県に所有。負債はサービス利用料と前年度分固定資産税の未払分の合計約9万円。

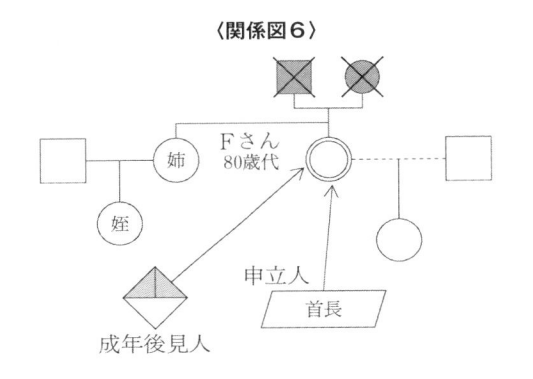

〔年金〕　月額約17万円。

〔生活の場所〕　特別養護老人ホーム。

〔親族等〕　複雑な婚姻関係の間に生まれ、養女として育った。未婚のまま長女を出産。姉家族とは親しく、入居契約等には姪が協力した。

〔生活歴〕　いくつかの職を経た後、料理店に長く勤め、手際がよい働き者との評判だった。

(2) 申立てまでの経緯

　Fさんは、数年前からもの忘れがひどくなり、金銭管理ができなくなっていたようです。自宅から離れた場所で、不審者として警察に保護されたことから、自治体や地域包括支援センターがかかわるようになり、緊急ショートステイを利用した後、不穏状態のため精神科病院に入院しました。

　当時のFさんの自宅は、不動産業者の厚意により賃料を支払わずに住んでいたアパートでしたが、下水管のトラブルがあり、その修復のために退去を迫られていました。外からの光が遮断された真っ暗な居室には、引越しをしたときのままと思われる段ボールが部屋いっぱいに積み上げられ、弁当の容器や袋が散乱し、1人が横になれる空間のみが確保された状態でした。ここに住み始めた時点で、Fさんはすでに認知症を

発症していたことが想像されました。

　Fさんの長女は、未受診ですが統合失調症と思われます。Fさんとは別居していた期間が長かったのですが、2年ほど前から母親のアパートに同居するようになりました。しかし長女は、Fさんが認知症であることを理解しておらず、適切な介護はできていませんでした。母親名義の預金口座に年金が振り込まれると、「銀行は信用できないから」とすぐに払い出し、現金で所有して消費していたため、Fさんが介護サービスを利用する必要が出てきたときにも支払いができる状況ではありませんでした。

　そこで、関係者の協議により、Fさんのみ一時的に生活保護を受給することとしました。また、成年後見制度の利用を進めることとなり、首長申立てが行われました。

　家庭裁判所の審判により、成年後見が開始され、第三者後見人として社会福祉士が選任されました。

2　後見活動の内容

(1) 施設の相談員からの電話

　後見開始・成年後見人選任と同時に生活保護は停止され、世帯分離を行いました。①間もなく特別養護老人ホームへの入所が決定し、成年後見人は、申立ての経緯から虐待疑いや虐待が生じるおそれがある事案と捉え、限られた公的機関にのみ居所変更の届出を行いました。当分の間、本人と長女を分離し、2人の生活をそれぞれ立て直すために、支援を行っていく必要があったからです。しかし、どこから情報を入手したかは不明ですが、長女からホームに電話がかかるようになった、と施設の相談員から成年後見人に連絡が入りました。

　ホームでは、②長女からの電話には相談員が対応すると決めていました。電話の内容は、毎回、「成年後見人の選任は不当である。自分が母親を引き取り、世話をする」と長時間にわたって自分の主張を繰り返すものでした。

(2) 全身状態の低下

　特別養護老人ホームに入居した当初、③Fさんには、徘徊や物色行為がみられました。また、発熱を繰り返すようになり、徐々に体力が低下し、歩行も不安定になったため、立ち上がりによる転倒が危惧されました。これに対応するため、ホームの担当者と協議し、転倒防止の対策を講じることとしました。

　Fさんは、全身状態の低下が顕著で、成年後見人が訪問するた

①長女の位置づけの変更
：長女は常時・継続的な支援者であったが、現在は長女自身も支援が必要な養護者として捉え直した

②道具的サポート
養護者の支援がない
→長女への対応を施設相談員に行ってもらう

③施設職員に対するモチベーションのサポート
転倒リスク改善が必要
→安定した歩行ができるよう働きかける

びにベッドで過ごす時間が増えているようでした。食事前にベッドから出るように促しがあるものの、傾眠があるようで、成年後見人が昼過ぎに訪問したときには、ベッドサイドに手つかずの昼食が置かれたままになっていたこともあります。そのせいもあってか、Ｆさんの体重は減少傾向にありました。

施設スタッフからはＦさんの日常生活の情報を聞くだけとなっており、「なぜこうなってしまったのか」、「何か対応策はないものか」と考える面会の帰り道は、成年後見人にはつらいものでした。

Ｆさんのケアプランを検討するサービス担当者会議では、施設担当者から「体重減少の対応策はない」、「歩行能力の維持は生活上重要ではない」との考えが示されました。これに対し、④成年後見人は、Ｆさんが歩きたいという気持ちを表しているときや落ち着きのないときは、安全を確保し、介護スタッフが付き添って散歩する方法で「歩行の維持」、「生活の援助」をしてほしいと要望しました。

(3) 低栄養状態の改善

その後も体重減少が続きました。頬がこけて、眉間にしわを寄せるＦさんの表情が気にかかるようになりました。

その頃、⑤施設側からの提案で、栄養補給の補助食を試みることになりました。これが功を奏し、それ以降の６カ月間で体重が約4.5kg増加し、身体機能・精神機能における低栄養状態のリスクはなくなっていきました。

さらに、Ｆさんは、低栄養状態が改善していくにつれて発語が明瞭になり、⑥会話が成立するようになりました。咀嚼を繰り返した効果もあったと考えられます。

(4) 生活の中での機能維持

低栄養状態の改善と並行して、⑦機能訓練指導員による歩行練習、両肩の関節温熱療法・関節可動域訓練が実施されました。Ｆさんは会話を楽しみながらこれらを行うようになり、関節可動域・歩行能力が改善されていきました。

歩行練習は、訓練室に限らず、居室前の廊下で実施されることもありました。また、介護スタッフによる散歩の援助も行われました。

---

④ 道具的サポート
改善されない施設の処遇
→本人の代弁者として、処遇の改善の苦情を要望として伝える

⑤ 道具的サポート
低栄養状態による意欲の低下
→施設スタッフが栄養補給のための補助食の活用を行う

⑥ モチベーションのサポート
発語の明瞭と会話の成立
→低栄養状態を改善し、意欲を引き出す

⑦ モチベーションのサポート
施設スタッフの意欲の向上
→これまで施設スタッフに対して行われてきた道具的サポートやモチベーションのサポートによって、Ｆさん本人の意欲を高める

これらの取組みにより、Fさんは精神的にも活発になり、歩行能力のみならず、全身の状態も向上していきました。

生活の中で能力の維持を図る方針も立てられ、居室から食堂まで介助歩行をすることが介護プランに組み込まれました。食堂では他の入居者等との会話・交流がもてるようになり、日常生活でのリハビリを継続しています。

(5) Fさんの現在の状況

体重が回復してからも補食は継続しています。体調が安定すると、発熱することもほとんどなくなりました。とどまることのないおしゃべりにスタッフが感動することもあるそうです。

現在、Fさんは、⑧自分らしさを取り戻し、かつて料理店で接客の仕事をしていたことがうかがわれる言葉づかいと笑顔で、穏やかな時間を過ごしています。

⑧ 自己評価のサポート
（体調不安から精神的不安）
→かつての自分を取り戻し、穏やかな時間を過ごすために、補食による体調管理を続ける

(6) その後の長女の様子

Fさんの長女は、高校を優秀な成績で卒業し、就職しましたが、男性に騙されたことがきっかけとなって統合失調症が発症したということです。

Fさんへの行政の関与が始まったとき、すでに長女は自分の荷物を抱えて、自宅外で過ごしていたようでした。居所は定かではなく、ファミリーレストランで長時間を過ごすという時期もあったようですが、衛生面を危惧した店員から入店を断られるようになり、その後は周辺の公園などで姿を見かけたとの情報が流れていました。やがて、心配した近隣住民が食事やシャワーを提供しているという情報や、旧知の元民生委員らが母親との関係回復に向けてかかわっているという情報も入ってきました。こうしたインフォーマルな支援は2年以上続きましたが、長女の気持ちに変化はなく、ホームにかかってくる電話のみが安否確認の手段となっています。

成年後見人は、⑨Fさんに代わって長女への支援の必要性を関係者に伝え、長女の安定した生活に向けての支援を引き続き要請した結果、長女にも支援者チームが形成され、長女の生活も徐々に安定していきました。

⑨ 関係者に対する道具的サポート
（長女に支援が必要なことが知られていない）
→Fさんに代わって長女への支援が必要であることを伝える

> **豆知識⓯**
>
> **■転倒事故の責任**
>
> 　成年後見人等は、本人の精神・身体の状態を維持し、より良好にするための支援をしていくことになりますが、実際に介護サービス等を利用するに際して転倒などの事故が発生することがあります。成年後見人等は、身上配慮義務や安全配慮義務を負っています。したがって、成年後見人等がこれらの義務に違反して事務を遂行し、そのために転倒事故が発生した場合には、その損害について賠償責任を負わなければならないこともあります。たとえば本事例で、特別養護老人ホームに入居した当初、転倒が危惧されたにもかかわらず成年後見人が施設と何の協議・対応をすることなく、Ｆさんが転倒し、その結果骨折などの傷害を負うことになった場合には、成年後見人等としての責任を問われる可能性があるでしょう。

③　意思決定支援の視点から学ぶべきポイント

(1)　本人を支える施設スタッフへのサポート

　本事例で成年後見人が追求した「生活の中で能力の維持を図る」という方針と比べると、施設側の対応としては、ともすると転倒リスクを重視し、結果として本人の活動を抑制する方向になりがちです。本事例では、成年後見人と施設の担当スタッフが支援方針を共有して取り組めたことが、スタッフのモチベーションの向上につながり、それが本人の意欲を引き出し、低栄養・体力低下の悪循環から脱することにつながったものと思われます。このように、本人の意欲や意思を引き出すことは、成年後見人だけで行うことは難しく、日常生活の場面で施設の担当スタッフがどのようなスタンスで本人にかかわっているかも問われてくるところです。そして、成年後見人の身上監護においては、本人の意欲や意思を引き出すために、関係する支援者にどのように本人に向き合ってもらうか、ということを意識したかかわりが求められているといえます。成年後見人が、支援者の専門性を尊重し、施設スタッフに対して「モチベーションのサポート」や「道具的サポート」を行うことが、結果として施設スタッフ等から本人への「自己評価サポート」や「モチベーションのサポート」につながることを理解しておくべきでしょう。本人の意思決定の場面は、居所決定などの重要事項だけでなく、日々の生活の中に登場します。ですから、本人の意思決定を支えるためには、本人を取り巻く環境や養護者（親族や施設職員）への支援体制を意識することが重要になります。

(2) 長女と本人の位置づけは時と場合によって変化する

　本事例では、統合失調症が疑われる長女への支援の必要性があったことから、Ｆさんの成年後見人として、インフォーマルな支援のみではなく、より専門的な支援体制の構築へ向けて働きかけを行い、長女自身の生活の安定をめざしました。その必要性に気づくのは、長女がＦさんのソーシャルサポート・ネットワークのどこに位置しているのかを客観的に見極めることができたからだといえるでしょう。

　長女が支援を受け、その状況が変わっていくことで、Ｆさんのソーシャルサポート・ネットワークの中で担う役割や位置づけが変化していきます。長女の現在の位置は「支援の可能性のある人」が適切と思われますが、長女自身がモチベーションのサポートや自己評価サポートを受けることによって、よりよい状況へと変わり、Ｆさんの「必要時や支援要請時に支援する人」へと変化していくきざしが見えてきました。それがＦさんにとって望ましいものであることはいうまでもありません（巻末資料１のソーシャルサポート・ネットワークの様式を利用して、長女の位置関係などを記入してみましょう）。

　これまでは支援の可能性がないと思われていた長女が、時と場面によってはＦさんの支援が期待できる位置に動いていく、そのために成年後見人が関係者に働きかけることは、結果としてＦさん自身の利益にもつながるのです。

第8章 本人の「生き方」を教えてもらった事例

1 事案の概要

(1) 本人および周囲の状況

〔本　人〕　Gさん（80歳代の男性、左半身麻痺）。
〔資　産〕　預金は約200万円。負債はない。
〔年　金〕　月額約10万円。
〔生活の場所〕　養護老人ホームから特別養護老人ホームへ。
〔親族等〕　子ども3人（音信不通）、姉1人。
〔生活歴〕　60歳までサラリーマンとして勤め、退職後、妻と離婚した。アルコール性疾患で入院生活を送り、10年間、転院を重ねていた。

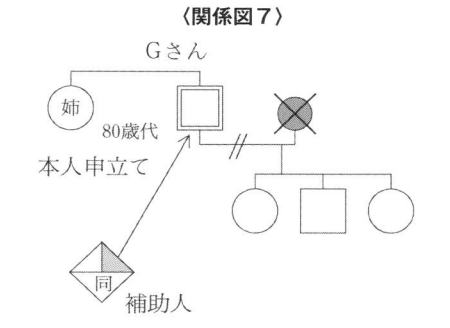

〈関係図7〉

(2) 申立てまでの経緯

Gさんは、アルコール性疾患のため入院生活を送っていましたが、年金収入と預貯金では医療費を支払うことができなくなり、行政の措置により養護老人ホームへの受入れが決まっていました。

入院中、Gさんは、医療相談員から、行政の手続や財産管理、施設入居の契約等を代理してくれる人を家庭裁判所が選任する制度があることを教えられ、自分だけで判断するには難しいこともあると考え、成年後見制度の利用に向けた手続をとることにしました。

そこで、本人申立ての支援と成年後見人等候補者依頼について、医療相談員を通してぱあとなあ東京に相談が寄せられ、本人申立てへとつながり、補助が開始され、社会福祉士が補助人に選任されました。代理権はなく、金融機関との取引と介護サービス契約についての同意権が付与されました。この間に、Gさんは退院して、養護老人ホームに入居しました。

2 後見活動の内容

(1) 入居施設への不満

Gさんは、補助人が面談するたびに「ここは自分が希望した施設ではない」と訴えました。

福祉事務所としては、退院後の居住先について本人が納得していると思っていたようですが、Gさんとしては、想像していた入居先とずいぶん違いがあったようです。具体的には、「左側麻痺のためトイレが狭くて使いにくい」「皆が意地悪する」「職員は親身に話を聞いてくれない」などの不満を示しました。そして、「自分で決めた入居先ではない」との思いが募り、精神的に不安定になっていきました。すぐに腹を立てる、大声で怒鳴るなど他人に対して敏感に反応してしまい、他者を受け入れず、自分の言動に気づきながらも素直になれず、いつもいら立っていました。そのために、周囲と良好な人間関係を築くことができず、とても生活しにくい状況にありました。

①ある日、施設の職員から、「Gさんから、『施設内で人とうまく交流できず、対応が難しいので、他の施設に移りたい』と言われて困っている」と相談がありました。自分のことばかりを話し、他者が悪いと非難するGさん自身が、その状況から抜け出したいと求めていたようです。

確かに、施設では一人ひとりへの支援の限界もあります。また、施設の職員も、本人の気持ちに寄り添って対応してくれているとは言いづらい状況もありました。

ただ、面談を重ねるうちに、補助人に対してはGさんは打ち解けるようになり、②「家族をかえりみず飲酒に溺れたこれまでの日々や、自己否定的な今の自分に対するどうしようもない怒りを、誰にもぶつけられないで悶々としている」と率直に話してくれました。

(2) カンファレンスの実施

Gさんは、自分のことで精いっぱいで、他者への配慮が不足し、周囲に受け入れられず、それによってまたストレスを抱えるという悪循環に陥っていました。

そこで、補助人は、福祉事務所のケースワーカー、施設の介護

---

① 自己評価のサポート
（今不満がある自分に納得できない）
→面談のつど傾聴を行う

② 自己評価サポート
（自分に対する怒りを他者に向けずにはいられない）
→Gさんがマイナスに考えていたことについての自己開示を受容する

主任とで③カンファレンスを行い、「Ｇさんのありのままを受け入れ、話を十分に聞くこと」を申し入れました。

特に、施設の介護主任には、Ｇさんに「この施設で暮らし続けたい」という気持ちになってもらうために、Ｇさんが安心して暮らせるよう支援してほしいと依頼しました。ただ、本人がイライラし、意思疎通が難しくなることもたびたびあることから、「本当にありのままを受容し、一緒に歩んでいけるのか」と悩むこともありました。

しかし、④1カ月に1回は訪問し、時には2～3回訪問しながら、Ｇさんの話を聞くことで信頼関係を築き、心の交流につなげるようにしました。

(3) エンパワメント

施設の担当者による支援が功を奏したのか、Ｇさんの心理状態は少しずつ改善していきました。しばらくすると、リハビリテーションのため、廊下を一生懸命に歩くＧさんの姿が見られるようになりました。

その後も、気分が落ち込み、周囲とのトラブルを起こすことも何回かありましたが、⑤そのたびに自分なりの方法で他者を受け入れ、自分の生き方に前向きになっていきました。

(4) 断酒への思い

施設では、入居者がお酒を嗜むことをある程度は容認しています。しかし、一滴のお酒をきっかけに再びアルコール依存となり、共同生活が破綻し、養護老人ホームから強制退去となったり、精神科病院へ入院せざるを得ない可能性もあります。

そこで、補助人は、前向きになってきたＧさんに、少しだけお酒を飲みたいか、聞いてみました。

⑥以前、アルコール性疾患のため入院生活を送っていたときの断酒仲間から、「今の施設に住めなくなるということは、ホームレスになるしかないということだ」と聞いていたＧさんは、「体が不自由なこともあり、住まいを失うことは考えられない。飲酒はしないで頑張る」と言いました。

(5) 特別養護老人ホーム選びにおける自己選択

その後、Ｇさんは、ADLの低下により、特別養護老人ホームで介護保険サービスを利用しながら生活していくことになりまし

---

③ 施設職員への モチベーションのサポート
（Ｇさんとの信頼関係が必要）
→関係者間で受容するためにカンファレンスを開催する

④ 道具的サポート
（信頼関係の構築）
→補助人による訪問回数・訪問時間を延長する

⑤ 地位のサポート
（他者を受け入れ自分を肯定することが必要）
→施設職員・支援関係者らが一丸となって、本人の役割を果たしていることを認める

⑥ ピアサポート
：飲酒仲間からの言葉が本人を支えている（意味「仲間を支える」）

第8章 本人の「生き方」を教えてもらった事例

た。
　そこで、移転する特別養護老人ホームを決めるため補助人は、⑦Gさんと一緒に候補施設を見学しました。いろいろと意見交換をした結果、⑧Gさんは、「この特別養護老人ホームに入居したい」と、自分自身で決めました。
　そして、特別養護老人ホームに移ってからは、他の利用者と一緒に、リハビリや得意の独唱を楽しむ時間を持つこともできるようになりました。Gさんは、孤独から解放されたようです。
　自分から子どもに会うことは依然として拒否していましたが、会いたいという思いは持ち続けていました。

(6) 最期の選択

　その後、Gさんは食事の量が減り、うとうとする状態が続くようになりました。
　医師から検査や入院をすすめられると、⑨「検査や手術はさんざん受けてきたので、もうたくさん」「最後は施設で看取ってほしい」「死んだら、施設の共同墓地に入れてほしい」と言うようになりました。
　Gさんの入院拒否の意思が強いことから、補助人は、施設での看取り介護の態勢について、施設長、主治医、看護師、介護責任者、主任相談員と検討しました。
　それからしばらくした頃、Gさんに意識障害が起こり、生命が危険な状態になったという連絡が施設から入りました。すぐに補助人が訪問してGさんに面会すると、「冷たい水が欲しい」と言いました。施設の職員は、Gさんの意識が回復したのを見て、「補助人さんが来たのがわかったのだね」と言いました。
　翌日、危篤の連絡が入り、再び駆けつけたものの、施設に着いたときには、Gさんはすでに息を引き取っていました。

(7) 家族への思い

　Gさんは、「いつか子どもたちに会いたい」という気持ちから、子どもにあてた手紙を書きためていました。しかし、「親らしいことをしてあげられなかった」「今さら子どもたちに迷惑はかけたくない」という自責の念から、投函できずにいました。
　⑩Gさんが亡くなった後、補助人から、Gさんが穏やかに本人らしく過ごし、旅立ったこと、Gさんが手紙に書きためてきた思

---

⑦ 社会的コンパニオン
新しい環境を選択していくことに不安
→一緒に見学することで自発性を引き出していく

⑧ 選好と決定
：この事例では措置で養護老人ホームに入居したが、要介護状態になったことにより、介護保険サービスの利用ができるようになり、いくつかの特別養護老人ホームを見学し、納得した施設を選択した

⑨ 人生の最終段階における本人の意思決定
：多職種連携のチームにより、看取りケアの検討がなされた

⑩ 地位のサポート
親としての気持ちを秘めたままの状態
→Gさんの「生き方」は、家族に多くのメッセージを伝える

いを伝えました。Ｇさんと会うことを拒否してきた子どもたちではありましたが、納骨式には、家族で参列しました。別れて暮らした長い年月を取り戻すことはできませんでしたが、孫たちの声が共同墓地に響き、Ｇさんに届けることができました。Ｇさんが旅立った後ではありますが、Ｇさんの親としての思いを子どもや孫に伝えることができたように思います。

豆知識⓰

■死後の事務

　成年後見人は成年後見事務を行うための代理権を有しています（民法859条。保佐人につき民法876条の４、補助人につき民法876条の９）が、代理権は本人の死亡によって消滅します（同法111条）。したがって、本人である成年被後見人の死後に火葬手続、葬儀費用等の支払い、遺体の搬送など、本人に関係するいくつかの事務（死後の事務）が残っていても、成年後見人の代理権は消滅し、成年後見人は事務を遂行する権限がありません。ちなみに、委任は受任者の代理権の有無にかかわらず、委任者の死亡によって終了します（民法653条）。

　死後の事務については、成年後見人は代理権限を有しないとし、事務管理（民法697条以下）として、あるいは成年後見終了後の応急処分義務（同法874条・654条）として処理することができると解していました。また、判例には、委任の例で、葬儀・埋葬費、医療費等の支払い、生活品の処分など、当事者が一定の死後事務処理の委託をも契約の内容としていたと考えられる場合は、その範囲で委任は終了しない（代理権を有する場合には代理権は消滅しない）と解するものがあります（最高裁平成４年９月22日判決・金融法務事情1358号55頁参照）。ここでは、当事者の意思が探求されるとともに、委託された事務の性質・内容が考慮されます。

　ところで、死後の事務に関する成年後見人等の権限・義務については、その曖昧性が指摘されてきましたが、2016年の法改正により、成年被後見人の死亡後の成年後見人の権限に係る民法873条の２の規定が追加され、「成年後見人は、成年被後見人が死亡した場合において、必要があるときは、成年被後見人の相続人の意思に反することが明らかなときを除き、相続人が相続財産を管理することができるに至るまで、次に掲げる行為をすることができる。ただし、第３号に掲げる行為をするには、家庭裁判所の許可を得なければならない」とされ、①相続財産に属する特定の財産の保存に必要な行為、②相続財産に属する債務（弁済期が到来しているものに限る）の弁済、③その死体の火葬または埋葬に関する契約の締結その他相続財産の保存に必要な行為（①②の行為を除く）については、成年被

後見人の死亡後も権限を行使できることが明文化されました（③については家庭裁判所の許可が必要）。ただし、これにより従来の実務が大きく変更されることはないと考えられます。

③ 意思決定支援の視点から学ぶべきポイント

(1) ストレスに対処しようとしている人の問題解決の度合いとサポート

　養護老人ホームとは、環境上の理由および経済的理由があって、介護を受けるほどではありませんが、居宅での生活はできない人が入居する施設です。養護老人ホームは行政による措置施設であるため、施設を管理している自治体（市区町村）へ申し込み、審査されます。Ｇさんは、自分が入所できる施設をどのようなところだと思っていたのでしょうか。もし、特別養護老人ホームのように、心身に障害を持っていて日常生活を送るうえで介護が必要な人、寝たきりの人や認知症の人、重度の障害のある状態の人が入居するところだと思って入居していたとしたらどうでしょうか。そのギャップが、「左測麻痺のためトイレが狭くて使いにくい」「皆が意地悪する」「職員は親身に話を聞いてくれない」という不満や、「自分で決めた入居先ではない」という不満として出てくることは、容易に想像できるところです。そのストレスを抱え、話を親身に聞いてくれる人がいなければ、ストレスは増すばかりです。Ｇさんが直面している困難やフラストレーションへの対処として、道具的サポート、自己評価サポート、モチベーションのサポートを提供することが必要です。これは、本人のための具体的な援助といえます。Ｇさんのありのままを受け入れ、寄り添い、話を傾聴し、励まし、将来の希望を見つけ出し、一緒に解決に向かっていけるようにモチベーションを高めるサポートが必要になるのです。そして、Ｇさんにかかわる支援者が一体となってＧさんの状態や必要なサポートについて情報共有し、チームとしてアプローチすることで、その効果が高まります。その後、Ｇさんから表出された「この特別養護老人ホームに入居したい」との意思は、補助人によるさまざまな課題に対する援助（道具的サポート）と、ともにいる・ともに出かけるという寄り添う支援（社会的コンパニオン）があったからではないでしょうか。

　補助人は、自らの専門性を持ってＧさんにアプローチしていきました。それが功を奏し、少しずつＧさんは混乱を紐解き、自分を緩め、自己を再保証することにつながっていきました。この過程において、Ｇさんの抱える問題の本質は、「自分に対する怒り」だったことがわかりました。必要なことは、このように時間をかけたプロセスと柔軟性を持ったサポートであったといえます。

(2) アルコール性疾患で入退院を繰り返してきたこと

Gさんの断酒の決意においては、飲酒仲間によるピアサポートが大きな役割を持っています。ピアサポートという言葉は「仲間を支え合う」という意味ですが、その活動は、一方が支える、または支えられる、という一方通行のものではなく、仲間同士でお互いに支え、支えられるというものです。ピアサポートが持っている考え方は、「人は誰でも適切な機会さえあれば、自分の問題を自分で解決することができる」というものです。Gさんの中では、ピアサポートの経験があったからこそ解決に向かいたいというモチベーションの高まりがあったのかもしれません。

(3) 看取りの意思決定支援

「最後は施設で看取ってほしい」というGさんが表出した意思を実現するために、成年後見人は、施設内スタッフと、看取りケアの検討をしています。最期を選好するということは、生き方を決定することです。

特別養護老人ホームでの看取りは、介護報酬に「看取り介護加算」が創設された2006年前後から増えています。また、看取りの増加のもう1つの理由として、自然に枯れるように亡くなる「平穏死」「自然死」といった考え方が広がってきたことがあります。

穏やかな看取りを実現するためには、本人と関係者との間でしっかりとした話合いが必要となります。認知症施策推進総合戦略（新オレンジプラン）でも、人生の最終段階における本人の意思決定支援のあり方について、「特に認知症の人には意思能力の問題があることから、たとえば延命措置など、将来選択を行わなければならなくなる場面が来ることを念頭に、他職種協働により、あらかじめ本人の意思決定の支援を行っておく等の取組を推進する」とあります。

大切なのは死の瞬間だけではありません。看取りは、入所のときから始まっているのです。本人がこれまでどのように生きてきたのか、家族とどうかかわってきたかなど、本人の人生のありようが最後に結実するということです。そして、成年後見人等も施設スタッフも、その人間らしい生き方（死に方）を目の前で教えてもらうことになります。それは、これから自分たちが歩む道でもあります。

本事例では、補助人は、最後に伝え手として、音信不通となっていた家族にGさんの生き方を伝えることができました。本人を支援するソーシャルサポート・ネットワークの中で、晩年、家族は「支援の可能性のある存在」から「必要時に支援／要請時に支援する存在」に位置していたのかもしれません。そして、Gさんの心の中では、一番身近にある「常時・継続的支援」に位置し、本人を支えてくれていた存在だったといえるのではないでしょうか。

第9章 弁護士と委任契約を結び支援した事例

第9章 弁護士と委任契約を結び支援した事例
―― 任意後見から法定後見へ

1 事案の概要

(1) 本人および周囲の状況

〔本人〕　Hさん（80歳代の男性、要介護4）。
〔資産〕　借地に父名義の店舗兼居住用の住宅。
〔預貯金〕　300万円。負債はない。
〔年金〕　月8万円。
〔居所〕　独居から特別養護老人ホームへ。
〔親族等〕　両親は死亡。他県に弟が2人。
〔生活歴〕　家業を継いでいたが、重度の腰痛を患って廃業して以来、かつての店舗兼住宅に独居。

〈関係図8〉

(2) 任意後見を利用するまでの経緯

　Hさんは、店舗兼自宅の1階（店舗部分）で、腰痛のためにトイレにも行くことができない状態で友人に発見されました。これがきっかけとなって友人が行政に相談し、介護保険を利用することとなり、介護サービスを利用しながら在宅生活を継続していました。

　Hさんは、家業を廃業した後、家に引きこもった生活をしており、発見された時点では生きる気持ちも萎え、すべてにおいて投げやりになっていました。健康状態が落ち着いた頃、ケアマネジャーが今後の生活について尋ねると、「何十年も音沙汰のない弟が1人いる。自分は結婚もせず家業を継ぎ、祖母と母の介護もしなければならなかった。この先には何の希望もないが、自分が死んだら無縁仏にしてほしい。死後のことをやってほしい」と話したといいます。

　ケアマネジャーが任意後見制度について説明すると、本人は詳しく聞きたいと言い、ぱあとなあ東京が相談を受けることとなりました。後日、ぱあとなあ東京に所属する社会福祉士が訪問して任意後見制度について詳しく説明し、時間をかけてHさんの意思を確認していきました。

　その間、Hさんはパーキンソン病との診断を受け、1人では立位もとれなくなり、

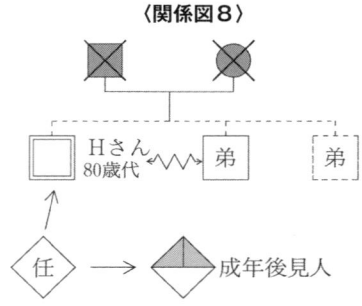

常に支援が必要な状態となりました。冬には、暖房をとることもままならず、在宅・独居生活は無理だと周囲だけでなく本人も考えたようで、ショートステイを利用するなど、本人の状況は変化していきました。こうした中で、自分の将来についても考えたのでしょうか、任意後見契約を結びたいと、あらためて希望を表明しました。

任意後見契約の代理権については、公証人とも相談しながら、①不動産・動産・借地権などすべての財産の管理・保存・処分などに関する事項、②金融機関等の取引に関する事項、③医療・介護・福祉サービス等の契約・解約に関する事項など、10項目としました。

また、Hさんは、現時点においても支援が必要だと判断し、任意代理契約を結ぶことにも合意しました（移行型の任意後見契約）。任意代理契約の内容としては、財産の管理、金融機関との取引といったものでした。

② 後見活動の内容

(1) 任意後見受任者（任意後見人候補者）としての支援

当初は任意代理契約のもとで、生活および身上配慮の介護・医療面の支援を、本人の意思を確認しながら進めていきました。任意代理契約では、本人に、「委任したことを本人が監督できる力」が必要であるとされています。定期的に受任者が行う報告に対して、Hさんは通帳や書類に真剣に目を通していました。①受任者は、通帳を拡大コピーするなどしてわかりやすく説明できるように工夫しました。これらのやりとりを通じて、Hさんと受任者との信頼関係も構築できたようです。

②ショートステイを利用したところ、本人も病状から在宅生活に戻ることはできないと判断したことから、Hさんと相談し、特別養護老人ホームへの入居を申し込みました。ほどなく入居することができ、落ち着いた生活が2年ほど続きました。この間、本人の思い入れもあって自宅はそのままにしていたため、無人の家屋の管理が課題となっていました。

施設での生活を続けているうちに、Hさんは、最初の頃は通帳の中身をしっかりと確認していたのに、徐々に関心を示さなくなってきました。また、会話にもちぐはぐな部分がみられるようになりました。そこで介護職員に普段の様子を確認すると、時々、食事を「食べる物」と認識せずにぐちゃぐちゃにしてしまうこと、歯ブラシの使い方がわからなくなるなど、徐々にできないことが

① 情報のサポート
（視力の低下）
→拡大コピーをするなど工夫して情報を伝える

② モチベーションのサポート
（在宅以外の居所の模索の必要）
→ショートステイを利用することで施設入所を考えてもらう

第9章 弁護士と委任契約を結び支援した事例

顕著になっているということでした。③医師に診断してもらったところ、アルツハイマー型認知症であり、重い記憶障害等が認められると診断されました。そこで、本人とも話し合い、任意後見監督人選任の手続を進めることになりました。

そのような折、店舗兼自宅が建っている土地の所有者が亡くなり、土地は相続税として国に物納され、国有財産となりました。それまで、Hさんは、土地の所有者の厚意によって、極めて安い地代しか支払っていなかったのですが、土地が国有財産となったことにより、現評価額にあわせた（それまでと比べると）高額の地代を納めることが必要になります。本人の収入は年金のみで、特別養護老人ホーム利用料の支払いをするのがやっとであり、その他の費用は預貯金を取り崩しているという状況でした。④地代が生活費を圧迫することから、店舗兼自宅を処分することについて、本人に話してみました。しかし、要領を得ない回答しかされませんでした。

(2) 任意後見人としての活動

任意後見受任者が任意後見監督人選任の申立てを行い、任意後見監督人には弁護士が選任されました。任意後見監督人の選任によって任意後見契約が発効し、任意後見受任者は任意後見人となりました。

地代の増額によって生活費が圧迫されることから、店舗兼自宅の処分について検討することとしました。ところが、調べてみると、自宅はいまだに相続手続がされておらず、Hさんの父名義のままであることがわかりました。

任意後見人は、任意後見契約の代理権目録に定められている事務を行うことになりますが、任意後見契約の代理権には相続については含まれていなかったため、任意後見人であっても代理権はありません。

しかし、任意後見人として、今後住む可能性のない自宅について、負担の大きい地代を何とかしなければなりません。そこで、⑤Hさんと任意後見監督人と現状の課題とその解決策を相談し、任意後見から法定後見へ移行する申立てをすることにしました。Hさんから「あなたに、今後も後見人をやってほしい」と言われ、Hさんの希望により、後見人候補者になりました。

---

③ 道具的サポート
（認知症の進行）
→医師の診断ではアルツハイマー型認知症ということから、本人と話し合い、任意後見監督人選任の申立てを行う

④ 情報のサポート
（生活費の不足・家計への圧迫）
→店舗兼自宅の処分について説明する

⑤ 道具的サポート
（相続と店舗兼自宅の処分に係る代理権付与の必要性）
→任意後見から法定後見への移行について本人の意思を確認する

(3) 法定後見への移行の申立て

家庭裁判所とも協議したうえで、任意後見人として、任意後見契約にはない相続手続に関する代理権が必要であることを理由として、成年後見開始の審判の申立てを行いました（任意後見契約法10条1項では、本人の利益のため特に必要があると認めるときに限り、成年後見開始の審判をすることができると定められています）。

そして、任意後見人であった社会福祉士が、成年後見人に選任されました。

(4) 成年後見人としての活動——弁護士への業務委託

成年後見開始の審判がなされた後、成年後見人はHさんを訪問しました。そして、⑥自宅に帰りたいかどうかを聞いたところ、「もう、帰れないよ」とあきらめている様子で、帰りたい気持ちはあるものの現実には無理だということはわかっているようです。

処分に向けて、まずは相続手続を進めることにしました。

相続手続のため、Hさんの弟に連絡をとったところ、いきなり怒鳴られました。複雑な事情があるようです。弟は、「家から追い出された」という被害者意識をもっているようで、相続の話になると「あの兄には、絶対によい思いはさせない」と言い、怨念すら持っているようでした。

⑦Hさんが在宅生活をしていたときに支援に入っていたヘルパー等に聞いてみると、Hさんの生い立ちは複雑でした。ヘルパーがHさんに聞いた話によると、Hさんの母はHさんを生んですぐに亡くなったそうです。その後、父はすぐに後妻をもらい、Hさんは戸籍上、父と継母の実子として届出がされました。1年後に弟が産まれましたが、継母は実子の弟ばかりをかわいがり、父が亡くなった後は、Hさんに対してさらに冷たい態度をとっていたようでした。

しかし、⑧Hさんが大人になって家業の中心になると、立場は逆転しました。Hさんは弟を追い出し、家業を1人でこなしながら、年老いた祖母や継母の介護と看取りをやり抜きました。弟たちと争いが絶えなかったことは、近所でも周知の事柄でした。

祖母もまた、父と血のつながっていない継母でした。Hさんは自分の生い立ちが恨めしく、だからこそ祖母・継母と同じ墓には入らず無縁仏にしてほしいという願いを持っていたのです。

---

⑥ モチベーションのサポート
（自宅の処分についての意思が不明）
→将来的な経済的負担のため自宅に帰れないという現実を受け止めてもらえるように支える

⑦ 家族歴についてのアセスメント
→過去の家族関係を聞いて本人の状況を理解する

⑧ 自己評価のサポート
（自分の生い立ちに対する恨み）
→ヘルパーがHさんの話や願いを聴いて受け止める

⑨成年後見人は、弟に相続手続への協力を拒絶されたことから、弁護士に交渉を委託することにしました。弁護士が父の戸籍を取り寄せると、さらにもう1人、弟がいることがわかりました。

弁護士が2人の弟と交渉しましたが、結局うまくいかず、家庭裁判所へ調停を申し立て、2度の調停を経た結果、Hさんが代表者として父の遺産をすべて相続することで合意しました。

これでようやく店舗兼自宅の処分に着手することができるようになりました。店舗兼自宅は借地権付き建物として売却することとし、この手続についても引き続き弁護士に委託することとしました。売却先と売却額が決定してから、成年後見人が居住用不動産処分の申立てを行い、家庭裁判所の許可を得て、やっと売却することができました。任意後見契約の発効から4年が経過していました。

(5) 家族関係の修復に向けて

調停中、Hさんは何度か体調を崩して入退院を繰り返し、徐々に体が弱ってきました。そのせいか昔のことをよく話すようになり、弟のことについても「昔は可愛かったんだよな」と懐かしそうに話すことがありました。そこで成年後見人はHさんの気持ちを察して、調停が成立した後、可能であれば2人の弟に会うことについて、⑩Hさんに話しました。Hさんはそれを聞いて「そんなことができればいいな」とうなずいたので機会を設けることにしました。

2人の弟もHさんの今の状態を知り、万が一のことがあったときに後悔したくないという気持ちになったのでしょう、3人の会合が実現しました。兄弟が一堂に会したとき、Hさんは最後まで言葉は発しませんでしたが、2人の弟の昔話に笑顔でうなずいていました。

店舗兼自宅を引き渡すときには弟も立ち会い、処分の手続が無事に終了しました。

その後、弟との関係は、Hさんが入院した際には、医療同意についての協力体制を組めるまでによくなりました。

---

⑨ 道具的サポート
（困難な相続手続）
→相続に係る交渉や自宅の売却を弁護士に依頼する

⑩ モチベーションのサポート
（弟との関係再構築を試みる必要）
→過去にさかのぼったアセスメントを行い、Hさんの内面の理解をしたことを伝え、2人の弟に会うことを提案する

> **豆知識⓱**
>
> ■成年後見人の解任
>
> 　成年後見人に不正な行為、著しい不行跡その他成年後見の任務に適しない事由があるときは、家庭裁判所は、成年後見監督人、成年被後見人もしくはその親族もしくは検察官の請求によりまたは職権で、これを解任することができます（民法846条。保佐人につき876条の2第2項、補助人につき876条の7第2項で準用）。ここでは成年後見人等に対する家庭裁判所による監督の機能が発揮されています。

3　意思決定支援の視点から学ぶべきポイント

　この事例のポイントは、3点あります。1つ目は、任意後見制度を利用していたけれども相続の代理権がなかったために法定後見制度の利用に変更した点です。2つ目は、遺産相続にあたって兄弟間で紛争が予想された際に専門家である弁護士に委任して交渉・解決を図ったこと、3つ目は、家族関係の修復まで可能になった点です。

(1) 任意後見制度の内容と限界

　任意後見制度とは、本人の判断能力があるうちに自分の将来の生活を思い描き、自分に判断能力がなくなったときに、自分が信頼できる人に自分の代理をお願いする契約を結んでおくものです。自分が将来のことを判断して契約をするわけですから、意思決定支援の観点からすると、法定後見制度よりも本人の意思を反映した制度といえます。

　しかし、本事例のように、Hさんが相続人になるという想定外のことが起こった場合には、代理権が設定されていないために本人の権利を擁護できない場合も出てきます。任意後見契約を結ぶ際には、一定の財産管理を任されていることを考えて、不動産の状況や名義について確認しておくことが必要であったかもしれません。

　ただ、任意後見契約の場合には、結んだ契約の内容に従って職務を行うことになりますので、契約の段階で予測ができないことが起こったりして対応が困難になる場合もあるでしょう。たとえば、本人がしてしまった契約を取り消す必要がある場合にも、任意後見人には取消権がないために、法定後見制度に変更しなければならないこともあるかもしれません。

　任意後見人から法定後見人に変わる場合には、本人の利益にとって、そうすることが必要かどうかの判断をしたうえで、手続を進めることが重要です。

(2) 相続問題の難しさと法律専門家の利用

　また、相続に関しては親族間で争いが起こることもあります。本事例でも成年後見

人が弟と話し合いましたが、弟は当初、全く聞く耳をもってくれませんでした。当事者同士での話し合いは、感情が先に立ってしまうため進展しないことが多いようです。

そのため、本事例では弁護士に委任し、最終的には家庭裁判所の調停で合意することになりました。すべてを成年後見人自身が行わなくても、対応が難しい場合には、その分野の専門家に任せるということも後見活動を円滑に進めるためのポイントの1つです。特に本事例では、紛争となっている問題を専門家に委任したことで、成年後見人等が1人で悩むことも紛争の渦中に入り込むこともなく、本人に寄り添うことができました。

(3) 兄弟の関係修復で新たな支援者を得る

Hさんがぽつりと言った「弟も昔は可愛かったんだよな」という何気ない言葉から、成年後見人はHさんが弟に会いたいのではないかと推測し、本人に会う意思を確認しています。そして、兄弟の再会を実現させ、過去の家族関係の修復が少しでもできたことは、成年後見人の的確な判断の成果といえるでしょう。

そのような成年後見人の働きかけの結果、弟とはHさんの入院時に医療面で協力関係が組めるようになっており、強力な支援者を得ることができたともいえます。関係が悪化した家族・親族との修復を試みることはとても大変なことですが、ソーシャルサポート・ネットワークの中では重要な支援者にもなりうることを念頭に置いて対応することも、成年後見人等にとって大切な視点です。

本事例のような想定外の事態に対し、関係者との連携によって柔軟に対応していくことも、成年後見人等の大切な職務です。

ページヘッダ省略

第10章 本人が虐待を受けていた事例

1 事案の概要

(1) 本人および周囲の状況

〔本人〕　Ｉさん（50歳代。療育手帳Ａ２）。
〔資産〕　申立て時は不明。
〔年金〕　障害年金月８万円。
〔居所〕　母親とＭ市で一軒家に同居。
〔親族等〕　母親は入院中。Ｎ市に父親違いの弟がいる。実父は20歳の頃に死亡。義父は８年前に死亡。
〔生活歴〕　２歳のときに両親が離婚し、そのままＭ市の家に母親と暮らす。その後、母親は再婚し、弟が生まれる。義父が死亡した８年前にＯ市の施設に入居。５年前にＭ市に戻り、母親と暮らす。

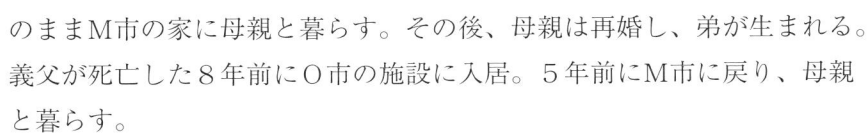

〈関係図９〉

(2) 申立てまでの経緯

Ｉさんの母親が緊急入院し、病院の医療ソーシャルワーカー（MSW）が、Ｍ市高齢者福祉課に、高齢者虐待の疑いで通報・相談しました。Ｍ市では、２年前より民生委員、地域包括支援センターから相談が寄せられていて、母親の身なり・言動から、同居のＩさんによる暴力行為・ネグレクトが疑われており、支援が必要だと判断されていましたが、母親およびＩさんの住民票がＭ市にないことから、対応に苦慮していたといいます。

Ｍ市地域包括支援センターの担当者は、母親およびＩさんの住民票のあるＮ市地域包括支援センターに介護保険申請の相談を試みたものの、「今はＭ市に住んでいるのだから」と言われ、Ｎ市での対応を拒絶されたそうです。

弟は、病院からの連絡を受け、母親の入院手続には協力したものの、MSWが、Ｉさんのことを心配して話すと、「私とは関係ない」と言ってかかわりを拒否しました。

MSWがＩさんの状況をＭ市の障害支援課に相談したところ、８年前にＭ市の措置でＯ市の施設に入居していたことがわかりました。

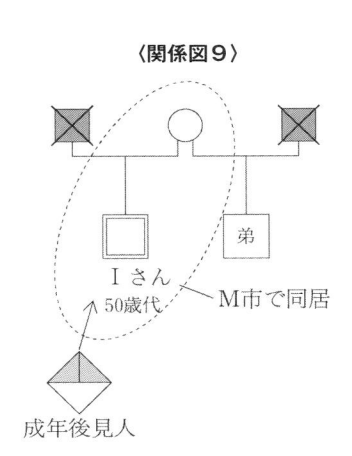

そこで、M市の担当者がO市障害福祉課や施設と相談し、O市の措置で施設へ入居することになりました。また、今後の施設契約締結・金銭管理等のために、成年後見制度の利用に向けて、O市首長申立てとなりました。

2カ月ほどして、成年後見開始の審判がなされ、社会福祉士が成年後見人に選任されました。

2 後見活動の内容

(1) 引継ぎ、情報収集

成年後見人は、O市担当者から引継ぎを受けました。しかし、受け取ったのは、自宅の鍵と申立書類のコピーのみで、Iさんの療育手帳や医療保険証、金融機関の通帳等は不明でした。

Iさんは、申立ての際に会ったときよりも明るく、元気な様子でした。成年後見人が、「家に帰りたい？」と質問すると、「お母さん病気」と答えました。

弟に受任挨拶の電話をすると、「けがまでさせられた。かかわりたくない」と言われました。Iさんの自宅で衣類・書類等の確認をしたいからと言って立会いを依頼すると、拒否されました。また、「母の貴重品は預かっているが、Iのものはない」ということでした。

後日、Iさんと母親が住んでいた自宅で、①M市の支援担当者、民生委員に立ち会ってもらって生活実態や財産状況の調査をしました。空になったコンビニの弁当の空き箱が台所に積まれ、冷蔵庫には何も入っていませんでした。風呂場に汚れ物があるものの、すぐに使えそうな衣類はなく、通帳や書類等も見つかりませんでした。

民生委員は、「とにかく施設に入れてよかった。お母さんは昔から折檻することをしつけと思っているようだった。今度戻ってきてからも同じだったので、役所に相談していたのです」と話していました。

O市役所に行き、情報収集とあわせて、療育手帳等の再発行や関係書類の郵送先変更等を行いました。年金の口座は結局わからなかったため、やむを得ず郵便局で新しい口座をつくり、年金振込口座の変更を行いました。

①環境アセスメント
→本人の生活実態・財産状況の確認のため自宅へ訪問し、調査を行う

(2) 本人の様子

　成年後見人は施設にIさんを訪ねました。ちょうど他の入居者と散歩に出ていたので、その間に、支援担当者に、Iさんの以前の様子を聞いたところ、「8年前に父親が亡くなり、『1人では面倒をみることができないから』ということで施設に入居し、母親は弟さんと同居したと聞いていました。5年ほど前に母親が『退居させたい』と連絡してきて、Iさんも喜んで家に帰っていきました。②今回、Iさんに母親のことを聞いても、『Iが悪いから』と繰り返すばかりで家の様子はわかりません」ということでした。また、「最近は以前の友達や職員と活動し、笑顔も見られます」とも話していました。

　成年後見人は母親が入院しているM市の病院を訪問し、医療ソーシャルワーカー（MSW）と一緒に、成年後見人になったことを母親に伝え、あいさつをしました。母親はこちらの言葉をオウム返ししますが、そのうちに、「あんた誰。帰れ」と言葉・表情ともに荒くなりました。

　MSWは、「最近は攻撃的な言動が頻繁なので、息子さんに専門医の受診をすすめたのですが、『治っていないのに追い出すのか』と言われてしまった」「Iさんが『お母さんごめんなさい』と繰り返すので、Iさんが虐待の加害者だと思った」と話しました。

　O市が首長申立てを行った段階では、Iさんが母親を虐待した加害者とみられていました。しかし、本当はどうだったのでしょうか。Iさんや母親を訪問して得た情報や関係者から得た情報をもとに考えると、かつては母親がIさんを虐待していたのではないかとうかがわれます。また、一時期同居していたという弟のかかわりについても気になるところです。

(3) 財産状況の確認・管理

　申立書の親族関係図では疑問に思いませんでしたが、「この家はIさんが生まれたときに建てられた」と民生委員が言っていたことを思い出しました。「父親の相続財産はあるのか」「お墓はどこか」「父親の遺族年金をもらっているはずではないか」など、確認しなくてはならないことが浮かんできました。ただし、Iさんには、年金収入があっても、措置費を返還しなくてはならず、

② 自己評価のサポート
（パワーレス状態にある本人）
→支援担当者がIさんの話に傾聴しながら本人の潜在能力を引き出す（エンパワメントアプローチ）

第10章　本人が虐待を受けていた事例

専門職に調査を依頼するだけの経済的な余裕もありません。そこで、成年後見人が自分で調査することとしました。

まずは、実父の遺族年金を日本年金機構に照会したところ、受給していることが確認できました。しかし、その振込口座については、「保護者の口座のままかもしれない」と言われました。

弟に電話して遺族年金のことを話すと、「そんなもの、聞いたことがない」と言います。一方で、弟は、Ｉさんの様子を気遣ってくれるようになりました。

あらためて、③日本年金機構に連絡し、遺族年金証書の再発行と、受給口座の変更の届出を行いました。これによって、Ｉさんが年金を受け取れるようになりました。ところが、次の年金が入金された月になったところ、弟から「今月の入金がなくなっている。入院費が払えないから返せ」と荒い口調で電話が入りました。成年後見人が「それはＩさんの遺族年金です」と説明しても、「これは母親のものだ。証拠の通帳もある」と言います。そこで、通帳を見せてもらうために、弟宅を訪問しました。母名義の通帳が２通あり、一方には８万円（障害年金と同額）の年金の振込みが記載され、水道光熱費が引き落とされていました。もう一方の通帳には、10万円（遺族年金と同額）と14万円の２件の年金の振込みが記載されていました。

成年後見人は、弟に対して、８万円と10万円の振込み分についてはＩさんの障害年金・遺族年金であり、保護者である母親が管理しやすい口座を振込先にしていただけである旨の説明をしましたが、納得してもらえませんでした。

次に、M市の家の所有権を確認するために、法務局で調べてみたところ、実父名義のままで、相続手続がされていませんでした。これも新たな問題として浮び上がってきました。

そのほかにも、④さまざまな問題が頭に浮かんできました。「他にも不動産があるのではないか」「相続手続をするとして、その費用、相続税はどうするのか」「固定資産税は誰が払っていたのか、支払えるのか」と、思いつくままにメモにしていきました。

Ｉさんの生活のための支出は障害年金で賄えるようになったので、財産問題については、家庭裁判所とも相談しながら、時間をかけて対応していくことにしました。まずはＩさんとゆっくり話

③弟への
　情報のサポート
Ｉさんが本来もっている権利の保障が必要
→Ｉさん本人の経済的な情報を整理し、弟にわかりやすい説明を行う

④Ｉさんがもっているさまざまな権利の明確化
→財産状況等を確認する

し、家族への思いや相続についてわかるように説明して本人の希望を聴き、同時に各所に相談しながら対応を検討することにしました。

(4) 後見活動の内容

Ｏ市の施設でのＩさんの生活は穏やかでした。

成年後見人がＩさんを訪問したときに、⑤「ここに泊まる？」と聞くと、「ここはいいよ」と答えました。「家に帰りたい？」と聞くと、「……」と黙ってしまいました。「じゃあ、ここに泊まろうか？」と聞くと、⑥にこにこしながら大きくうなずきました。そのため、成年後見人は、この施設はＩさんが安心して居住できる施設であると判断し、入居契約を行うことにしました。

成年後見人がＩさんを訪ねるたびに、Ｉさんは「お母さん、病気？」と聞いてきます。母親のことをとても心配しているようなので、⑦成年後見人はＩさんと一緒に母親の病院へ面会に行くことにしました。病室に入ると、Ｉさんは、母親から離れたところでうつむき、じっとしています。成年後見人が母親に向かって、Ｉさんの生活の様子を話しました。それを理解しているのかどうかわかりませんが、母親は、Ｉさんに「ご飯食べたの？」などと穏やかに話しかけていました。

面会に来たＩさんと成年後見人に対して、同席していたMSWは、「母親はいつでも退院できるが、弟と話ができずに困っている。せめて弟に母親の介護保険の申請だけでもしてほしい」と話していました。

こういった要望もあり、弟とは協力関係を築いておいたほうがよいと考え、⑧弟に、Ｉさんが O 市の施設に入居する契約をしたことを話しました。また、医療に関する成年後見人の限界を話し、協力をお願いしたところ、引き受けてくれました。

そして、「お母さんの具合はいかがですか」と話を向けると、「退院を迫られて大変だ」などと言うので、介護保険の利用も含めて地域包括支援センターへ相談することをすすめ、弟の意向を確認したうえで、Ｉさんの成年後見人としても地域包括支援センターへ連絡を入れました。

それから数週間後、「地域包括支援センターの支援も受け、母親が施設入居できることになった」と弟から連絡が入りました。

---

⑤ 意思の引き出し
→閉じた質問（はい・いいえで答えられる質問）の繰り返しや促しによって本人の意思を引き出す

⑥ 非言語的表現の確認
→言葉だけではない表情や身振りなどにも注視し、意思を確認する

⑦ 社会的コンパニオン
（母親に会いたいＩさんの気持ち）
→Ｉさんとともに行動したり、ともにいることでＩさんが少しずつ力を取り戻せるようにする

⑧ 道具的サポート
（弟による支援が必要）
→弟へ連絡をとることで、Ｉさんのソーシャルサポートネットワークの活用が促される

第10章　本人が虐待を受けていた事例

弟は「夕方しか手続をしに行くことができない」と言うので、成年後見人は地域包括支援センターへ相談することをすすめるとともに、Ｉさんに話をしました。⑨Ｉさんは、「お母さんに会いたいよ」と成年後見人に訴えたため、今回はＩさんに付き添うために、母親の入居に付き添うことにしました。

施設に戻ると、Ｉさんは、「俺の部屋」と言って成年後見人の前に立って歩き、Ｉさんの部屋に案内してくれました。そこには、最近買い物に行ったときに買ったらしいプラモデルが置かれていました。

施設の職員が、「お風呂が大好きで、フラフラになるまで出てこないんです。タイミングを見て湯船から上がってもらっても、『もう一度』とまた戻ってしまうんです」と話して、Ｉさんを軽くにらみます。Ｉさんが「風呂。掃除する」と言うと、職員が「お湯のないときに、お掃除、お願いね」と返します。ほのぼのとした様子に、Ｉさんが施設での生活を楽しんでいることが伝わってきました。

⑨ 地位のサポート
（長男として母親の力になりたい）
→母親の入居への付き添いを実現させる

豆知識⓲

■信書の取扱い（☞第２部第２章②(15)）

　信書の秘密は、日本国憲法によって保障された基本的人権です（憲法21条、郵便法８条・９条等）。成年後見人等といえども、成年被後見人等に届いた信書を勝手に開披することはできませんでしたが、2016年に民法860条の３が新設され、成年後見人について、成年被後見人宛ての郵便物等を開披する権限が規定されました。本事例において成年後見人がした郵便物転送の処理は適切な処理方法といえます。成年後見人が行う業務に係る郵便物については、成年後見人であることを明示し、郵便物が直接成年後見人に届くように発送元に依頼することも、成年被後見人の利益のためには必要だからです。

　なお、民法860条の２も新設され、成年後見人が事務を行うにあたり必要がある場合には、家庭裁判所の審判により、６カ月以内の期間を定めて成年被後見人宛ての郵便物を成年後見人に転送できるようになりました。

　新設されたいずれの規定も2016年10月13日より施行されます。

豆知識❶

■虐待対応と成年後見制度

　虐待への対応としては、成年後見人は、高齢者虐待防止法・障害者虐待防止法に基づく自治体の責務の履行を促していくことが、まず必要になります。成年後見人等は、虐待の早期発見に努めなければならず（高齢者虐待防止法5条、障害者虐待防止法6条2項）、また、成年後見人等に限りませんが、虐待を受けたと思われる高齢や障害者を発見した場合には、速やかに市町村に通報することが求められます（高齢者虐待防止法7条・21条等、障害者虐待防止法7条・16条等）。

　養護者による虐待対応では、単に被虐待者を養護者（虐待者）から引き離せばよいというわけではありません。虐待対応によって被虐待者と養護者を分離した後、支援計画に沿って、虐待が解消し生活が安定した状態になる（これを「虐待対応の終結」といいます）まで、被虐待者・養護者の双方に支援が必要となります。そして、その判断は、支援チームと協議して行政が最終的に行います。

　本人にとっては養護者が大切な家族であるのだという認識をもち、さまざまな事情を考慮し、本人にとっての最善の利益とは何かを考えながら、対応していかなければなりません。そのためには、本人の意思を常に確認することが求められますが、虐待を受けている本人が自分自身にとって適切・妥当な意思を表示することが難しい状況にある場合も多いため、本人の代弁者として成年後見人等が役割を果たさなければなりません。本人が表出する表面的な意思だけを本人の意思ととらえるのではなく、生活や環境の全体像から本人が表出することができない意思をくみとること、さらには、本人の表面的な意思を超えて、成年後見人等として判断をしなければならない状況もあるのです。

　成年後見人には、生命の危険や取り返しのつかない損害を回避するために本人を保護する必要性が高い場合は、本人の意向や意思を超えて何らかの法的手続（たとえば施設入所契約など）を行うことが求められる場合もあると思われます。そして、関係者と連絡を取り合い、本人、そして養護者の生活環境を改善し、関係の改善に努めていくことが必要となります。

③ 意思決定支援の視点から学ぶべきポイント

(1) 虐待を受けていた人への意思決定の支援

　本事例では、行政の支援の遅れによって、虐待を放置したことのみならず、本質的な課題を見逃すという事態を生じさせたために、さらに権利侵害が進んでしまったと

いえるかもしれません。高齢者虐待防止法・障害者虐待防止法に基づく虐待対応について、行政や関係機関の職員は熟知している必要があります。なぜならば、虐待対応の一次的な責任は行政にあるのです。そして、虐待対応として成年後見の利用に向けた首長申立てを行う場合と、そうでない場合では、その後の対応が異なってきます。

虐待対応から成年後見制度利用へつながった成年被後見人等は、自らの意思を適切に伝えることができなかったり、言葉では伝えていても、態度や表情から、言葉とは違う気持ちをもっているのではないか、と思われることが少なくありません。虐待という外からの強い力による外圧が、本人の心の中の内圧を引き起こし、不安な気持ちや自信が持てない気持ち、先の見通しが立てられず選択肢がないと思い込んでいるというような被害者の心理があります。虐待対応にかかわる立場にある人や成年後見人等は、虐待を受けている人の心理状態をよく理解することが大事です。

成年後見人等は、本人が安心できる穏やかな暮らしを整えるために努力し、その中で、本人が主体性を発揮できる環境を整えることが必要になります。場合によっては、生命への危険や取り返しのつかない身体的な危険などがあり、その状態を解消するためには、本人の意思表出を待っていては間に合わないこともあります。そのような場合は、成年後見人等として本人の権利を守るために、法的権限をもって対応していかなければなりません。そして、本人が主体性を発揮できるようにするために、成年後見人は、本人が権利意識をもち、意思を表出できるように情報のサポートを積極的に行い、さらにⅠさんを取り巻くすべての支援者の間で自己評価のサポートを提供する必要があります。これがエンパワメントアプローチであり、このことは、身上監護を行ううえで極めて大切なことだといえますが、そのためには本人にとって必要な環境が整備されていなければならず、成年後見人等はそれを促進するよう働きかけていかなければなりません。

(2) 他の親族によるソーシャルサポートネット・ワークを意識する

本事例において、成年後見人は、母親の退院の話が出た時点で、母親の支援を弟だけに任せるのではなく、弟への支援者をつけることで母親への支援を強化する必要があると判断しました。そこで、弟に対し、地域包括支援センターへの相談をすすめています。その後、地域包括支援センターは母親への成年後見制度利用の必要性を弟に伝え、弟が申立人になり、母親の成年後見の申立てを支援したと聞いています。成年後見人が1人で抱えるのではなく、関係機関と連携することが、本人の成年後見人として望ましい対応だといえるでしょう。

こうして、ソーシャルサポート・ネットワークの中の社会資源を増やし、またそれによってそれぞれの関係者の位置づけを捉え直し、いつ、誰が、何をするのかなどの役割を客観的に把握することで、本人へのよりよいアプローチが可能になると思われます。

第11章 高次脳機能障害の本人と家族の生活の安定をめざした事例

1 事案の概要

(1) 本人および周囲の状況

〔本人〕　Jさん（60歳代の男性、要介護2、精神保健福祉手帳1級）。

〔資産〕　預貯金ほとんどなし。長男と共有名義で不動産所有（長男家族が居住）。

〔年金〕　障害年金と厚生年金。月額約20万円。

〔生活の場所〕　自宅から障害者支援施設、精神科病院入院を経て特別養護老人ホームへ入居。

〔親族等〕　妻、長男、次男、長女、孫。受傷後、家族に対して粗暴な行為等が出現した。

〔生活歴〕　大手自動車会社に勤務。技術部門から営業部門まで担当しており、職場での評価は高かった。帰宅は深夜になることが多く、家のことは子どもの養育などすべてを妻に任せていた。

〈関係図10〉

(2) 申立てまでの経緯

Jさんは、50歳代のときにくも膜下出血を起こしました。身体の麻痺は生じませんでしたが、記憶障害や注意障害、社会的行動障害などの高次脳機能障害が残り、入院、リハビリ施設利用を経て、自宅へ戻りました。就労はできなくなり退職しましたが、妻が本人の障害を認めることができず、叱咤激励しながら作業所へボランティアとして通う生活となりました。

Jさんは、高次脳機能障害のため、理解力が低下し、決まり事を守れないなど、在宅での生活は困難性が高くなりました。Jさんの年金や資産は妻が管理していましたが、高次脳機能障害の症状を理解できない妻は、本人に必要な障害者サービスを利用する必要性を認識できず、結果として、自治体および関係者は、経済的虐待の状態にあると捉えていました。

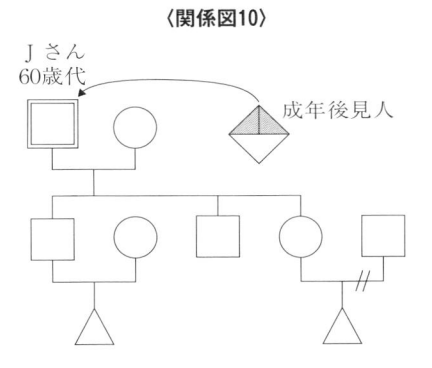

Jさんの妻が、社会福祉協議会の法律相談で、Jさんと長男が共同で所有している不動産について、長男単独名義にしたい旨の話が出されました。このときに、成年後見制度推進機関である社会福祉協議会の担当者が、法律家の助言をもとに、成年後見制度の利用をすすめたところ、妻が申立人となり、自身を後見人候補者として申立てを行う準備を進め、社会福祉協議会が申立てを支援することとなりました。

一方で、行政と関係機関のカンファレンスにおいて、妻が成年後見人等に選任されることは本人の権利擁護の視点から問題があり、子どもたちの事情から、第三者である社会福祉士が成年後見人に選任されました。

② 後見活動の内容

(1) Jさんの状態の理解

成年後見人は、候補者として、関係者や妻との面談には何度か参加していましたが、Jさん本人とは1回挨拶をしただけでした。そこで、家庭裁判所の審判が確定した後、Jさんがボランティアとして参加している作業所で、社会福祉協議会担当者とともに面談をしました。この担当者は、道を忘れてしまうJさんのために、作業所に通うための地図を何枚もつくってくれたり、大切なことを忘れないようにメモにとるノートをつくってくれるなど、本人の支援に一生懸命かかわってくれていました。①Jさんは、初め緊張した面持ちでしたが、受傷後から支援者としてかかわってきた社会福祉協議会担当者の同席と、その担当者による適切な声かけによって、少しずつ緊張が解けていきました。Jさんからは、自分なりに忘れないようにメモをとるなどの努力をしても、自分自身で思うようにできないもどかしさから妻や家族に対していらいらをぶつけてしまい、申し訳なく思っている気持ちなどを聞くことができるようになりました。Jさんとしては、妻にあれこれと指摘・注意されることが本当にやりきれず、つらいことなのだ、と理解できるようになりました。暴言や暴行には、Jさんなりの理由があったのです。そうはいっても、Jさんが、妻や家族に対して威嚇したり、暴力的行動に出ることに対しては、何らかの対応が必要となります。

① 自己評価サポート
（本人・家族・関係者も本人の障害を理解できない）
→本人の障害を理解している人に同席してもらい、安心してもらえる環境をつくる

(2) 妻との距離感のとり方と妻の支援者の明確化

成年後見人は、Jさんの代弁者として、パワーレスの状態にあるJさんの妻に対してもエンパワメント支援を行うよう支援関係

者に要請しました。Jさんと妻の双方が支援を受けて困りごとを解決しなければ、家族全体の問題は解消されません。成年後見人は、Jさんの支援ネットワークとの連携・協議したほか、Jさんの妻の支援者チームとも協議を重ね、妻自身が、エンパワメントされることで自分自身の生活を取り戻すことができるような体制構築を依頼しました。

②これにより、妻に対しては、高次脳機能障害の家族のための社会資源として、当事者の会や、短期入所施設などの情報提供がなされました。Jさんの妻も少しずつJさんの障害について理解できるようになり、また、頑張りすぎず、助けを求めてよいのだ、という気持ちになることができるようになりました。

そのような取組みもあり、Jさんの世話と孫の世話をしなければならない状態の中で、妻が体調を崩したことがありました。そのとき、妻は、支援者の力を借りて、「もう、自宅では夫の世話ができない」とSOSを発することができ、まずは妻自身の健康を取り戻すために、入院することになりました。

妻の入院によって在宅生活が困難になったことから、Jさんは障害者施設への入所を検討することになり、成年後見人は障害者支援施設への見学に同行しました。Jさんは「ここでは仕事ができるようだから、ここでいいよ」と言ってくれました。それがJさんの本心なのか、成年後見人は測りかねましたが、③Jさんの施設入所へ向けて手続を進めていきました。

(3) 障害者支援施設での生活

Jさんが入所した障害者支援施設は、もともとは身体障害者の更生施設であったため、これまでJさんのような高次脳機能障害のある入所者はいませんでした。

Jさんについて最も心配されたのが、外出時に届出をしなければならないことを理解できずに、そのまま外に出てしまう可能性が高いこと、その施設は深夜帯以外は自由に外に出ることが可能な構造になっていることでした。そこで、④成年後見人は、施設に対し、Jさんの障害特性を説明し、外出の予定を決めてもらってそれをJさん本人にわかりやすく説明すること、外に出るときは必ず職員が同行することを依頼しました。入所後しばらくは、施設の生活プログラムに沿って、大きな問題もなく生活していま

② 道具的サポート
（妻をともに支える支援者がいない）
→妻をともに支える支援者として家族会などにつなげる

③ 道具的サポート
（生活する場が必要）
→障害者支援施設との入所契約を結ぶ

④ 支援機関に対するモチベーションのサポート
（支援機関がJさんの障害特性を受け止める必要）
→支援機関に対し、根気よくJさんの状況を受け止め、Jさんにあった適切な支援をしてほしいと求め続ける

第11章 高次脳機能障害の本人と家族の生活の安定をめざした事例

したが、3カ月を経過する頃から、成年後見人が作業終了時頃に面会に行くと、Jさんの所在がわからなくなっていることが増えました。そのため、⑤成年後見人は施設に対し、外出の際のルールの見直しについて、Jさんの了解のもと、GPS機能のついた受信機を必要時に携帯してもらってはどうか、このことを施設とJさんとで話し合ってもらえないかと提案しましたが、具体化することはありませんでした。

一方で、Jさんの妻は体調が回復し、年末年始にはJさんは外泊し、家族との生活を楽しめるようになりました。

(4) 転倒事故とそれぞれの責任について考える

ある日、Jさんは、施設利用者であるNさんに誘われて、施設職員に告げずに外出してしまいました。Jさんは下肢に障害があり、車椅子を利用しています。外出したとき、Jさんが車椅子にぶつかり、Nさんは車椅子ごと転倒し、顔にけがをしてしまいました。けがをしたNさんは、「Jさんが車椅子にぶつからなければ転倒しなかった」として、治療費をJさんに請求したいと施設職員に相談しました。

このことを施設職員から聞いた成年後見人は、Jさん自身の責任や、成年後見人の責任、Nさんの責任、施設側の運営管理責任など、さまざまな点を整理するため、行政や社会福祉協議会の無料法律相談を利用しました。

法律相談を受けた後、行政や社会福祉協議会の担当者も立ち会ったうえで、施設側と話し合いの場を持ち、以下の点が確認されました。

① Jさんの責任能力について、成年被後見人であることをもって、そのまま責任能力がないとは言い切れないが、外出届のルールを理解できていなかった状況などから、Jさんに責任能力はないと考えられる。

② Jさんに責任能力がない場合の監督義務者としては成年後見人が考えられるが、成年後見人はJさんの障害特性について施設側に配慮を求めており、施設もそれを承知してJさんの入所を受け入れている。成年後見人から再三、Jさんについて対応依頼がされていて、施設側としてその実現が難しいことや、そのためにJさん自身が入所継続できる状況ではな

⑤ 道具的サポート
本人の安全・安心が保障されていない
→ GPSの活用や外出ルールの見直しなどを何度も提案する

い、という説明は一切なかった。したがって、成年後見人は免責される（民法714条1項ただし書参照）。

③　施設側は、休日であったことや作業時間ではなかったことで、施設の責任はない、とするが、入所施設においては、24時間どのような場面においても、入所者の安全配慮義務が生じている。100％が困難であっても、具体的な改善策を講じるなどの義務はあった。

　この話合いを受けて、あらためて施設からは、Ｊさんのような障害がある利用者の入所継続は難しいこと、もし、入所継続を希望するのであれば、Ｊさんの了解を得たうえで居室に鍵をかけさせてもらう、という提案がなされました。成年後見人は、Ｊさんの生活の場所として適切ではないと判断し、早急に新たな施設を探すことにしました。

(5)　本人の意思の引き出しとめざす生活

　施設側の強い要望があったことから施設からは退居し、Ｊさんは以前から受診していた精神科病院へ短期入院しながら今後の居所を探すことになりました。

　まだ若いＪさんは、高齢者施設で何もやることがない環境ではなく、何らかの作業ができる環境を望んでいるのではないかと考えられます。成年後見人はＪさんへの面会を続けました。

　精神科病院のデイケアに参加して、本人にあった作業療法により他者とのコミュニケーションもできるようになり、状態が回復しているようでした。

　面会時、成年後見人はＪさんに、「Ｊさん、少しは休むことができましたか？　次のところでは、また、仕事がしたいですか？」と成年後見人が尋ねると、「もう仕事はいいや。のんびりしたいよ」という言葉が返ってきました。

　入院中のＪさんは、作業療法をいきいきと行っており、他の患者さんの世話をするほどでした。

　そのようなＪさんの状況から、⑥入院当初は、作業が好きなＪさんにとっては仕事ができるところがよいのではないかと考えていましたが、高齢者施設で役割を見つけることも1つの方法ではないかと考えられるようになりました。

⑥ モチベーションのサポート
（自分自身のやりがいに気づくことの必要性）
→施設担当者に対して、Ｊさんのやりがいにつながる提案をしてもらえるように促す

第11章　高次脳機能障害の本人と家族の生活の安定をめざした事例

豆知識⑳

■**高次脳機能障害とは**

　病気や交通事故など、さまざまな原因によって脳に損傷を来したために生ずる、言語能力や記憶能力、思考能力、空間認知能力などの認知機能や精神機能の障害のことです。

　日常生活面では、たとえば、今朝の朝食の内容が思い出せなくなった（記憶障害）、仕事に集中できなくなった（注意障害）、計画が立てられなくなった（遂行機能障害）、言葉が上手に話せなくなった、人の話が理解できなくなった（失語症）、単純な作業ができなくなった（失行症）、慣れた道に迷うようになった（地誌的障害）など、さまざまな症状がみられます（東京都「高次脳機能障害の理解と支援の充実をめざして」参照）。

　高次脳機能障害の大きな特徴として、外見からはわかりにくいこと、一人ひとり症状が違うということがあげられます。また、高次脳機能障害は、緩やかに回復していきます。そのため、医療機関でのリハビリテーションが終了した後も、家庭や地域での活動をリハビリテーションの場として、回復に向けた取組みを続けていくことが必要です。

　長期間にわたり、相談機関、福祉機関、医療機関、当事者・家族会などが連携・協力して支援を行っていくことが大切です。

豆知識㉑

■**監督義務者の責任──民法714条の責任**

　認知症の高齢者が列車にはねられ、鉄道会社に損害を与えた場合に、家族が損害賠償責任を負うかについて争われた最高裁平成28年3月1日判決（金融・商事判例1488号10頁）は、第1に、被告である家族が民法714条の法定監督義務者に当たるかどうかについて検討し、被告妻は亡夫を「監督する法定の義務を負う者」に当たらないとし、また、被告長男も亡父を「監督する法定の義務を負う者」に当たるとする法令上の根拠はないと判断しました。

　第2に、次のように判断しました。すなわち、「もっとも、法定の監督義務者に該当しない者であっても、責任無能力者との身分関係や日常生活における接触状況に照らし、第三者に対する加害行為の防止に向けてその者が当該責任無能力者の監督を現に行いその態様が単なる事実上の監督を超えているなどその監督義務を引き受けたとみるべき特段の事情が認められる場合には、衡平の見地から法定の監督義務を負う者と同視してその者に対し民法714条に基づく損害賠償責任

を問うことができるとするのが相当であり、このような者については、法定の監督義務者に準ずべき者として、同条１項が類推適用されると解すべきである（最高裁昭和56年(オ)第1154号同58年２月24日第一小法廷判決・裁判集民事138号217頁参照）。その上で、ある者が、精神障害者に関し、このような法定の監督義務者に準ずべき者に当たるか否かは、その者自身の生活状況や心身の状況などとともに、精神障害者との親族関係の有無・濃淡、同居の有無その他の日常的な接触の程度、精神障害者の財産管理への関与の状況などその者と精神障害者との関わりの実情、精神障害者の心身の状況や日常生活における問題行動の有無・内容、これらに対応して行われている監護や介護の実態など諸般の事情を総合考慮して、その者が精神障害者を現に監督しているかあるいは監督することが可能かつ容易であるなど衡平の見地からその者に対し精神障害者の行為に係る責任を問うのが相当といえる客観的状況が認められるか否かという観点から判断すべきである」。

　そして、以上の法理を本件に当てはめ、被告妻は、亡父の第三者に対する加害行為を防止するために亡父を監督することが現実的に可能な状況にあったということはできず、その監督義務を引き受けていたとみるべき特段の事情があったとはいえないとし、精神障害者である亡父の法定の監督義務者に準ずべき者に当たるということはできないとしました。

　また、被告長男は、亡父の介護に関する話合いに加わり、長男の妻が亡父宅の近隣に住み父宅に通いながら被告母による介護を補助していたものの、被告長男自身は、横浜市に居住して東京都内で勤務していたもので、本件事故まで20年以上も亡父と同居しておらず、本件事故直前の時期においても１カ月に３回程度週末に亡父宅を訪ねていたにすぎないとし、そうすると、被告長男は、亡父の第三者に対する加害行為を防止するために同人を監督することが可能な状況にあったということはできず、その監督を引き受けていたとみるべき特段の事情があったとはいえないとし、精神障害者である亡父の法定の監督義務者に準ずべき者に当たるということはできない、と判断しました。

　最高裁判決に対しては、介護の実態を考慮した常識ある判断をしたと支持する見解、判断基準があいまいであるとする見解など、種々の評価がみられます。本判決は、配偶者である妻（および訴外長男の妻）が本人（亡夫）の日常の介護に献身的に関与していたこと、子である長男が遠方にいて介護に十分に関与できなかったことを述べ、このような事実を踏まえて被告らには損害賠償責任がないと判断しました。このことを確認しておきたいと思います。

　なお、新聞各紙は有識者コメントとして、加害者側あるいは被害者側に保険による危険分散が必要であると述べています。中には犯罪被害救済基金を例にあげ

るものもありましたが、本件事案のコメントとしては不適切です。保険による対応は必要ですが、同時に、本件では直接の加害者が列車に轢かれて亡くなっている事実を厳粛に受け止め、このような事故が二度と起きることがない安全な地域を作り上げることが急務であることを強調したいと思います。

③ 意思決定支援の視点から学ぶべきポイント

(1) 本人の同意をどのようにとらえるか

　本事例のように、重要な決定（居所の決定など）を行う際に、本人が表面的に同意をし、明確に拒否をしない場合、本人の意向や意思はどうなのか、悩ましく思うことは、高次脳機能障害がある方に限らず、多いものと思われます。そして、言葉では「いいよ」といっても、現実に生活場面の中で不適合を起こし、入所の継続が事実上難しくなる場合もあります。特に、高次脳機能障害のある方は、感じていること、伝えたいことが思うように他者に伝わらない場面を数多く体験し、少なからず傷ついている場合も多く、「他者に伝える」という行為自体をあきらめてしまうことも珍しくありません。そのため、周囲の支援者は、「『本人がよい』と言ったのに」と思ってしまうのです。

　この事例においては、成年後見人は、これまでかかわってきた地域の支援機関や支援者から本人や家族の情報を得て、協議しながら本人の生活の場を探してきました。しかし、それはやはり、本人ではない他者による「これがよいのでは？」という考えに基づくものであったといえます。実は、本人が求めていたのは、初めから「もっとのんびり過ごしていたい」というものだったのかもしれません。しかし、そのような場所で、生活が始まったときに、はたして本人がどのような想いを抱き、行動をするのかわかりません。成年後見人等には、本人の意思決定を支援する方法を探りながら、答えのない本人の意思決定を支援していくためにずっと寄り添っていく、という覚悟が求められているといえます。その中で、「モチベーションのサポート」を行うことで、「自己評価サポート」へとつながり、結果として「地位のサポート」へと向かい、本人をエンパワーすることにつながることになるのだと思います。

(2) 施設内での事故への対応

　本事例では、入所中の施設において、意図的ではなかったとはいえ、他の入所者にけがをさせてしまうという事態が発生しました。そのときの責任は誰が負うべきなのでしょうか。責任無能力者が起こした事故について誰が責任をとるのか、という裁判は少なからず起こっており、判例も蓄積されつつあります。成年被後見人の場合は、民法や判例において、本人の責任能力の有無、本人に責任能力がない場合の監督義務者としての

成年後見人の責任、また、成年後見人が免責される場合、入所施設の管理責任の有無など、さまざまな観点からの判断が必要となり、損害賠償を求められたからといって、そのまま本人の責任が認められるというわけではないことに留意しなければなりません。

また、本事例では、成年後見人は、外出のルールの見直しやGPSの携帯を提案し、履行状況を確認することを繰り返しました。このような働きかけは、事故を予防するためにはもちろん大切なことですし、もし事故が起きた場合にも、成年後見人の責任が免除される理由ともなりうるところです。成年後見人は、施設や他の支援機関と定期的に協議の場を設けることが大切であり、さらに、その記録を残しておくことも求められるといえるでしょう。

第12章　高齢の在日韓国人を支援した事例

第12章　高齢の在日韓国人を支援した事例

1　事案の概要

(1)　本人および周囲の状況

〔本人〕　Kさん（80歳代の男性、認知症、要介護4）。
〔資産〕　なし。
〔年金〕　なし。生活保護受給。
〔生活の場所〕　公営住宅。
〔親族等〕　日本国内にはいない（Kさんは徴用で日本に連行された。韓国には妻と何人かの子や兄弟がいる。妻の消息は不明。弟とは20年ほど前までは交流もあった）。

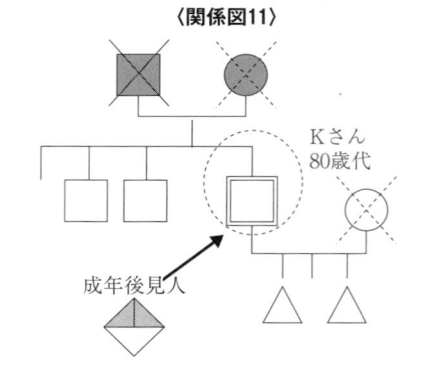

〈関係図11〉

(2)　申立てまでの経緯

Kさんは、加齢とともに、それまで続けてきた新聞配達や牛乳配達等の仕事ができなくなり、失職しました。その後は、在日韓国人ということで、年金の受給権がない中、生活保護を受給していました。次第にADL（日常生活動作）が低下する一方で認知症が進み、徘徊で行方不明となることもたびたびありました。その後、市長同意による医療保護入院となりました。入院加療を経て退院可能するまでとなり、その際に、後見制度を利用することとなりました（市長申立て）。身寄りがないということで、第三者後見で、成年後見人として社会福祉士が選任されました。

2　後見活動の内容

(1)　在宅生活の再開

成年後見人は、選任後すぐに、入院中のKさんの面談に出かけました。Kさんは元気で、話す内容もしっかりしており、「退院後は、施設入所ではなく、自宅に戻りたい」という希望を述べています。成年後見人は、①「在宅が可能かどうか」を探ることにしました。医師の判断では徘徊は落ちついており、「在宅生活は

①環境アセスメント
→医師の診断、関係者の意見を確認し、在宅生活が可能か見立てる

可能」と言われる一方、生活保護のケースワーカーからは「金銭管理や自宅の片づけに支援が必要だ」と言われました。そこで、在宅生活への復帰の準備をしました。

　成年後見人は、まずケアマネジャーも含めてサービス事業所を選定しようと、地域包括支援センターに相談して、事業所を紹介してもらいました。

　また、在宅生活の準備のために、成年後見人は病院側にKさんの一時帰宅の許可をもらい、Kさんと一緒に帰宅し、近隣に挨拶も行いました。②1年以上住んでいなかった自宅は足の踏み場もなく、寝る場所も確保できない状態でした。Kさんと一緒に不用品の処分・整理などを行いました。市の生活保護のケースワーカーも協力してくれました。

　その後、③Kさんの在宅支援のための担当者会議を開催してもらうことにしました。また、かかりつけ医の調整や自宅清掃の業者の調整を行いました。さらに、退院に向けて、水道ガス電気電話の準備や布団など家財道具で足りないものを、Kさんと相談しながら準備しました。公営住宅の家賃減免申請など必要な手続についても行いました。

　退院前カンファレンスを病院で実施した後、Kさんは退院することになりました。④成年後見人は、本人の状態から退院後も自宅に週1回程度訪問して、サービス事業所等ともやりとりを頻繁に行いました。なお、生活費の管理方法は、基本的に、成年後見人が行いつつ、ヘルパーと取り決めをして、本人へのお小遣いも含めて、成年後見人が担当ヘルパーに適宜補充することにしました。かかりつけ医へ受診同行も行い、配食やデイサービス、ショートステイなど、本人の意向に沿ってサービス調整をケアマネジャーに依頼します。ショートステイについては1回利用したところ、「本人が行きたくない」と言ったため、当面は中止となりました。デイサービスは休みがちなことから、ヘルパーで対応することにしました。退院後2カ月ほどで、Kさんの生活はずいぶん落ち着き、本人もゆったりと過ごしている様子でした。

(2) 本人の帰国願望

　毎日のリズムが落ち着いてきたのか、退院3カ月後あたりから、⑤これまで自分の出身について話すことのなかったKさんが、

② モチベーションのサポート
（居住環境への関心が薄い）
→家の片づけを手伝うことで、居住環境を整えたいと思ってもらう

③ 道具的サポート
（劣悪な居所環境）
→環境改善のために担当者会議、事業者の手配などに一緒に参加し、他の関係者との関係性の構築を図り、成年後見人としてのアセスメントを行う

④ 定期的な訪問による見守り
→お小遣い、配食サービス、デイサービス、ショートステイなどサービスの利用状況と本人の意向を確認する

⑤ 自己評価のサポート
（祖国への複雑な思い）
→祖国への思いを大切に受け止め肯定する

成年後見人やヘルパーに、少しずつ韓国への思いを話すようになってきました。そして、本人の希望としては、韓国に帰りたい（住所はわからない）、死んだら（韓国にある）両親の墓に弔ってほしい、ということを成年後見人に伝えるようになりました。ヘルパーには自分の出自を伝えて、食事内容も好きなものを準備してほしいと頼むようになっていきました。

　これらの経緯を踏まえて、成年後見人は、⑥生まれ故郷の韓国へ帰国したいというKさんの希望を実現することに向けて取り組むことにしました。ケアマネジャーやサービス提供事業所などと調整を済ませて、日常的な生活の支援をしっかりと行いつつ、成年後見人は、帰国と家族との再会を実現をめざしました。

　成年後見人が以前、退院準備で、ケースワーカーと部屋の中を片づけた際に、自宅には、韓国に関係する書類は見当たらないことを確認していました。市援護課にあらためて連絡して、本人の祖国に関する資料がないかケース記録を確認してもらいましたが、特に情報は得られませんでした。Kさんに何回か尋ねたのですが、肝心の「どこに住んでいたのか」という記憶はないようで、「わからない」と繰り返すだけでした。Kさんの希望を叶えるために、成年後見人として、何をすればよいのか、何ができるのかと考え込みました。

(3) 成年後見人の対応

　まずは、祖国にいるらしい妻ら（Kさんの発言からの想像）と連絡をとるべく、何か手がかりがないか、⑦法務省に外国人登録原票の開示（写しの交付）請求を行いました。幸い、出生地・住所地を入手することができました。次に、該当の地に、ボランティアの手によって翻訳した手紙を、国際書留郵便で送付しました。しかし、その後、何も返事はありませんでした。また、在日韓国領事館を訪問して、家族関係図の申請をしましたが、却下されました。国による対応が難しいのであれば、民間の組織を活用できないかと考え、在日韓国人の組織にも問い合わせましたが、返事はありませんでした。

　それでも、Kさんの出生地・住所地がわかったのは、大きな前進でした。⑧知り合いの社会福祉士で韓国によく行き来している人がいたため、本人の同意を得て、その社会福祉士に本人の意向

⑥ 地位のサポート
（祖国帰国への希望）
→Kさんに帰国を意識させ、役割をもたせ、Kさんの祖国での手がかりを探す

⑦ 道具的サポート
（出自の情報の不足）
→八方手を尽くして、祖国についての情報を収集する

⑧ ソーシャルサポート・ネットワークの活用
→成年後見人のインフォーマルサポートを利用する

を伝え相談したところ、登録原票に記載されていた場所を訪れて、調べてくれることになりました。

それからしばらくして、韓国訪問を終えて帰国した社会福祉士から報告が届きました。社会福祉士の話では、本人が住んでいたと思われる地を訪れ、家屋の存在は確認できたものの、現在は誰も住んでおらず、近所にも詳細を知っている人はいなかったとのことでした。

⑨Kさんには、成年後見人からではなく、その社会福祉士から報告してもらうほうがよいだろうと考え、Kさん宅に一緒に訪問することになりました。その社会福祉士が写真を撮ってきており、Kさんの自宅と思われる写真を見せると、じっと見ていました。ただ、それ以上の意向を確認することはできませんでした。

それから3カ月後、Kさんの家族と連絡がとれないまま、成年後見人が悩んでいた矢先、本人は体調を崩し、急逝してしまいました。本人の希望を実現できなかったことがとても残念でした。

⑨ 社会的コンパニオン
結果報告に対する不安
→重要な情報が本人に伝えられる際に身近にいてあげることで、本人も情報を冷静に受け止めやすくなる

> **豆知識㉒**
>
> ■**年金の受給権と外国籍**
>
> 　国民年金には、かつて国籍条項があり、「外国籍の人は加入資格なし」ということで加入できませんでした。本事例のKさんも、加入期間（25年間）の不足ということではなく、そもそも「加入しようにも加入できなかった」と考えられます。その対象のほとんどが、日本の旧植民地時代に日本に渡ってきた「在日」（あるいはオールド・カマー）といわれる朝鮮（朝鮮民主主義人民共和国）や韓国（大韓民国）出身の人たちで、その数は当時で60万人といわれています。
>
> 　1982年の難民の地位に関する条約（難民条約）の批准・発効を契機に国内法の整備が行われ、国民年金の国籍条項は削除されました。しかし、この時点ですでに35歳を超えている外国人や20歳を超えている外国籍障害者は、いずれも無年金になることになりました。その後、各界の取組みもあって、1986年の年金法改正の際に、60歳に満たない外国籍の人も日本人と同様、「福祉年金」という名での受給資格が認められたものの、未加入期間は支給されないため、年齢が高ければ高いほど、日本人の高齢者との間で受給額の格差が存在することになりました。また、当時60歳を超えていた高齢者（および20歳を超えていた障害者）は、無年金の状態のままです。自治体によっては、この無年金状態を緩和・救済すべく、福祉給付金（支給額は月額2000円〜3万数000円程度）を支給するところもあります。

第12章　高齢の在日韓国人を支援した事例

> **豆知識㉓**
>
> ■外国籍と成年後見制度
>
> 　本事例のように、在日外国籍の人も、法定後見制度を利用することができます。法の適用に関する通則法では、「裁判所は、成年被後見人、被保佐人又は被補助人となるべき者が日本に住所若しくは居所を有するとき又は日本の国籍を有するときは、日本法により、後見開始、保佐開始又は補助開始の審判（以下「後見開始の審判等」と総称する。）をすることができる」（同法5条）と定められており、日本に住所もしくは居所を有するとき（つまり、中長期に日本に滞在する者）、または日本の国籍を有するとき（日本国籍を取得した帰化された人）は、法定後見制度を利用することができます。いわゆる「在日」の方々（「特別永住ビザ」を取得した外国籍の人）の高齢化などの中で、今後、利用者の増加が予想されます。
>
> 　国際化の流れはさまざまな場面で進展しています。日本を訪問する外国人は年間2000万人近くとなり、滞在する外国人（「就労ビザ」や「家族ビザ」、「永住ビザ」取得者さらには帰化など）も増えています。そのような中で成年後見制度も含めたさまざまな対応が求められています。成年後見制度はそもそも日本人だけを対象にしているわけではないのですが、そのことが周知されていないこともあり、専門職の担い手である私たち社会福祉士の認識も不十分であるともいえるでしょう。とりわけ、Kさんのように80歳代を越え始めている、いわゆる「在日」（オールド・カマーともいわれる）の方々への支援は、大変重要になっています。「ハード」面の支援として、通所・入所施設の建設が一部で見られますが、支援者側の意識改善も含めた「ソフト」の面での支援が遅れがちです。

③　意思決定支援の視点から学ぶべきポイント

(1) ソーシャルサポート・ネットワークの活用で国籍を超えた支援

　本事例も、成年後見人が、本人に寄り添いながら、本人の意思や希望を確認しつつ、その実現のために、最大限、努力しています。その活動は、フォーマルな社会資源だけでなく、インフォーマルな資源を駆使しながら、本人の当面の生活を支えつつ、その後の方向性を見据えて進められています。困っている人、一定のニーズをもった人の支援をするために、本事例では、インフォーマルな社会資源である友人の社会福祉士を活用することにより、ソーシャルサポート・ネットワークの輪を広げています。

　また、国籍の違いのような未知・未経験の分野を超えて後見活動を進めていったことは注目すべきでしょう。このような取組みの実施と、その経験の関係者間での共有

を積み重ねることが、本人支援の方法の多様性や充実の源となります。

　惜しむらくは、「本国に帰りたい」という本人の意思を、実現できなかったことです。もっとも、その実現に向けて成年後見人が必死に支援したことは、本人の存命中にしっかりと伝わったことでしょう。

(2) 活動の根拠としての倫理綱領

　「社会福祉士の倫理綱領」では、「人間の尊厳」として、「すべての人間を、出自、人種、性別、年齢、身体的精神的状況、宗教的文化的背景、社会的地位、経済状況等の違いにかかわらず、かけがえのない存在として尊重する」と掲げています。ここには、成年後見人等の活動の根源が示されているように思います。制度や法律以前に、その人間としての尊厳を私たちはまずは大切にするということです。本事例との関連でいえば、支援を必要としている人がたとえ日本人であろうと、外国人であろうと、同様に支援するということを指し示しているのです。

資　料

資料1　ソーシャルサポート・ネットワーク分析マップ様式

日本社会福祉士会「意思決定支援に配慮した成年後見制度活用のための手引き策定に関する研究報告書」（2016年3月）12頁

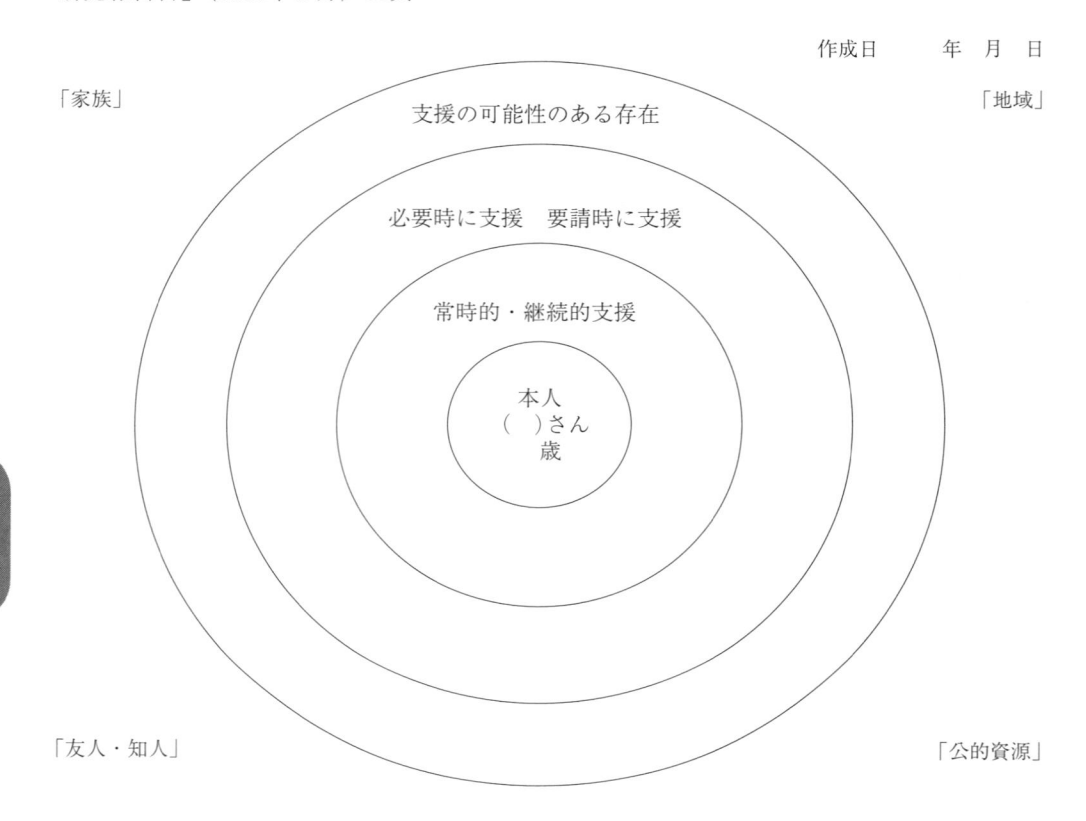

作成日　　年　月　日

「家族」　　　　　　　　　　　　　　　　　　　　　　　　　　　　　　「地域」

支援の可能性のある存在

必要時に支援　要請時に支援

常時的・継続的支援

本人
（　）さん
歳

「友人・知人」　　　　　　　　　　　　　　　　　　　　　　　　　　「公的資源」

家族○、友人・知人、地域、公的資源は個人を△、組織を□

役割分析

必要な支援 （意思決定支援）	誰が（社会的存在）	引き受けている・期待されている役割

資料2　成年後見活動における意思決定支援のためのアセスメントシート

日本社会福祉士会「意思決定支援に配慮した成年後見制度活用のための手引き策定に関する研究報告書」（2016年3月）20頁～22頁

> このアセスメントシートは、ご本人の意思を確認し、ご本人の希望をどうすれば実現できるかを話し合うために使います。話し合う時には、以下の点に注意してください。
> ☐ 本人以外の関係者の問題を本人の問題としてすり替えていないか
> ☐ 本人の言葉をそのまま本人の自己決定と捉えていないか、本人の自己責任に帰していないか
> ☐ 支援のしやすさを優先していないか、支援者のための根拠付けになっていないか
> ☐ サービス先にありきになっていないか、ケアプラン作成になっていないか
> ☐ 結論が先にありきになっていないか、後付けの根拠資料として使われていないか

このシートのテーマまたは検討課題　第　　回　　　　　通算シートNo.

シート作成者（職名及び氏名）

今日の話し合い　　年　月　日　　時　～　　時　　　場所

今日の参加者名

●●さんの考え（このシートのテーマまたは検討課題に関する本人の意見や希望）

意見を言った人	このシートのテーマまたは検討課題についての意見

資　料

今日これから話し合うことは、●●さんの○○について

●●さんの○○がどうすればできるか、その方法と誰ができるかを考える

考えられる方法	その方法の良いところ	その方法の難しいところ	誰が
1			
2			
3			
4			
5			

●●さんはどうしたいか、どの方法が一番良いか

●●さんが自分で決めるのが難しい場合の状況

●●さんの○○について、いつまでに決める必要があるか

●●さんの○○について、後見人等が代理権等を行使する必要があるか。ある場合、その理由は何か。

資　料

●●さんの○○について、今日決まったこと

本人確認

誰が	いつまでに、何をやるのか	本人確認

やってみてからもう一度考えるのは　　　年　　月　　日　　時～　　時

実施結果

課題

⇒再アセスメントの必要性　　　□有り　　□なし

ご本人の意思を確認し、ご本人の希望をどうすれば実現できるかを話し合いができましたか？　最後にもう一度、以下のような話し合いになっていないか、確認しましょう。
　□本人以外の関係者の問題を本人の問題としてすり替えていないか
　□本人の言葉をそのまま本人の自己決定と捉えていないか、本人の自己責任に帰していないか
　□支援のしやすさを優先していないか、支援者のための根拠付けになっていないか
　□サービス先にありきになっていないか、ケアプラン作成になっていないか
　□結論が先にありきになっていないか、後付けの根拠資料として使われていないか

資料

編著者一覧

〈編 者〉

小賀野晶一（おがの　しょういち）
中央大学法学部教授

公益社団法人東京社会福祉士会

〈執筆者（50音順）〉

公益社団法人東京社会福祉士会
「権利擁護センターぱあとなあ東京」会員

東　　早苗（あずま　さなえ）	星野　美子（ほしの　よしこ）
大島　祐子（おおしま　ゆうこ）	松村　　茂（まつむら　しげる）
大輪　典子（おおわ　のりこ）	宮秋　道男（みやあき　みちお）
久保　洋子（くぼ　ようこ）	三宅　美紀（みやけ　みき）
新橋　雅美（しんばし　まさみ）	

※初版（2013）執筆者

一井　正子（いちい　まさこ）	久保　洋子（くぼ　ようこ）
大島　祐子（おおしま　ゆうこ）	倉谷　慶子（くらや　けいこ）
大輪　典子（おおわ　のりこ）	

《公益社団法人東京社会福祉士会所在地》

〒170-0005　東京都豊島区南大塚3-43-11　福祉財団ビル5階
TEL：03-5944-8466　　FAX：03-5944-8467
http://www.tokyo-csw.org/

社会福祉士がつくる　身上監護ハンドブック〔第2版〕

平成28年8月25日　第1刷発行

定価　本体2,700円＋税

編　　者　小賀野晶一・公益社団法人東京社会福祉士会
発　　行　株式会社　民事法研究会
印　　刷　藤原印刷株式会社

発　行　所　株式会社　民事法研究会
〒150-0013　東京都渋谷区恵比寿3-7-16
〔営業〕TEL 03(5798)7257　FAX 03(5798)7258
〔編集〕TEL 03(5798)7277　FAX 03(5798)7278
http://www.minjiho.com/　info@minjiho.com

落丁・乱丁はおとりかえします。　ISBN978-4-86556-108-1 C2036 ￥2700E
カバーデザイン　関野美香

▶最新の法令・理論に基づく成年後見実務に必携のシリーズ！

Ｑ＆Ａ成年後見実務全書
〔全４巻〕

編集代表：赤沼 康弘（弁護士）・池田惠利子（社会福祉士）・松井 秀樹（司法書士）

制度の理念から実務までを、最新の法令・理論・実務に基づき、網羅的に解説！
後見等が開始した後の実務に即使える、かゆいところに手が届くような設問を多数収録！

2015年1月刊 第①巻──総論・法定後見Ⅰ──　Ａ５判・371頁・定価 本体3,800円＋税

目次
- 第1部　総　論
- 第2部　法定後見Ⅰ
  - 第1章　後見等開始に向けた実務
    1. 成年後見の必要性の判断
    2. 成年後見対象者の発見と制度へのつなぎ
    3. 申立てと審判手続
    4. 審判前の保全処分
    5. 審判
  - 第2章　後見等開始時の実務
    1. 事件の把握から後見計画の作成まで
    2. 後見登記

2015年9月刊 第②巻──法定後見Ⅱ──　Ａ５判・569頁・定価 本体5,200円＋税

目次
- 第2部　法定後見Ⅱ
  - 第3章　後見等開始後の実務①
    1. 実務一般
    2. 財産管理の方法
    3. 補助・保佐の同意権・代理権
    4. 費用・報酬
    5. 高齢者介護・障害者福祉
      ◆ 介護一般
      ◆ 介護（在宅）
      ◆ 介護（施設）
      ◆ 障害福祉一般
      ◆ 障害者福祉地域生活

2016年1月刊 第③巻──法定後見Ⅲ──　Ａ５判・432頁・定価 本体4,300円＋税

目次
- 第2部　法定後見Ⅲ
  - 第3章　後見等開始後の実務②
    6. 医療　／　7. 虐待
    8. 就労支援　／　9. その他の日常生活の支援
    10. 年金　／　11. 生活保護
    12. 消費者問題　／　13. 相続・遺言
    14. 住居の確保　／　15. 信託
    16. 税務　／　17.「親なき後」への対応
    18. 家庭裁判所による監督　／　19. 辞任・解任

2016年8月刊 第④巻──法定後見Ⅳ・任意後見──　Ａ５判・484頁・定価 本体4,600円＋税

目次
- 第2部　法定後見Ⅳ
  - 第4章　成年後見監督人等
  - 第5章　後見終了をめぐる実務
- 第3部　任意後見
  - 第1章　任意後見開始に向けた実務
  - 第2章　任意後見開始時の実務
  - 第3章　任意後見人・任意後見監督人としての実務
  - 第4章　任意後見終了をめぐる実務

［付録］
- 民法等改正法により変更された本人宛ての郵便物の取扱い
- Ｑ＆Ａ成年後見実務全書総目次

発行　民事法研究会
〒150-0013　東京都渋谷区恵比寿3-7-16
（営業）TEL. 03-5798-7257　FAX. 03-5798-7258
http://www.minjiho.com/　info@minjiho.com